国家社科基金
后期资助项目

影子银行冲击货币政策传导的机制与效应研究

Study on the Transmission Mechanism and Effects of Shadow Banking's Impacts on Monetary Policy

高 蓓 著

中国社会科学出版社

图书在版编目(CIP)数据

影子银行冲击货币政策传导的机制与效应研究 / 高蓓著 . —北京：中国社会科学出版社，2022.8
ISBN 978-7-5227-0571-2

Ⅰ.①影… Ⅱ.①高… Ⅲ.①非银行金融机构—作用—货币政策—研究 Ⅳ.①F820.1

中国版本图书馆 CIP 数据核字(2022)第 135595 号

出 版 人	赵剑英
责任编辑	王 衡
责任校对	王 森
责任印制	王 超

出　版	中国社会科学出版社
社　　址	北京鼓楼西大街甲 158 号
邮　　编	100720
网　　址	http://www.csspw.cn
发 行 部	010-84083685
门 市 部	010-84029450
经　　销	新华书店及其他书店
印　　刷	北京君升印刷有限公司
装　　订	廊坊市广阳区广增装订厂
版　　次	2022 年 8 月第 1 版
印　　次	2022 年 8 月第 1 次印刷
开　　本	710×1000　1/16
印　　张	12.75
插　　页	2
字　　数	228 千字
定　　价	69.00 元

凡购买中国社会科学出版社图书，如有质量问题请与本社营销中心联系调换
电话：010-84083683
版权所有　侵权必究

国家社科基金后期资助项目
出 版 说 明

　　后期资助项目是国家社科基金设立的一类重要项目，旨在鼓励广大社科研究者潜心治学，支持基础研究多出优秀成果。它是经过严格评审，从接近完成的科研成果中遴选立项的。为扩大后期资助项目的影响，更好地推动学术发展，促进成果转化，全国哲学社会科学工作办公室按照"统一设计、统一标识、统一版式、形成系列"的总体要求，组织出版国家社科基金后期资助项目成果。

全国哲学社会科学工作办公室

序　　言

　　影子银行（Shadow Banking）可谓20世纪全球金融市场的最重大创新之一。针对影子银行的监管缺失也是美国次贷危机爆发并演变为国际金融危机的重要原因。国际与国内对影子银行的定义差别甚远。美国的影子银行更多是指对冲基金、私募股权基金、SPV、管道等非银行金融机构或与商业银行关联的空壳公司，而中国的影子银行更多是指帮助银行规避监管、承担事实上贷款功能的其他金融机构，如银信合作、银证合作、银基合作、同业交易等。虽然定义不同，但国内外影子银行的一个共同特征，都是通过规避相应金融监管来牟取不菲利润。

　　中国的影子银行兴起于2008年国际金融危机之后。在国际金融危机爆发后，中国政府通过宽松财政货币政策来提振经济增长与稳定金融市场。财政政策方面有所谓的"四万亿"政策，货币政策方面则用极其宽松的货币信贷供给来配合"四万亿"政策的实施。当时，大量信贷被投放到基础设施投资与房地产投资领域。然而，随着中国经济在2010年强劲反弹，中国政府开始退出宽松政策组合。商业银行被要求大量削减基建与房地产贷款。但由于这两个行业天生具有建设周期长、需要持续资金投入的特点，为避免之前投放的贷款变为坏账，商业银行就不得不突破相关金融监管，继续向上述行业提供贷款。这其实就是中国影子银行体系崛起的根本原因。

　　中国影子银行体系的特色是由其他类型的金融机构与商业银行进行合作，由前者代替后者向借款人提供资金以规避相应监管，而前者也会向后者收取一定的通道费用作为回报。例如，由信托公司与商业银行进行合作。信托公司向商业银行销售专门的信托计划，再由信托公司将商业银行购买信托计划的资金定向投放给商业银行指定的借款人。在这个过程中，信托公司仅仅扮演了通道角色，也会因此而收取相关费用。然而与这笔贷款相关的违约风险，最终依然要由商业银行来承担。从这一意义而言，中国的影子银行更多地像"银行的影子"。

当然，监管机构会逐渐发现商业银行通过影子银行来规避监管的行为，因此前者会对银信合作实施更加严格的监管。作为对策，商业银行就会寻找其他类型的金融机构（如证券公司、基金公司、保险公司等）进行合作，相应的合作方式则被称为银证合作、银基合作、银保合作等。再后来，商业银行发现，监管机构对银行同业交易的监管要比对银行自身业务的监管宽松得多，因此商业银行会通过相互购买理财产品或同业票据的方式来规避监管、实现继续向特定客户提供贷款的目的，由此造成银行同业业务大行其道。

不过，魔高一尺道高一丈。在个别银行影子银行业务风险充分暴露、甚至造成银行面临破产倒闭风险之后，监管机构开始逐渐堵死各种套利空间。尤其是在出台银行理财与同业业务相关管理规定之后，中国商业银行被迫将大量业务回表，影子银行业务的绝对规模与相对占比近年来已经显著下降。

既然中国式影子银行的产生就是为了规避金融机构监管，那么由此产生的一个问题自然是，影子银行的兴起是否会降低货币政策的效力？关于影子银行体系与货币政策有效性之间的关系，国内外学者均有大量研究，大多数相关研究认为，影子银行的确会削弱货币政策有效性。但迄今为止的研究存在两方面不足。其一，目前的研究更多是基于宏观视角，对影子银行体系如何影响货币政策效力的微观机制讨论不足。其二，现有研究认为影子银行体系将会通过影响货币供应量来降低货币政策有效性，但未考虑银行异质性对上述作用机制的影响。

高蓓教授新作《影子银行冲击货币政策传导的机制与效应研究》在一定程度上填补了相关文献的研究空白。这部著作的最大特色在于，从微观和宏观两个角度仔细梳理了影子银行冲击货币政策传导效果的作用机制，并通过定量研究方法考察了相关效应。

在微观机制与效应方面，本书的主要发现包括：第一，影子银行的兴起将会改变商业银行的资产负债结构，导致商业银行存贷款比例显著下降；第二，影子银行对货币供应量具有正向放大作用，但影子银行的信用创造功能将会降低货币供应量的稳定性，增加央行对货币供应量的控制难度；第三，银行同业业务占比的提高将会提高商业银行信贷能力，但与此同时也会降低货币政策对商业银行信贷的调控能力；第四，从银行异质性角度而言，股份制商业银行与城商行影子银行业务对货币政策的敏感性要显著高于国有商业银行。

在宏观机制与效应方面，作者的主要发现是：其一，在不存在影子银行的环境下，股份制银行对货币政策调控的敏感性高于国有商业银行。而在影子银行产生之后，股份制银行有更大的动力通过发展影子银行业务去规避相应监管（如存贷款比率限制）；其二，在发展初期，影子银行对实体经济平稳增长发挥了推动作用。但随着影子银行发展进入同业阶段，其对金融资产价格的负面影响越来越大，由此积累的金融市场风险也会逐渐上升。

基于上述发现，作者提出了如下政策建议：一是全面看待中国影子银行发展的是非功过，不要因噎废食一棍子打死，而应在发展中进行规范；二是通过加强逆周期宏微观审慎监管来降低影子银行体系固有的顺周期性；三是完善影子银行体系的信息披露制度，降低信息不对称带来的各种风险；四是全面加强对银行同业业务的监管，让"同业"的含义回归本源；五是完善货币政策中介目标，考虑到影子银行对商业银行贷款的替代效应降低了货币政策中介目标的可控性与可测性，未来的货币政策中介目标由数量型向价格型过渡是大势所趋；六是加强货币政策与宏观审慎监管政策之间的协调联动。

作者得出的上述结论与政策建议，建立在严谨的机制描述与实证检验的基础上，也与笔者的直觉推论基本相符。应该说，高蓓教授的这部著作在讨论影子银行体系的宏观含义方面有所突破，值得广大研究者、金融机构从业者、监管部门官员与感兴趣的读者一读。如果说本书有什么不足的话，那就是在分析国内外影子银行体系的发展方面采用的口径前后不一致。在介绍国外影子银行体系发展方面，主要是分析不同国家的资产证券化产品。而在介绍中国影子银行体系方面，主要是介绍不同类型的机构合作模式。

最后，我还想谈一点题外话。高蓓教授是我迄今为止见过的最为努力的青年学者之一。她博士毕业于西安交通大学经济与金融学院。毕业后一度在大公国际评级公司工作，后来机缘巧合来中国社会科学院世界经济与政治研究所从事博士后研究。在博士后期间，她加入了我组建的资产证券化研究小组，与我以及邹晓梅一起，在两年时间内进行了大量的研究工作，形成了十几篇学术论文。2021年，我们把这些成果系统更新后，出版了《资产证券化：国际经验、中国实践与定量研究》一书（这本书入选了中国经济学教学科研网2021年度经济学图书）。在博士后期间，高蓓教授还借调到财政部，参与了亚洲基础设施投资银行的创建工作。在出站找工作时，她本来拿到了陕西师范大学的副教授职位，但最终还是毅然决然地回到母校从讲师干起。几年下来，她成果斐然，申请到国家社科基金项目，在《经济研究》上发表了论文，顺利评上了副教授。读者手中的这本书，也是国家社科基金后期资助书稿。即使已经取得了这些成果，每次见到我，她依然和当年一样，兴冲冲地给我介绍她最新的思考与研究计划。正所谓"长安何处在，只在马蹄下"。

祝高蓓教授在未来能够持续精进，取得更多更重要的学术成果！

张　明

摘 要

影子银行是金融深化发展的必然结果，是过去30年中全球最重要的金融创新。影子银行的出现提高了资本流动性，促进了金融市场的繁荣发展，但同时也改变了传统金融体系的结构和运行规则，而且由于其所具有的信用创造功能，对货币政策的冲击也更为强烈。

本书在研究国外影子银行相关发展历程和现状的基础上，细致对比分析国内影子银行与国外影子银行的联系与区别，深入梳理国内影子银行的现状，并预测其未来发展趋势。同时构建基于货币政策传导理论之上的国内影子银行相关分析框架，并基于银行资产负债结构和银行产权异质性视角，通过理论分析和实证检验，一方面研究影子银行通过影响银行资产负债结构冲击货币政策传导的微观机制；另一方面分析不同产权银行背景之下的影子银行冲击货币政策传导的宏观效应。研究发现：影子银行冲击货币政策传导的微观机制主要通过改变商业银行资产负债结构实现；影子银行冲击货币政策传导的宏观效应存在异质性；影子银行会增加货币供应量与经济发展的不稳定性。

本书通过构建影子银行冲击下的货币政策传导理论分析框架，探索了影子银行冲击货币政策传导的微观机制和宏观效应，揭示了新形势下货币政策的传导机理，并据此提出不同于传统信贷渠道的同业渠道，有助于人们更好地理解现实中货币流转"避实就虚"以及金融高杠杆的成因，为货币政策与其他政策的协调配合提供理论依据。

Abstract

Shadow banking is an inevitable result of financial deepening development, which is also the world's most important financial innovation in the past 30 years. Undoubtedly, the emergence of shadow banking has increased capital mobility and promoted the prosperity and development of financial markets. At the same time, it has also changed the structure and operating rules of traditional financial system. Moreover, due to the credit creation function, its impact on monetary policy is even stronger.

Based on the comparative analysis of the development history and status of domestic and foreign shadow banking, this book constructs a theoretical analysis framework for the transmission theory of monetary policy including shadow banking. On the basis of bank asset-liability structure and bank property heterogeneity perspective, through theoretical analysis and empirical tests, this book analyses the micro mechanism of shadow banking through the impact of bank asset-liability structure on the transmission of monetary policy and the macro effect of shadow banking through the impact of banks with different property rights on monetary policy. The results show that, the micro mechanism of shadow banking's impact on monetary policy is mainly achieved by changing the asset-liability structure of commercial banks; the macro effect of shadow banking's impact on monetary policy is heterogeneous; and shadow banking will increase the instability of money supply and economic development.

By constructing the theoretical analysis framework of monetary policy transmission under the impact of shadow banking, this book explores the micro mechanism and macro effects of shadow banking's impact on monetary policy transmission, reveals the transmission mechanism of monetary policy in the new situation. Based on this, different from traditional credit channel, the inter-bank channel is proposed, which helps people better understand the evasive currency circulation in reality and the causes of high financial leverage, and provides a theoretical basis for the coordination between monetary policy and other policies.

目　　录

第一章　绪论 （1）
　第一节　研究背景 （1）
　第二节　相关概念界定 （3）
　第三节　研究内容 （5）
　第四节　研究思路与方法 （6）
　第五节　研究贡献 （7）

第二章　文献综述 （9）
　第一节　影子银行的发展与影响 （9）
　第二节　货币政策信贷渠道传导 （12）
　第三节　影子银行对货币政策的冲击 （17）
　第四节　文献述评 （19）

第三章　国外影子银行发展的历程与现状 （21）
　第一节　美国影子银行发展历程与现状 （21）
　第二节　欧洲影子银行发展历程与现状 （26）
　第三节　日本影子银行发展历程与现状 （30）
　第四节　本章小结 （33）

第四章　中国影子银行的发展与测度 （35）
　第一节　中国影子银行的发展历程与现状 （35）
　第二节　中国影子银行的规模测度 （46）
　第三节　本章小结 （51）

第五章　影子银行冲击货币政策传导的微观机制：理论分析 （53）
　第一节　影子银行冲击下的货币政策传导机制 （53）

第二节　中国影子银行业务演进 …………………………………… (55)
　　第三节　影子银行对商业银行资产负债结构的影响 …………… (61)
　　第四节　商业银行资产负债结构变化对货币政策有效性的
　　　　　　影响 …………………………………………………… (68)
　　第五节　本章小结 ………………………………………………… (72)

第六章　影子银行冲击货币政策传导的微观机制：实证检验 ……… (73)
　　第一节　实证模型构建 …………………………………………… (73)
　　第二节　影子银行对商业银行资产负债结构的影响 …………… (78)
　　第三节　商业银行资产负债结构变化对货币政策有效性影响 … (87)
　　第四节　本章小结 ………………………………………………… (121)

第七章　影子银行冲击货币政策传导的宏观效应：理论分析 …… (123)
　　第一节　考虑产权异质性影响 …………………………………… (123)
　　第二节　金融市场中不存在影子银行影响的理论模型 ………… (126)
　　第三节　金融市场中存在影子银行影响的理论模型 …………… (129)
　　第四节　银行产权异质性对风险偏好影响的理论模型 ………… (133)
　　第五节　本章小结 ………………………………………………… (134)

第八章　影子银行冲击货币政策传导的宏观效应：实证检验 …… (136)
　　第一节　实证模型构建 …………………………………………… (136)
　　第二节　实证结果与稳健性检验 ………………………………… (138)
　　第三节　进一步的讨论 …………………………………………… (164)
　　第四节　研究结论 ………………………………………………… (167)
　　第五节　本章小结 ………………………………………………… (168)

第九章　结论及政策建议 ……………………………………………… (170)
　　第一节　主要结论 ………………………………………………… (170)
　　第二节　政策建议 ………………………………………………… (171)
　　第三节　研究展望 ………………………………………………… (173)

参考文献 ……………………………………………………………… (175)

后　记 ………………………………………………………………… (188)

第一章 绪论

第一节 研究背景

影子银行作为过去 30 多年全球最重要的金融创新，呈现快速发展态势，且规模屡创新高。例如，2008 年国际金融危机爆发前，美国影子银行系统的总资产约 6.5 万亿美元，同期美国前五大商业银行的总资产约 6 万亿美元，影子银行发展成为与传统商业银行体系平行的金融系统，是美国货币创造的主体之一。中国影子银行规模按照孙国峰和贾君怡[①]的测算，2014 年 5 月达到历史高点 29.63 万亿元，在货币总量中的占比上升至 21.76%。

影子银行的快速发展对中国宏观经济造成了巨大冲击，而且由于影子银行具有信用扩张功能，其对货币政策的冲击更为强烈。例如，李波和伍戈[②]、裘翔和周强龙[③]以及李向前和孙彤[④]从宏观视角分析认为，影子银行通过信用创造降低了货币政策对 M2 的控制力，继而降低了货币政策有效性。考虑到中国货币政策主要通过银行信贷渠道传导，而中国银行业存在显著的产权差异性，因此，影子银行通过影响不同商业银行冲击货币政策的效应有所不同。此外，影子银行对货币政策传导的影响虽是一个宏观问题，但一定是通过影响微观商业银行的个体行为来实现的。因此，与从宏

---

① 孙国峰、贾君怡：《中国影子银行界定及其规模测算——基于信用货币创造的视角》，《中国社会科学》2015 年第 11 期。
② 李波、伍戈：《影子银行的信用创造功能及其对货币政策的挑战》，《金融研究》2011 年第 12 期。
③ 裘翔、周强龙：《影子银行与货币政策传导》，《经济研究》2014 年第 5 期。
④ 李向前、孙彤：《影子银行对我国货币政策有效性的影响》，《财经问题研究》2016 年第 1 期。

观视角研究影子银行通过影响 M2 继而影响货币政策相比，从微观视角研究影子银行如何通过影响不同商业银行业务模式及资产负债结构，继而影响货币政策的方式更有意义。

受影子银行冲击，商业银行业务及资产负债结构都发生了变化。不同于美国影子银行由非银行金融机构主导，围绕资产证券化展开，中国的影子银行主要由商业银行主导，通过银信合作、银证合作、银银合作等通道业务（即广义的同业业务）展开，对商业银行的传统信贷业务形成替代。如图 1-1 所示，同业业务的增加导致 16 家上市商业银行中 12 家银行的资产负债结构中金融资产占比大幅上升；相反，信贷资产占比大幅下降。而其余 4 家金融资产占比下降的商业银行（招商银行、中国银行、中国工商银行和中国建设银行），其金融资产规模也迅速扩张，2016 年第三季度比 2007 年年底分别上涨 272%、132%、101% 和 141%。再加上众多表外业务，商业银行整体资产负债结构已经发生天翻地覆的变化，某些商业银行的金融资产占比甚至已超过信贷资产占比。未来受宏观审慎监管新规影响，影子银行的形式可能发生变化，但以影子银行为代表的金融创新方向却将继续，与此同时，商业银行资产负债结构的变化也不会停止。

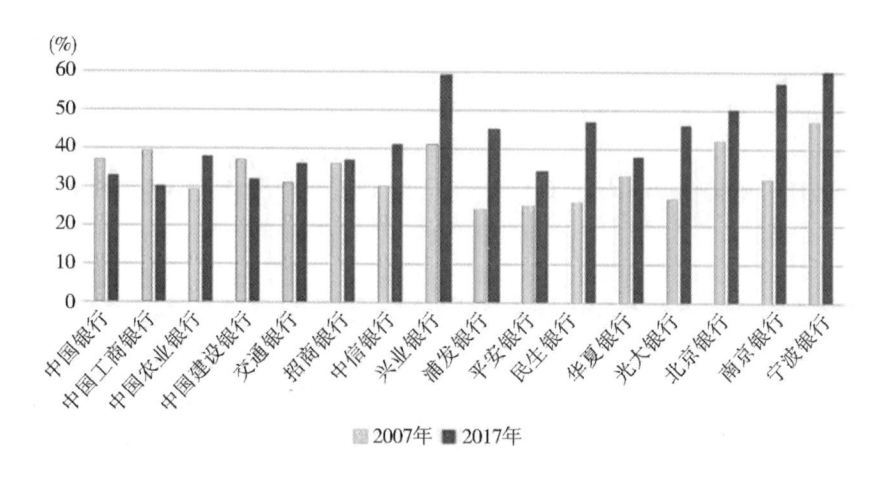

图 1-1　16 家上市银行金融资产占比变动情况
资料来源：Wind 数据库。

商业银行资产负债结构的变化将深刻影响货币政策传导机制及传导效果。商业银行作为央行货币政策传导过程中的重要环节，货币政策通过对商业银行资产和负债业务施加影响（具体表现为资产负债结构的变化）进而作用于实体经济。尤其对中国这种以信贷渠道作为主要货币政策传导机制的国家而言，商业银行在货币政策传导中的作用更为突出。但在影子银行的影响下，商业银行金融资产占比大幅上升，信贷资产占比大幅下降，商业银行资产负债结构的变化弱化了货币政策信贷传导渠道的有效性，大幅增加的金融资产多数并没有进入实体经济，反而助推以股市、债市和房地产市场为代表的虚拟经济中泡沫的形成，在降低货币政策传导效果的同时，提高了整个社会的金融杠杆。

因此，商业银行资产负债结构可以作为从微观视角分析影子银行与货币政策传导关系的有效中间变量。一方面，商业银行资产负债结构可以被视为影子银行发展状况的表征变量；另一方面，可以通过分析商业银行资产负债结构的变化研究货币政策的传导机制和传导效果。但遗憾的是，这一研究范式在现有学术研究中较为缺失。

有鉴于此，本书希望在分析和对比国内外影子银行的基础上，利用银行微观数据，通过理论模型和实证检验，研究影子银行通过影响银行资产负债结构冲击货币政策传导的微观机制，以及影子银行通过不同产权银行冲击货币政策传导宏观效应的差异性。并据此提出新形势下不同于传统信贷渠道的同业渠道，有助于人们更好地理解现实中货币流转"避实就虚"以及金融高杠杆的成因。同时，本书对于在以影子银行为代表的金融创新已成为发展趋势的背景下，如何有效应对具有重要的实践指导意义。

第二节　相关概念界定

各界对于影子银行的认识存在较大争议，没有一个被一致认可的定义，而且不同国家的影子银行千差万别。影子银行概念最早由美国太平洋投资管理公司的 McCulley 于 2007 年在美联储召开的经济研讨会上提出，并将其概括为被杠杆化的非银行投资通道、工具和结构。之后经济学家 Pozsar、金融稳定委员会（FSB）和欧盟委员会均给出了各自对影子银行的定义[1]。

---

[1] Pozsar 将影子银行定义为通过诸如资产支持商业票据（ABCP）、资产支持证券（ABS）、抵押债务凭证（CDO）与回购协议（Repos）等证券化和担保融资技巧进行融资媒介的机构。金融稳定委员会（FSB）对影子银行体系的定义为常规银行体系之外的主体与活动提供信用媒介的体系。欧盟委员会认为，与影子银行有关的活动包括证券化、证券借贷与回购。

中国影子银行体系从2010年起进入快速发展阶段。但在2020年之前，对中国影子银行的概念界定存在多种版本。例如，黄益平等认为中国的影子银行主要包括向公众销售理财产品的信托融资与由金融机构作为中介的委托融资①。巴曙松根据金融机构业务将中国影子银行分为由窄到宽四类：最窄口径只包括银行理财业务与信托公司两类；较窄口径包括最窄口径、财务公司、汽车金融公司、金融租赁公司、消费金融公司等非银行金融机构；较宽口径包括较窄口径、银行同业业务、委托贷款、融资担保公司、小额贷款公司与典当行等非银行金融机构；最宽口径包括较宽口径与民间借贷②。2020年中国银保监会发布《中国影子银行报告》，将中国影子银行界定为处于银行监管体系之外的、扮演着"类银行"角色的金融信用中介业务，通常以非银行金融机构为载体，对金融资产的信用、流动性和期限等风险因素进行转换。

根据国内外对影子银行的不同定义，我们发现国外的影子银行完全脱离了银行体系，主要资金来源为基金，表现为多种资产证券化和回购业务。而中国影子银行包括两部分，即与银行相关的影子银行和银行体系之外的影子银行。与银行相关的影子银行指以规避监管为目的，以不规范的会计记账为手段，通过创造信用货币为企业提供融资的行为③。与银行相关的影子银行是银行开展的类贷款业务，表现为票据买入返售、同业代付等，但本质仍是银行贷款。主要资金来源为银行表外理财，业务主要通过与证券公司、保险公司和其他银行的通道展开。银行体系之外的影子银行主要指非银行金融机构在银行体系外通过货币转移为企业融资提供信用支持，资金主要来自闲散资金募集，行为机制与国外影子银行类似，主要表现为信托贷款、资产管理计划等。

目前，与银行相关的影子银行仍是中国影子银行的主体，而且考虑其与商业银行之间密切的相关性，因此会对货币政策产生冲击。鉴于此，本书的研究主体也集中在与银行相关的影子银行上，且主要以资金的供给方理财产品为例。

---

① 黄益平、常健、杨灵修：《中国的影子银行会成为另一个次债》，《国际经济评论》2012年第2期。
② 巴曙松：《加强对影子银行系统的监管》，《中国金融》2009年第14期。
③ 孙国峰、贾君怡：《中国影子银行界定及其规模测算——基于信用货币创造的视角》，《中国社会科学》2015年第11期。

第三节　研究内容

全书共九章内容，除第一章绪论和第九章结论外，其余七章内容为本书的主体内容。

第一章为绪论。本章主要阐述了所研究问题产生的背景，界定了相关概念，提炼概括了本书的主要研究内容、研究思路与方法以及研究贡献。

第二章为文献综述。本章主要梳理了影子银行的发展与影响、货币政策信贷渠道传导以及影子银行对货币政策传导的冲击三方面内容。

第三章为国外影子银行发展历程与现状。本章在梳理分析美国、欧洲、日本影子银行发展历程和现状的基础上，对比分析了三者的联系和区别。需要特别说明的是，美国、欧洲、日本影子银行主要以资产证券化为代表。

第四章为国内影子银行的发展与测度。本章在分析国内影子银行发展历程和现状的基础上，对比了国内影子银行和国外影子银行的异同，并测算了国内影子银行规模，最后分析了未来影子银行的发展趋势。

第五章为影子银行冲击货币政策传导的微观机制：理论分析。本章在深刻理解影子银行形成机理的基础上，构建纳入影子银行因素的货币政策传导理论分析框架，通过分析货币政策传导机制的静态结构特征和动态演进机理，研究影子银行对货币政策传导机制的冲击。在此基础上，进一步梳理影子银行业务演进，理论分析影子银行对商业银行资产负债结构的影响，以及商业银行资产负债结构变化对货币政策传导的影响，即影子银行冲击货币政策传导的微观机制。

第六章为影子银行冲击货币政策传导的微观机制：实证检验。本章针对第五章理论分析所得结论，选择面板数据（Panel）模型和基于面板数据的向量自回归（Panel-VAR）模型，检验影子银行对商业银行资产负债结构的影响以及商业银行资产负债结构变化对货币政策传导效应的影响。在此基础上，分别区分银行产权、发展阶段等情形进行稳健性检验。

第七章为影子银行冲击货币政策传导的宏观效应：理论分析。本章根据第五章所建理论分析框架，利用商业银行资产负债理论，构建了考虑金融市场中不存在影子银行影响、金融市场中存在影子银行影响以及银行产权异质性对风险偏好影响三种情形的理论模型，以研究影子银行冲击货币政策的宏观效应。

第八章为影子银行冲击货币政策传导的宏观效应：实证检验。本章针对第七章理论分析所得结论,选择基于面板数据的向量自回归(Panel-VAR)模型,研究了影子银行存在与否时,不同银行贷款对货币政策冲击的不同反应,以及贷款投放对经济增长的不同效果。在此基础上,考虑影子银行规模、监管政策变化等情形进行稳健性检验。

第九章为结论及政策建议。本章对前述研究结论进行系统总结,并提出相关政策建议。

第四节　研究思路与方法

本书研究思路是在对比分析国内外影子银行发展的基础上,构建纳入影子银行的货币政策传导理论分析框架,并基于银行资产负债结构和银行产权异质性视角,通过理论分析研究影子银行通过影响银行资产负债结构冲击货币政策传导的微观机制,以及影子银行通过不同产权银行冲击货币政策传导的宏观效应,最后利用银行微观数据,进行实证检验。具体研究思路如图1-2所示。

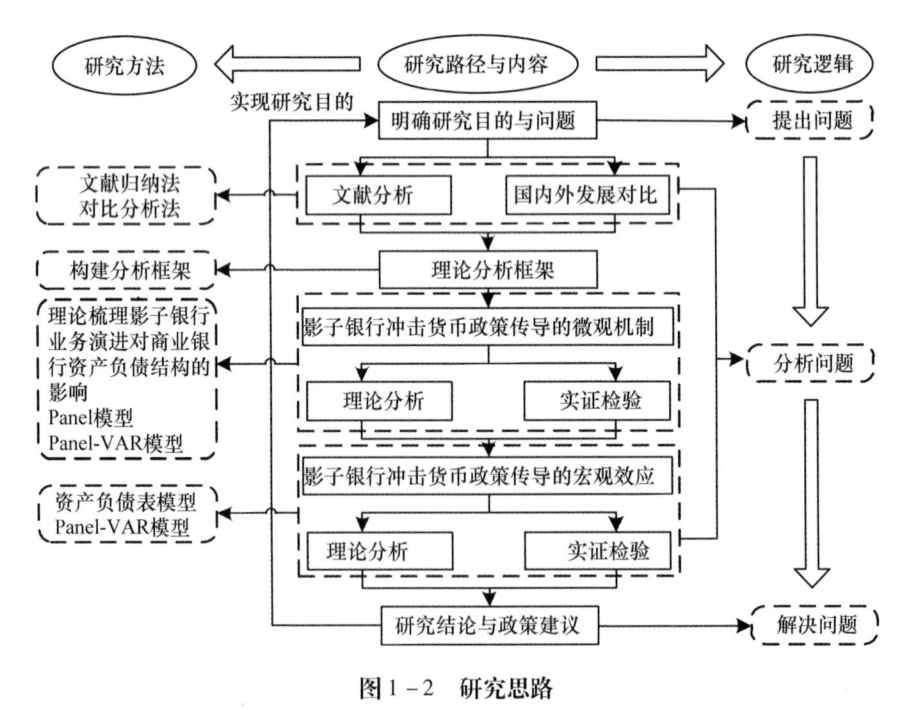

图1-2　研究思路

资料来源:笔者整理。

本书研究方法主要为理论分析方法和实证检验方法，此外还用到文献归纳方法和比较分析方法。

理论分析方法主要应用在第五章和第七章。第五章构建纳入影子银行因素的货币政策传导理论分析框架，通过分析货币政策传导机制的静态结构特征和动态演进机理，系统分析影子银行如何冲击货币政策传导机制，并梳理影子银行具体业务演进，分析影子银行如何对商业银行资产负债结构产生影响，以及商业银行资产负债结构的变化如何影响货币政策传导效果。第七章基于银行资产负债表构建理论模型，分别研究不存在影子银行影响时、存在影子银行影响时以及考虑银行产权异质性对风险偏好影响时，货币政策对银行存、贷款行为的影响。

实证检验方法主要应用在第六章和第八章。第六章分别利用面板数据（Panel）模型和基于面板数据的向量自回归（Panel-VAR）模型，检验影子银行对商业银行资产负债结构的影响以及商业银行资产负债结构变化对货币政策传导效应的影响。在此基础上，分别区分银行产权、发展阶段等情形进行稳健性检验。第八章利用基于面板数据的向量自回归（Panel-VAR）模型进行实证检验，研究了影子银行存在与否时，不同银行贷款对货币政策冲击的不同反应，以及贷款投放对经济增长的不同效果。在此基础上，考虑影子银行规模、监管政策变化等情形进行稳健性检验。

文献归纳方法主要应用在第二章。分别就影子银行的发展与影响、货币政策信贷渠道传导以及影子银行对货币政策传导的影响三方面文献进行了系统梳理。

比较分析法主要应用在第三章和第四章。第三章对美国、欧洲、日本影子银行发展历程及发展现状进行了对比分析。第四章对国内外影子银行进行了对比分析。

第五节 研究贡献

第一，构建纳入影子银行冲击的货币政策传导理论分析框架，丰富发展有中国特色的货币政策传导理论体系。在传统货币政策传导理论中，未考虑影子银行的存在，但实际上，影子银行的出现已经改变了传统金融体系的结构和运行规则，因此利用传统理论已无法解释现实问题。对此，本书构建了纳入影子银行冲击的货币政策传导理论分析框架，提出货币政策同业传导渠道，丰富了货币政策传导的理论研究体系，使理论模型更贴近现实发展。

第二，采用定性与定量相结合的研究方法，科学系统地研究影子银行冲击货币政策传导的微观机制与宏观效应。在微观机制研究中，引入商业银行资产负债结构作为重要的中间变量，为研究影子银行与货币政策传导关系提供了一个新的微观分析工具；在宏观效应研究中，考虑银行产权异质性下，影子银行的存在与否对货币政策有效性的影响。科学系统地研究影子银行冲击货币政策传导的微观机制与宏观效应，有助于打开影子银行与货币政策传导作用过程的"黑匣子"。

第三，研究影子银行对货币政策传导的冲击，有助于更好理解中国经济"脱实向虚"的真正原因。近年来，货币政策虽保持适度宽松，但对实体经济的传导效果却不断下降，引起了中央高层的高度关注。本书通过研究影子银行对货币政策传导的冲击，有助于更好理解宏观经济"脱实向虚"背后的真正原因，为制定更加合适的政策提供重要理论支撑。

第二章 文献综述

通过系统梳理，发现现有文献主要集中在影子银行、货币政策传导机制与影子银行对货币政策的影响三方面，与此同时，目前对商业银行资产负债结构的研究也多与货币政策信贷传导机制有关，因此，本书的文献综述主要包括影子银行的发展与影响、货币政策信贷渠道传导以及影子银行对货币政策影响三方面内容。

第一节 影子银行的发展与影响

影子银行是20世纪金融业最重要的金融创新，但直到2007年美国次贷危机爆发后，影子银行才成为全球学界和业界关注的焦点。McCulley最早在美联储召开的经济研讨会上提出了影子银行概念，并将其概括为被杠杆化的非银行投资通道、工具和结构[1]。随后，经济学家Pozsar等、金融稳定委员会（FSB）和欧盟委员会分别给出了对影子银行的不同定义，虽然文字表述有所不同，但都认可影子银行具有信用、期限及流动性转换功能。

对于美国以资产证券化为代表的影子银行，其兴起的原因可以从供给和需求两个层面来解释。从供给层面而言，一方面，资产证券化通过对不同资产进行切割、打包和分层，能够消除单项资产的风险异质性，并降低交易双方的信息不对称，最终达到提高信贷资产流动性的目的；另一方面，资产证券化能够帮助商业银行规避相应监管，如提高资本充足率。从需求层面而言，一方面，由于资产证券化能够将特定资产按照风险高低分解成不同类型的产品，从而可以满足具有不同风险偏好的投资者的投资需求；另一方面，资产证券化过程中产生的高信用等级资产可以更好地满足

---

[1] McCulley, P., *Teton Reflections*, *Global Central Bank Focus*, PIMCO, 2007.

批发融资市场对担保品的需求[①]。

中国影子银行体系起步较晚，在 2010 年后才迅速发展，迄今为止，对中国影子银行的概念界定较为模糊，监管机构并没有对影子银行给出一个被广泛认可的正式定义[②]。与美国影子银行由非银行金融机构主导，围绕资产证券化展开不同，中国影子银行主要由商业银行主导，更多是对商业银行传统业务的替代。作为资产证券化产品的雏形，中国早期的影子银行在负债端以发行理财产品作为融入资金的主要工具[③]，在资产端通过银信合作[④]、银证合作[⑤]和银银合作[⑥]，将表内资产转移至表外以实现规避监管的目的。因此，规避监管是中国影子银行兴起的主要原因。

虽然中国影子银行体系与美国影子银行体系之间存在较大差异，但两者仍然存在一些共同点，如都具有期限转化功能，都游离于监管体系之外，且都不享有存款保险保护和央行贴现窗口支持等。因此，无论是美国以资产证券化为主导的影子银行体系，还是中国对商业银行传统业务进行替代或补充的影子银行体系，都可能增加金融体系的总体风险[⑦]。

例如，当遭受极端外部冲击时，资产证券化产品可能由信息不敏感资产转变为信息敏感资产，这会导致投资者对证券化产品的抛售，进而严重破坏金融稳定。Shin 认为，资产证券化扩大了金融部门的外部融资来源，而所获得的外部融资的多少与金融部门杠杆率正相关[⑧]。如果金融部门在资产扩张过程中降低了信贷标准，那么资产证券化将会损害金融系统的稳定性。Shleifer 和 Vishny 也认为，资产证券化在增加社会投资水平的同时增强了投资和利润的顺周期性，但却降低了金融机构的信贷质量[⑨]。当经济处于繁荣时期时，银行将会大举放贷，但当经济转为萧条后，银行信贷将显著收缩。尤其当资产价格下跌时，银行为了满足杠杆率要求而不得不清

[①] 邹晓梅、张明、高蓓：《资产证券化的供给与需求：文献综述》，《金融评论》2014 年第 8 期。
[②] 张明：《中国影子银行：界定、成因、风险与对策》，《国际经济评论》2013 年第 3 期。
[③] 肖立晟：《人民币理财产品分析》，《国际经济评论》2013 年第 4 期。
[④] 陈思翀：《中国信托业：特征、风险与监管》，《国际经济评论》2013 年第 3 期。
[⑤] 高海红、高蓓：《中国影子银行与金融改革：以银证合作为例》，《国际经济评论》2014 年第 2 期。
[⑥] 郑联盛、张明：《中国银行同业业务：现状、类型、风险和应对》，《金融市场研究》2014 年第 6 期。
[⑦] 陆晓明：《中美影子银行系统比较分析和启示》，《国际金融研究》2014 年第 1 期。
[⑧] Shin, H. S., "Securitization and Financial Stability", *The Economic Journal*, 2009, 119, pp. 309–320.
[⑨] Shleifer, A. and R. Vishny, "Unstable Banking", *Journal of Financial Economics*, 2010, 97, pp. 306–318.

算资产,此时资产证券化将成为银行业不稳定的来源。Coval 等认为,资产证券化虽然可以最大化安全资产的供给,但同时也提高了证券化产品价格对评级结果的敏感性,从而放大了系统性风险[1]。Gennaioli 等进一步指出,资产证券化程度越高,金融市场出现崩溃的概率以及崩溃破坏性就越大[2]。

资产证券化所产生的风险对银行经营稳定性影响较大。理论上认为,资产证券化产品通过结构化安排,将低流动性非标准资产转化为高流动性标准资产,从而实现风险降低。然而,2007 年爆发的次贷危机彻底改变了人们对资产证券化的认识。Casu 等利用美国银行控股公司 2001—2007 年数据,研究资产证券化对银行风险加权资产占比的影响,结果发现,证券化对银行风险的影响最终取决于证券化的交易结构[3]。Casu 等进一步研究发现,虽然理论上认为资产证券化有利于金融机构降低融资成本、改善风险管理及提高盈利水平,但实践效果受多种因素影响可能完全相反,因此,资产证券化并不比其他方法更优秀[4]。Michalak 和 Uhde 利用欧盟 13 国及瑞士商业银行数据,分析了资产证券化对商业银行稳健性的影响,结果表明,资产证券化与商业银行稳健性负相关,具体而言,资产证券化与商业银行营利性负相关,与资本比率负相关,与商业银行收益的波动性正相关[5]。Salah 和 Fedhila 利用美国商业银行 2001—2008 年数据,分析了资产证券化与银行信用风险和经营稳定性之间的关系[6]。结果表明,资产证券化虽然伴随着信贷质量恶化和信用风险上升,但却可以增加银行稳定性。具体从产品而言,MBS 能够提高银行稳定性,但 ABS 不利于银行稳定性。

---

[1] Coval, J., Jurek, J. and E. Stafford, "The Economics of Structured Finance", *Journal of Economic Perspectives*, 2009, 23, pp. 3 – 26.
[2] Gennaioli, N., Andrei, S. and R. Vishny, "A Model of Shadow Banking", *NBER Working Paper Series*, 2013, 68 (4), pp. 1331 – 1363.
[3] Casu, B., Clare, A., Sarkisyan, A. and S. Thomas, "Does Securitization Reduce Credit Risk Taking? Empirical Evidence from US Bank Holding Companies", *European Journal of Finance*, 2011, 17, pp. 769 – 788.
[4] Casu, B., Sarkisyan, A., Clare, A. and S. Thomas, "Securitization and bank performance", *Journal of Money, Credit and Banking*, 2013, 45, pp. 1617 – 1658.
[5] Michalak, T. and A. Uhde, "Credit Risk Securitization and Bank Soundness in Europe", *Quarterly Review of Economics and Finance*, 2012, 52, pp. 272 – 285.
[6] Salah, N. B. and H. Fedhila, "Effects of Securitization on Credit Risk and Banking Stability: Empirical Evidence from American Commercial Banks", *International Journal of Economics and Finance*, 2012, 4 (5), pp. 194 – 207.

中国的影子银行产品在某种程度上可以视为资产证券化的雏形。自2010年中国影子银行快速发展以来，认为影子银行可能引起金融风险已经成为学术界和实务界的共识。巴曙松总结美国次贷危机的经验，提出中国影子银行游离于监管之外，积累了大量风险①。钟伟和谢婷认为，中国影子银行内、外均存在脆弱性②。虽然影子银行不会立刻导致系统性金融风险的爆发，但完善监管已经成为一项紧迫的任务③。一般来说，影子银行造成金融风险的原因有杠杆操作、过度创新以及监管缺失④，影子银行的顺周期性⑤将加剧金融风险的破坏性，金融风险将最终以资金链断裂的形式爆发⑥。

对影子银行与金融风险的关系，先后有数篇文献从不同角度进行了定量分析，一致认为影子银行会扩大金融风险。其中，毛泽盛和万亚兰认为，影子银行规模与银行体系稳定性存在阈值效应，影子银行规模低于阈值，可提高银行体系的稳定性，相反，则降低银行体系的稳定性⑦。李建军和薛莹分析了影子银行的传染机制，提出影子银行的主要风险源是信托公司，而风险的主要承担者是银行部门⑧。李丛文和闫世军从定量角度研究了影子银行对商业银行的溢出效应，结果表明，影子银行对不同类型商业银行风险溢出差别较大，其中股份制银行风险溢出最高，国有银行风险溢出最低⑨。

第二节　货币政策信贷渠道传导

自20世纪30年代凯恩斯宏观经济分析框架建立以来，各种经济流派

---

① 巴曙松：《加强对影子银行系统的监管》，《中国金融》2009年第14期。
② 钟伟、谢婷：《影子银行系统的风险及监管改革》，《中国金融》2011年第12期。
③ 黄益平、常健、杨灵修：《中国的影子银行会成为另一个次债》，《国际经济评论》2012年第2期。
④ 何德旭、郑联盛：《影子银行体系与金融体系稳定性》，《经济管理》2009年第11期。
⑤ 周莉萍：《影子银行体系的顺周期性：事实、原理及应对策略》，《财贸经济》2013年第3期。
⑥ 林琳、曹勇：《基于复杂网络的中国影子银行体系风险传染机制研究》，《经济管理》2015年第8期。
⑦ 毛泽盛、万亚兰：《中国影子银行与银行体系稳定性阈值效应研究》，《国际金融研究》2012年第11期。
⑧ 李建军、薛莹：《中国影子银行部门系统性风险的形成、影响与应对》，《数量经济技术经济研究》2014年第8期。
⑨ 李丛文、闫世军：《我国影子银行对商业银行的风险溢出效应——基于GARCH—时变Copula-CoVaR模型的分析》，《国际金融研究》2015年第10期。

基于不同角度，形成了各自的货币政策传导机制理论。如凯恩斯主义认为货币供给变动影响利率水平，继而影响投资和产出；弗里德曼认为货币供给变动影响名义收入，并通过消费水平变动调节经济。

1988 年，Bernanke 和 Blinder 提出货币政策信贷渠道（Credit chanel），认为在标准的阿罗—德布鲁经济中，市场能够自动且有效地配置资源，因此金融的作用是一层"面纱"[1]。但实际生活中，金融摩擦不容忽视，尤其在研究货币政策信贷渠道传导中。金融摩擦导致企业可能存在逆向选择和道德风险，信息不对称使得企业利用外部资金存在融资溢价[2]。此后，信贷渠道是否存在及其传导效果如何，成为众多学者研究货币政策传导机制的热点问题之一，如 Romer 等[3]、Kashyap 和 Stein[4] 以及 Miron 等[5]等。与货币渠道将银行信贷和企业债券视为同质产品不同，信贷渠道在区分二者差异的基础上，强调银行作为信贷创造者在货币政策传导过程中所发挥的特殊作用[6]。

信贷渠道的提出改变了传统上对货币政策传导机制的认识，突出了银行在整个经济体中的作用，同时也给货币政策的有效性提供了新的理论基础。一方面，当银行面临货币政策变化时，由于准备金要求，银行的可供给贷款规模会发生变化，进而将影响到银行的贷款利率、投资水平和总产出[7]；另一方面，货币政策的变化会影响企业的资产负债结构，进而导致银行的资产负债结构变化，而资产负债结构的调整往往伴随存贷款规模的变化[8]。

---

[1] Bernanke, B. S. and A. S. Blinder, "Money, Credit and Aggregate Demand", *American Economic Review*, 1988, 78 (2), pp. 435 – 439.

[2] Bernanke, B. S. and M. Gertler, "Agency Cost, Net Worth and Business Fluctuations", *American Economy Review*, 1989, 79 (1), pp. 14 – 31.

[3] Romer, C. D., Romer, D. H., Goldfeld, S. M. and B. M. Friedman, "New Evidence on the Monetary Transmission Mechanism", *Brookings Papers on Economic Activity*, 1990, 41, pp. 149 – 213.

[4] Kashyap, A. K and J. C. Stein, "Monetary Policy and Bank Lending", *Social Science Electronic Publishing*, 1994, 83 (11), pp. 2077 – 2092.

[5] Miron, J. A., Romer, C., and D. N. Weil, *Historical Perspectives on the Monetary Transmission Mechanism*, National Bureau of Economic Research, 1995.

[6] Mishkin, F. S., "Symposium on the Monetary Transmission Mechanism", *Journal of Economic Perspectives*, 1995, 9 (4), pp. 3 – 10.

[7] Bernanke, B. S. and A. S. Blinder, "Money, Credit and Aggregate Demand", *American Economic Review*, 1988, 78 (2), pp. 435 – 439.

[8] Bernanke, B. S. and M. Gertler, "Inside the Black Box: The Credit Channel of Monetary Policy", *Journal Economics Perspectives*, 1995, 9 (4), pp. 27 – 48.

货币政策同时通过银行和企业的资产负债表影响融资溢价。从银行角度说，当紧缩货币政策减少了资金供给时，借款者需要寻求其他资金来源或者支付更高利息，融资溢价上升，即狭义信贷渠道（或银行信贷渠道）。实证文献结论与此一致，如 Bernanke 和 Blinder 发现货币紧缩后，联邦基金利率上升，银行存款下降，相对应银行贷款减少。按照信贷渠道理论，当货币紧缩后，银行信贷下降，对非银行信贷需求增多，全社会信贷结构发生变化[1]。Kashyap 等考察了货币政策变化后的银行和非银行信贷构成，支持信贷渠道理论[2]。

从企业角度说，财务状况越好，净值越高，融资溢价越低，即广义信贷渠道（或企业资产负债表渠道）。一方面，货币政策变化改变了借款者的利息支出，继而改变其净现金流；另一方面，货币政策变化改变了包括抵押品在内的资产价格。企业净现金流和资产价格将共同体现为企业的财务状况，企业财务状况越好，融资溢价越低，投资规模越大。因此，宏观货币政策通过影响融资溢价，放大外生冲击对总量均衡的影响，即为金融加速器[3]。金融加速器具有两个不对称性，一是经济衰退期的金融加速器效应强于经济扩张时期，二是大企业的金融加速器效应弱于中小企业的金融加速器效应[4]。即使在2007年美国次贷危机后，广义信贷渠道也依然存在[5]。因此，狭义信贷渠道与广义信贷渠道互为依存，银行对实体经济的作用必须通过企业来实现，同时，货币政策对企业的影响离不开银行的存在。

货币政策信贷渠道传导的理论模型。Oliner 和 Rudebusch 对广义信贷渠道进行了模型化（B-G 模型），在 B-G 模型中，企业财务状况的顺周期波动会导致融资溢价的逆周期变化，并通过"金融加速器"放大企业支出的波动和无风险利率变化的影响[6]。随着动态随机一般均衡（DSGE）框

---

[1] Bernanke, B. S. and A. S. Blinder, "The Federal Funds Rate and the Channels of Monetary Transmission", *American Economy Review*, 1992, 82 (4), pp. 901 – 921.

[2] Kashyap, A. K., Stein, J. C. and W. W. David, "Monetary Policy and Credit Conditions: Evidence from the Composition of External Finance", *The American Economic Review*, 1993, 83 (1), pp. 78 – 98.

[3] Bernanke, B. S., Gertler, M. and S. Gilchrist, "The Financial Accelerator and the Flight to Quality", *The Review of Economics and Statistics*, 1996, 78 (1), pp. 1 – 15.

[4] Gertler, M. and S. Gilchrist, "Monetary Policy, Business Cycles and the Behavior of Small Manufacturing Firms", *Quarterly Journal of Economics*, 1994, 109 (2), pp. 309 – 340.

[5] Mertens, K. and M. Raven, "Credit Channel in a Liquidity Trap", Meeting Papers of the Society for Economic Dynamics, 2011.

[6] Oliner, S. D. and G. D. Rudebusch, "Is There a Bank Lending Channel for Monetary Policy", *Federal Reserve Bank of San Francisco Economic Review*, 1995, 2, pp. 3 – 20.

架及新凯恩斯经济学的兴起，Bernanke 等进一步将金融加速器纳入新凯恩斯动态随机一般均衡模型（BGG 模型），并基于美国数据进行模拟，结果表明信贷市场确实存在金融加速器效应，放大了宏观经济波动，实证结果可以较好解释美国经济波动①。

此外，随着 2000 年《巴塞尔协议》的诞生，资本充足率成为对银行监管的新工具。由于银行在《巴塞尔协议》限制下，必须要保持一定资本充足率，因此，资本充足率不同的银行在面临货币政策变化时将会有不同的表现。例如，资本充足率高的银行受约束较少，相反，对资本充足率维持在最低监管标准的银行，在面临环境变化时，可选择性就会较少，最终往往只能选择减少信贷以保持资本充足率监管要求②。

由于我国货币市场与信贷市场发展的严重不平衡，以及二者之间的人为分割，对企业来说，发行债券与银行信贷具有不可替代性。其中，金融机构的信用贷款占据整个金融市场的绝大部分，具体来说，2008 年 1 月至 2016 年 7 月，金融机构各项贷款余额占境内上市公司流通市值和债券发行累计值的平均比重为 263.5%，因此，相比利率渠道，信贷渠道在中国仍是更为主要的货币政策传导机制。这一点也已多次在现有研究中得到证实③。

国内对于信贷渠道传导的研究多与利率政策有关。在中国改革开放后的长时间内，利率水平被严格管制，金融强摩擦下，信贷渠道的存在性被广泛认可。后续研究也多是基于上述主线展开实证分析。例如，早期由于中国金融市场存在利率管制，没有形成多层次利率间传导链条，利率水平很难作为影响全社会投资变动的信号，利率价格管制带来的扭曲需要由信贷数量管制来纠正④；利率市场化后，紧缩货币政策通过广义信贷渠道对经济的金融加速器效应被加强⑤，但在利率双轨制下，货币总量与经济指

---

① Bernanke, B. S., Gertler, M. and S. Gilchrist, "Financial Accelerator in Quantitative Business Cycle Framework", in Taylor, J. and Woodford, M. eds., *Handbook of Macroeconomics*, Amsterdam: Elsevier, 1999.
② Kishan, R. P. and T. P. Opiela, "Bank Size, Bank Capital, and the Bank Lending Channel", *Journal of Money Credit and Banking*, 2000, 32 (1), pp. 121 – 141.
③ 周英章、蒋振声：《货币渠道、信用渠道与货币政策有效性——中国1993—2001 的实证分析和政策含义》，《金融研究》2002 年第 9 期；许伟、陈斌开：《银行信贷与中国经济波动：1993—2005》，《经济学》（季刊）2009 年第 3 期；姚余栋、李宏瑾：《中国货币政策传导信贷渠道的经验研究：总量融资结构的新证据》，《世界经济》2013 年第 3 期。
④ 盛松成、吴培新：《中国货币政策的二元传导机制——"两中介目标，两调控对象"模式研究》，《经济研究》2008 年第 10 期。
⑤ 战明华、应诚炜：《利率市场化改革、企业产权异质与货币政策广义信贷渠道的效应》，《经济研究》2015 年第 9 期。

标的关联性下降，而价格调控框架尚未形成，资金配置效率被扭曲，货币政策传导效率下降①。

此外，国内外有部分文献针对银行的异质性进行研究。除研究银行规模、流动性水平和资本充足率水平的不同如何影响货币政策信贷渠道外，还分析了银行竞争如何影响货币政策信贷渠道，多数研究认同银行竞争会强化货币政策银行信贷传导效率，认为银行集中度越高，越偏好对大企业贷款，而对小企业歧视的概率越大。但也有研究认为竞争不会影响货币政策传导，两者无显著联系，甚至会减弱货币政策传导效率。

另一些研究则从信贷渠道传导的微观主体，即企业的产权异质性着手。方军雄针对国有企业和非国有企业负债状况的研究发现，即使国有企业效率较低，但由于具有信息成本和违约风险优势，银行仍然选择对其投放信贷资金②。饶品贵和姜国华的研究表明，货币政策紧缩时，即使非国有企业具有更高资金使用效率和更优业绩表现，但银行对其发放的信贷资金仍少于国有企业③。战明华和应诚炜将利率市场化和企业产权异质性同时引入广义信贷渠道，研究企业产权异质性影响货币传导的微观机制，结果发现，虽然利率市场化使得紧缩货币政策通过广义信贷渠道对经济的金融加速器效应被加强，但由于国有经济比重较高，弱化了这一加速器效果④。

而无论是在国外还是国内对于货币政策信贷渠道的研究中，商业银行资产负债结构都是重要的研究工具。资产负债结构管理作为国外商业银行成熟的资金运营管理技术，从1998年开始在国内商业银行全面推广⑤。实践中，通过观察商业银行资产负债结构，小则可以了解一家银行的运营状况，大则可以洞察一国金融体系的安全状况。这种重要性体现在理论上，即为与商业银行相关的研究多数是从分析商业银行资产负债结构入手，如对货币政策传导与商业银行关系的研究⑥，此外，对商业银行竞争力和商

---

① 刘金全、石睿柯：《利率双轨制与货币政策传导效率：理论阐释和实证检验》，《经济学家》2017年第12期。
② 方军雄：《所有制、制度环境与信贷资金配置》，《经济研究》2007年第12期。
③ 饶品贵、姜国华：《货币政策对银行信贷与商业信用互动关系影响研究》，《财贸经济》2013年第1期。
④ 战明华、应诚炜：《利率市场化改革、企业产权异质与货币政策广义信贷渠道的效应》，《经济研究》2015年第9期。
⑤ 吴晓灵：《金融市场化改革中的商业银行资产负债管理》，《金融研究》2013年第2期。
⑥ Leonardo, G., David, M. I., Luigi, S. and H. Michael, "The Bank Lending Channel: Lessons from the Crisis", *Economic Policy*, 2011, 26 (66), pp. 135 – 182.

业银行风险的研究通常也会选择从分析商业银行资产负债结构入手①。

货币政策传导机制是否畅通决定了货币政策的传导效果。中国货币政策传导虽以信贷渠道为主，但对银行业来说，除了准备金和资本充足率等外部监管要求外，中国银行业长期受到存贷比这一监管指标影响，在此影响下，银行贷款规模会受到抑制，同时，货币政策传导效果也被弱化②。此外，中国银行业产权结构二元化以及长期存在的关系型融资下的信息不对称和预算软约束都将影响货币政策传导的有效性③。最后，影子银行的发展也会对货币政策传导效果造成影响。

第三节　影子银行对货币政策的冲击

影子银行的快速发展积聚了大量金融风险，虽然目前已对影子银行实施了严格监管，但影子银行规模并没有出现明显下降。快速增加的影子银行对宏观经济，尤其是货币政策产生了巨大影响。

国外对影子银行的研究以资产证券化为代表，通过引入货币政策变量来分析证券化对货币政策有效性的影响。Altunbas 等以欧洲银行业为样本，分析了证券化对货币政策信贷传导渠道的影响。研究结果显示，对证券化活动越活跃的金融机构而言，其信贷供给受货币政策变化的影响就越小④。Gambacorta 和 Marques 也通过实证检验证明了资产证券化降低了货币政策变量对银行信贷供给的影响⑤。他们进一步指出，在金融危机期间，证券化活跃的银行与其他银行之间的上述差距明显缩小。Loutskina 通过构造一个反映商业银行贷款资产证券化潜能的指数，研究了资产证券化对银行流动性管理和信贷供给的影响⑥。实证结果显示，对贷款资产证券化潜力越高的银行而言，

---

① John, R. B. and J. Pedro, "Long-term Bank Balance Sheet Management: Estimation and Simulation of Risk-factors", *Journal of Banking and Finance*, 2013, 37, pp. 4711 – 4720.

② 马骏、王红林：《政策利率传导机制的理论模型》，《金融研究》2014 年第 12 期。

③ 樊纲：《克服信贷萎缩与银行体系改革——1998 年宏观经济形势分析与 1999 年展望》，《经济研究》1999 年第 1 期；谢平：《新世纪中国货币政策的挑战》，《金融研究》2000 年第 1 期。

④ Altunbas, Y., Gambacorta, L. and D. Marques, "Securitization and the Bank Lending Channel", *European Economic Review*, 2009, 53 (8), pp. 996 – 1009.

⑤ Gambacorta, L. and D. Marques, "The Bank Lending Channel: Lessons from the Crisis", *Economic Policy*, 2011, 26 (66), pp. 135 – 182.

⑥ Loutskina, E., "The Role of Securitization in Bank Liquidity and Funding Management", *Journal of Financial Economics*, 2011, 100, pp. 663 – 684.

其资产负债的流动性比率就越低,信贷供给受货币政策变量的影响也就越小。Loutskina 和 Strahan 对比分析了金融条件对大额抵押贷款和非大额抵押贷款接受率的影响①。研究结果显示,当资金成本下降时,银行审批大额抵押贷款的意愿增加,但对非大额抵押贷款的审批意愿几乎没有变化。据此,Loutskina 和 Strahan 认为资产证券化降低了货币政策对信贷供给的影响。

但也有研究得出不同结论。Scopelliti 指出,一方面,资产证券化为银行提供了新融资渠道,有助于增加银行信贷供给;但另一方面,资产证券化增加了银行信用风险敞口,而这会降低银行信贷供给②。Scopelliti 基于1998—2008 年美国银行业数据的研究发现,受与表外活动有关的潜在和实际损失影响,表外信用敞口对银行贷款增长率的影响为负。Scopelliti 进一步区分了短期贷款和长期贷款,发现表外信用敞口对短期贷款有正面影响,而对长期贷款有负面影响。

国内关于影子银行对货币政策影响的研究。对国内影子银行的研究中,孙国峰和贾君怡基于信用货币创造视角,将影子银行分为银行通过资产负债手段创造货币的银行影子和非银行金融机构通过货币转移途径扩张信用的传统影子银行③。其中,多数研究都集中关注前者对货币政策的影响。一方面,金融市场中影子银行改变了传统货币创造机制,弱化了货币乘数存在基础,导致新增货币供应量远高于中央银行设定的信贷规模上限,干扰了货币政策目标制定,提高了资本成本。影子银行高杠杆体系通过金融稳定渠道对货币政策产生系统性影响,对货币政策调控目标形成重要挑战④。另一方面,影子银行具有逆周期特征,如在紧缩性货币政策时,影子银行提供的贷款会增加。影子银行的逆周期性为传统间接融资提供了有益补充,与此同时,影子银行形成的非正规金融市场对货币政策的敏感性较低,在一定程度上削弱了货币政策的传导效果⑤。关于影子银行对货

---

① Loutskina, E. and P. Strahan, "Securitization and the Declining Impact of Bank Finance on Loan Supply: Evidence from Mortgage Originations", *Journal of Finance*, 2006, 64 (2), pp. 861 – 889.
② Scopelliti, A. D., "Off-Balance Sheet Credit Exposure and Asset Securitization: What Impact on Bank Credit Supply", MPRA Working Paper No. 43890, 2013.
③ 孙国峰、贾君怡:《中国影子银行界定及其规模测算——基于信用货币创造的视角》,《中国社会科学》2015 年第 11 期。
④ 李波、伍戈:《影子银行的信用创造功能及其对货币政策的挑战》,《金融研究》2011 年第 1 期。
⑤ Chen, K. J., Ren, J. and T. Zha, "The Nexus of Monetary Policy and Shadow Banking in China", *American Economy Review*, 2018, 108 (12), pp. 3891 – 3936.

币政策传导渠道的影响，高然等认为影子银行造成传统商业银行的信贷渠道被部分替代，弱化了信贷渠道和利率渠道效应[①]，与此同时，强化了资产价格渠道效应[②]。

除银行影子银行外，也出现了个别对非银行影子银行的研究。如战明华等研究了互联网金融发展对货币政策银行信贷渠道传导的影响，结果发现互联网金融通过影响银行负债结构、证券市场流动性和企业融资结构，降低了金融市场摩擦，弱化了货币政策银行信贷渠道[③]。毛泽盛和周舒舒基于DSGE模型，分析企业影子银行化对货币政策信贷渠道传导的影响，研究发现企业影子银行化对信贷供给和信贷条件均存在正向影响，并削弱了货币政策的实施效果[④]。

第四节 文献述评

综上所述，与影子银行及货币政策传导有关的文献主要集中在影子银行的发展与影响，货币政策信贷传导渠道以及影子银行对货币政策传导的影响三方面。

第一，现有研究从宏观视角对影子银行与货币政策传导关系进行了细致分析，但未考虑银行异质性在其中的影响。现有研究认为影子银行通过影响货币供给量降低了货币政策的有效性，如李波和伍戈[⑤]、裘翔和周强龙[⑥]等。但现实中，由于中国影子银行活动与银行密切相关，本质上为银行的影子，因此，影子银行对货币政策冲击与银行信贷渠道有关。而考虑不同银行存在产权差异性，影子银行冲击货币政策传导的宏观效应也必然存在一定不同。有鉴于此，本书基于银行产权异质性，通过理论模型推

---

① 高然、陈忱、曾辉、龚六堂：《信贷约束、影子银行与货币政策传导》，《经济研究》2018年第12期。

② 战明华、李欢：《金融市场化进程是否改变了中国货币政策不同传导渠道的相对效应》，《金融研究》2018年第5期。

③ 战明华、张成瑞、沈娟：《互联网金融发展与货币政策的银行信贷渠道传导》，《经济研究》2018年第4期。

④ 毛泽盛、周舒舒：《企业影子银行化与货币政策信贷渠道传导》，《财经问题研究》2019年第1期。

⑤ 李波、伍戈：《影子银行的信用创造功能及其对货币政策的挑战》，《金融研究》2011年第1期。

⑥ 裘翔、周强龙：《影子银行与货币政策传导》，《经济研究》2014年第5期。

导，并在此基础上进行实证检验，以研究影子银行冲击货币政策传导的不同效应。

  第二，现有研究多为宏观研究，对于影子银行冲击货币政策传导的微观机制较少涉及。由于影子银行冲击货币政策传导与银行信贷渠道有关，因此，微观商业银行资产负债结构对影子银行与货币政策传导具有重要作用。商业银行资产负债结构作为微观意义上单个商业银行业务运营的结果，同时体现了宏观意义上整个社会金融创新和金融结构的变迁，将深刻影响货币政策实施效果。有鉴于此，引入商业银行资产负债结构中间变量，为研究影子银行与货币政策传导关系这一宏观问题提供一个新的微观分析工具，通过理论分析和实证检验，以研究影子银行冲击货币政策传导的微观机制。

第三章 国外影子银行发展的历程与现状

借助金融创新的发展，影子银行在欧美等发达经济体中得到了膨胀式发展[①]。由于国内外经济环境、发展模式以及监管方式的不同，各国影子银行发展历程与现状不尽相同。通过分析国外的影子银行相关的实践与案例，参考其具有价值的先进经验，可以进一步促进中国影子银行的发展与进步。基于此，本章对美国、欧洲以及日本的影子银行发展历程与现状进行分析，以期对后续关于中国影子银行的发展与测度提供相应的借鉴与参考。

第一节 美国影子银行发展历程与现状

一 美国影子银行的发展历程

美国是影子银行的发源地，且美国影子银行以资产证券化为核心，其发展规模之大、发展速度之快在金融创新史上史无前例，可以说是三次大危机贯穿了美国影子银行的发展历史。

第一次危机的爆发。20世纪30年代大萧条后，房价下跌和失业率剧增导致银行陷入危机，为化解危机并促进房地产市场发展，美国联邦政府为放贷机构提供资金和保险支持，巩固并完善了住房抵押贷款的一级市场。但进入20世纪60年代后，美国住房抵押贷款市场受第二次世界大战后"婴儿潮"成年的冲击，对住房抵押贷款的需求激增，资金来源非常紧张。与此同时，高通货膨胀和利率市场化压缩了商业银行的盈利空间。为解决上述问题，在联邦政府的引导下，资产证券化市场逐渐形成，影子银行开始出现在投资者的视野中。

---

① 美国、欧洲和日本影子银行主要以资产证券化为代表。

第二次危机的爆发。虽然资产证券化产生初期是为了解决银行流动性不足问题，但随着金融危机在20世纪70年代末80年代初的爆发，资产证券化的功能与之前相比出现转变，规避资本充足率监管要求和优化资产负债结构成为其主要功能。为了充分应对危机冲击并改善银行资产负债结构，抵押支持债券（Mortgage-Backed Security，MBS）开始大行其道。危机之后，美国联邦政府开始对金融机构的自有资本比率设限，而银行为了满足资本充足率要求，开始将资产证券化的基础资产从住房抵押贷款扩展至其他金融资产，于是资产支持证券（Asset-backed Security，ABS）应运而生。

第三次危机的爆发。20世纪90年代的金融创新不断推动资产证券化发展，使其完全背离了创立初衷，将套利作为主要目的，导致担保债务权证（Collateralized Debt Obligation，CDO）快速发展，并最终引发次贷危机。虽然2007年之前接近40年的时间里，美国资产证券化市场的发展基本平稳，没有受到重大挫折，但2007年次贷危机的爆发却不可避免地导致整个市场规模萎缩。

从上述美国资产证券化的发展历程来看，主要的推动力量是金融市场的发展需要，而政府的监管和立法都是为了顺应市场需要。两者有机结合，促使美国资产证券化市场快速发展，同时对美国影子银行的发展也起到了至关重要的作用。具体而言，美国影子银行的发展成因主要归于以下几个方面。

其一，金融创新为影子银行的发展奠定了良好的基础。随着经济快速发展，传统的金融工具与服务模式已难以匹配新经济发展形势，难以满足客户的不同需求，急需通过金融创新，推出新的金融工具和服务，在规避监管的同时，满足资本对利润的追逐。需要指出的是，金融创新的过度发展极大地催生了房地产市场泡沫，以次贷危机为例，其爆发前的连续几年时间里，住房抵押贷款规模与贷款者收入呈显著反比关系。

其二，金融自由化为影子银行的发展创造了宽松的环境。20世纪70年代以来，世界范围内金融自由化浪潮到来，美国开始逐渐放松金融管制。在此背景下，金融市场与制度层面的创新不断推出，不同金融机构之间的业务界限也越发模糊。在这种混业经营模式下，多数金融机构在满足市场多元化投资需求的同时，加快影子银行发展的步伐。尤其是为持续推动房地产市场的繁荣创造了十分宽松的环境。

其三，政府监管缺失加快了影子银行发展的膨胀速度。尤其是在资产证券化发展初期，美国监管部门认为，资产证券化不仅可以转移风险，同时也可以提高资本充足率,从而大大忽视了资产证券化可能会引发的金融风险。虽然也出台了如《蓝天法》《投资公司法》《联邦证券交易法》等主要立法对其进行监管,但并未出台专门针对资产证券化的法律法规。因此,催生影子银行体系积聚了大量金融风险。

二 美国影子银行的发展现状

本节将从现有产品、运作模式以及主要特点三个方面对美国影子银行的发展现状进行阐述。

(一)现有产品

美国现在主要的资产证券化产品有三类,依次为 MBS 产品、ABS 产品和 CDO 产品。

MBS(Mortgage-Backed Security),即抵押支持债券或者抵押贷款证券化,其基础资产为住房抵押贷款,并以其产生的未来现金流量作为支撑。在美国的资产证券化市场中,MBS 是发展最早的产品,同时也是目前发展规模最大的产品。需要指出的是,美国 MBS 市场快速发展的动因主要是储贷危机的爆发。

ABS(Asset-Backed Securities),即资产支持证券、资产担保证券或资产支撑证券,是指以某种资产作为基础资产,以其产生的未来现金流为支撑的证券化产品。ABS 有广义和狭义之分,其中广义 ABS 的基础资产包括住房抵押贷款、应收账款、消费贷款、设备租赁贷款和信用卡等;而狭义 ABS 即为除去 MBS 与 CDO 之外的资产证券化产品,其中最主要的产品类型有学生贷款产品、信用卡应收款和汽车贷款产品。美国 ABS 的发行规模 1985 年仅为 12 亿美元,2005 年达到 7000 亿美元的峰值,2007 年次贷危机后大幅萎缩至 2000 亿美元以下。

CDO(Collateralized Debt Obligation),即担保债务凭证,是指以诸如 MBS、ABS 等产品形成的信贷资产池为基础资产,以其产生的现金流为支撑的证券化产品(发行过程见图 3-1)。CDO 与 ABS 本质上属于同一种资产证券化产品,但前者是以资产负债表的管理和套利需求为发行的主要目的,这与 ABS 和 MBS 完全不同。CDO 产生于 20 世纪 90 年代,鼎盛于 2008 年金融危机前,当时在美国市场占比高达 80%,但 2007 年次贷危机后市场规模也出现了大幅度萎缩。

此外,资产证券化产品还包括 ABCP(Asset-Backed Commercial Paper),即资产支持商业票据。ABCP 发起人基于企业的商业信用,以商业活动中的各种应收账款、分期付款等商业票据作为基础资产,并以其作为

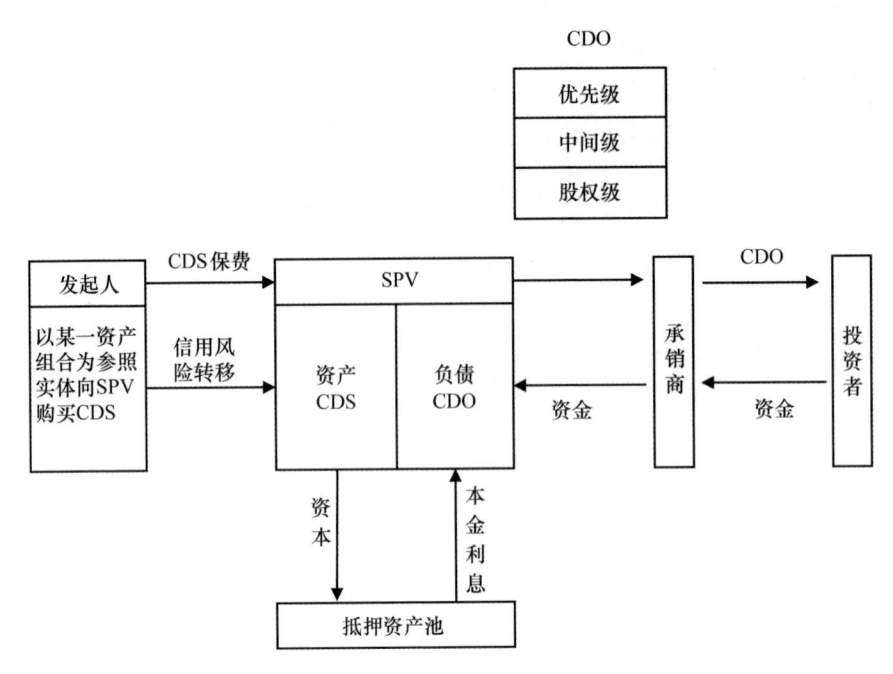

图 3-1 CDO 发行过程

资料来源：笔者整理。

抵押发行证券。因而，ABCP 与其他证券化产品相比，有其独有的特征，例如期限较短且循环发行、抵押资产构成灵活等。2004—2007 年短短三年时间，ABCP 从 6324 亿美元增长至 1.2 万亿美元，但从 2008 年开始大幅下降，截至 2013 年 9 月，其规模为 2556 亿美元，出现近 80% 萎缩。

（二）运作模式

商业银行的传统盈利模式是基于利差主导型，通过高额放贷活动与低息存款业务之间的差额来获取利润。在此过程中，商业银行会通过较为严格的信用资质审查，来开展消费贷款、金融贷款以及住房抵押贷款等业务，对于存款者、投资者或商业银行自身来说，整个操作过程都是相对安全且收益较低的。对比之下，影子银行的具体操作过程与商业银行却大相径庭，虽然两者本质上的运作模式都是"低吸高贷"。影子银行采取批发性金融手段，将其所获取的资金通过运用金融工程技术和杠杆操作，从而实现资产证券化。换句话说，资产证券化的运作模式就是将基础资产证券化之后销售给投资者。一般来说，证券化的主要参与者包括发起人、特殊目的载体（SPV）、专门服务机构、受托人、信用增级机构和信用评级机构等。另外，各国法律法规的不同也导致资产证券化的运作模式具有较大差别。

首先，在整个资产证券化过程中，发起人（Originator）（住房抵押贷款机构）真实销售（True Sale）抵押贷款债权给 SPV；其次，SPV 以所持有的抵押贷款债权作为基础资产，对其信用评级或增级后，发行抵押贷款支持债券募集资金，并用所募资金购买住房抵押贷款机构持有的抵押贷款债权；再次，信用增级机构为了提高 SPV 的信用等级，需进行担保、评估及保险，并最终由信用评级机构给出信用等级；最后，服务机构负责原始债务人的收款工作，并将其转交给 SPV 受托管理机构，在收到服务机构转交的证券化抵押贷款债权产生的现金流后，SPV 受托管理机构向支持该证券的投资者支付本息。

"发起—配售"模式是美国的资产证券化实现风险转移的运作模式，该模式下，通过打包出售证券化产品将基础资产的风险尽数转移到投资者身上，同时，释放其所占用的银行资本金，达到"表外证券化"的目的。此外，该模式下使用的利率通常为浮动利率，并且可以提前偿还，担保品在债券存续期内固定，因此投资者权益具有不稳定性。

（三）主要特点

前文有提到过关于商业银行传统的盈利运作模式，即"低吸高贷"模式。因此，吸收存款、发放贷款以及创造信用是传统商业银行运行的主要特点表现，与之相比，影子银行存在着显著不同，从以下四点具体阐述。

第一，高杠杆率。虽然存款保险制度在美国最先建立，但其对于影子银行的融资模式却没有明确的要求。因而，在此宽松环境下，影子银行不断加大杠杆操作，以满足其对流动性的需求。虽然在经济繁荣时期，高杠杆率会带给影子银行高额回报，但是在经济萧条时期，信用中介一旦出现链条断裂，将会诱发影子银行的流动性风险，甚至导致整个金融市场的系统风险，产生金融危机。

第二，信息透明程度不足。影子银行的业务属性决定了其资产证券化工具的复杂性，甚至连机构投资者也无法获取其中的全部信息。在此过程中，SPV 通过巧妙地设计、打包以及组合不同的证券化产品，采取刻意隐瞒负面消息源的方式，获取高额的回报。由于不受《巴塞尔协议》的直接约束，监管部门也无法根据制度安排强制影子银行进行有效信息披露，信用评级机构也无法对影子银行做出正确评价，因此影子银行的运行存在严重的信息不对称性。

第三，有效金融监管不足。前文提及影子银行不仅是金融创新的产物，同时也是商业银行规避金融监管和提高流动性的产物。影子银行的业务脱离了商业银行资产负债表的约束，处于监管机构的视野之外。尤其是在美国经济持续向好、房地产市场一片繁荣的背景下，监管机构更容易忽视这些潜在的监管缺失问题。但正是因为未受到存款保险制度的保护，一旦影子银行陷入流动性危机，美联储无法通过"最后贷款人"为影子银行提供任何救助。

第四，期限与流动性错配。影子银行可以通过打包组合以及回购交易等批发模式将短期货币资金投资于高信用风险、期限较长的抵押贷款证券，在此过程中，短期化负债与相对不稳定的融资来源造成了信用期限与流动性错配，且贷款者还款能力以及投资者的流动性风险等，都会影响影子银行的正常运作。

第二节　欧洲影子银行发展历程与现状

一　欧洲影子银行的发展历程

美国资产证券化在发展到一定程度后传入欧洲。20世纪70年代之前，英国的住房抵押贷款市场一直被建筑协会（Building Society，BS）垄断。直至70年代末，由于银行的进入，英国住房抵押贷款市场被建筑协会垄断的格局发生了显著变化[1]。银行作为金融机构在住房抵押贷款市场的份额呈现快速增长趋势，加剧了英国住房抵押贷款市场的竞争。与美国出现相同的情况，英国的资本市场也出现了流动性不足的现象，金融市场资金严重紧缺，资产证券化由此产生。1987年，英国发行了第一笔居民住房抵押贷款支持债券，这是整个欧洲资产证券化开始的重要标志。

受20世纪90年代初期英国经济不景气影响，住房抵押贷款市场趋于萎缩，MBS市场也因此陷入了衰退。1996年后，伴随着经济逐步复苏，英国的MBS市场重新开始快速发展。但由于后来受到欧洲债务危机的冲击，2014年英国资产证券化市场的规模比2008年峰值时的3972亿美元萎缩了约84%。因此，在欧洲资产证券化的实践中，市场化机制是其发展的关键，但与美国不同的是，政府在整个过程中起到的推动作用较弱，仅仅是出台了一些政策来规范证券化市场的发展。

---

[1] 本节以英国为代表，对欧洲地区的影子银行进行相关描述。

二 欧洲影子银行的发展现状

本节将从现有产品、运作模式以及主要特点三个方面对欧洲影子银行的发展现状进行阐述。

（一）现有产品

欧洲资产证券化实践与美国市场不完全相同。除了常见的 MBS、ABS 和 CDO 产品外，欧洲资产证券化特色产品与美国资产证券化产品的不同在于整体业务证券化（Whole Business Securitization, WBS）和中小企业证券化（Small and Medium Entrepreneur Security, SMES）两种产品。

WBS 由野村国际发明于 1986 年，指以某项业务产生的未来现金流为支撑的证券化。能够产生持续的现金流是整体业务证券化能够成功的关键所在。与一般证券化产品相比，WBS 的特点在于，一般证券化产品对资产实行破产隔离管理，且只有被隔离资产所产生的现金流量才可用于偿付证券化债务；而 WBS 产品的对象主要是正在运营的资产，而且并没有采取有效措施对资产进行破产隔离，只是单纯地将其产生的运营收益进行债务偿付。由此可见，WBS 产品从某种意义上来说可以被看作是一种公司债券，但又与传统的公司债券有所不同（发行过程见图 3-2）。例如，WBS 产品的限期一般在 20—30 年，相对来说发行年限较长。除此之外，WBS 产品由于存在严格的业务运作管理体系。因此，相较于一般公司而言，WBS 信用评级水平要平均高出 1—4 级，因此 WBS 的融资成本较低。2000 年后，WBS 由欧洲回流至美国、日本及其他亚太国家，并得到一定发展。

SMES 指对中小企业的资产证券化，其将中小企业向银行等金融机构的贷款作为证券化的基础，以贷款偿还的现金流量作为收益支撑。相较于一般贷款，中小企业贷款受企业规模、固定资产、企业信用等各个因素制约，贷款金额普遍较小而贷款频率较高，由此催生了中小企业转贷机构的出现，转贷机构的存在可以促进规模效应的产生。针对普遍的中小企业融资难问题，欧洲利用资产证券化来对其提供融资支持。SMES 的发行规模自产生以来持续走高，即使欧洲债务危机对其影响也非常有限。2012 年，欧洲 SMES 的发行量高达 570 亿欧元，资产证券化已经逐渐成为欧洲中小企业的主要融资方式之一。

（二）运作模式

欧洲资产证券化运作模式采用与美国"表外证券化"运作模式完全相反的"表内证券化"模式。在这种模式中，银行资产负债表中住房抵押贷

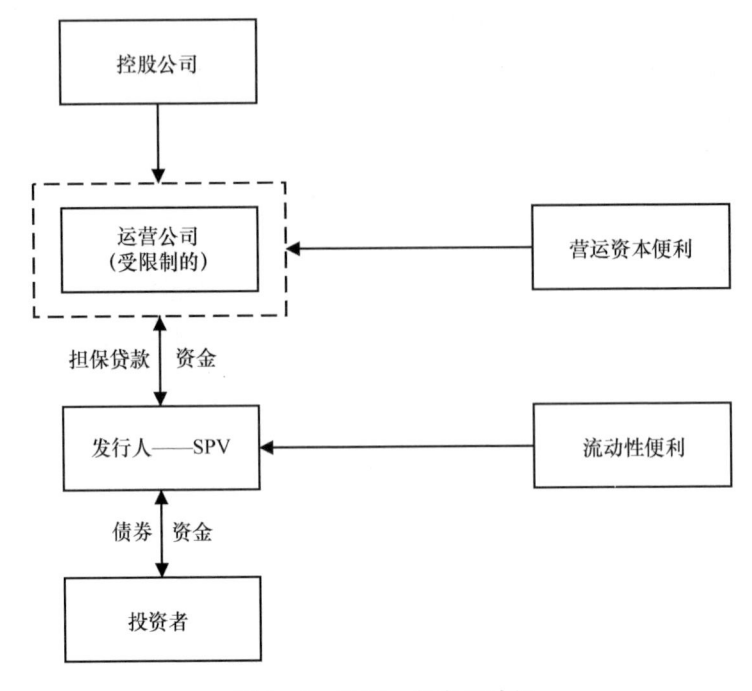

图 3-2 WBS 一般发行过程

资料来源：笔者整理。

款及公共部门贷款等优质资产能够为银行提供高质量担保，帮助银行通过直接或间接形式发行债券，但相关资产仍然存在银行资产负债表内，银行需要为此保留一定资本金。与此同时，投资者一旦发现所购买的债券出现问题，可以行使双向追索权利，既可以要求对担保资产进行处置，也可以向债券发行单位进行索赔，因此又被称为表内双向担保债券（Covered Bond, CB）。此外，与美国"发起—配售"模式通常选择浮动利率不同，CB 通常选择固定利率，并且在最后到期日一次偿还。相关担保资产要接受公共或独立机构的监督，并需要进行动态调整以保证偿付能力。

　　传统 CB 的发行模式，即银行等金融机构直接向投资者发行债券，担保品为银行资产负债表上高质量的资产。但受限于相关法律法规的缺失，部分欧洲国家的银行不得不选择通过签订合约的方式来发行 CB，在这种模式下，债券的发行人仍为银行，但担保资产需要转移到 SPV 进行代管。

以自有资产为基础发行抵押贷款证券是欧洲资产证券化的显著特点，由于缺少政府担保，因此，金融机构往往通过信用增级，以实现信用等级提升的目的。一般来说，内部信用增级和外部信用增级均为信用增级的方法，但无论采用何种方式都将导致融资成本提高，而这也正是欧洲市场发展滞后、信用等级低于美国的根本原因。

（三）主要特点

第一，以表内资产证券化为主。与美国不同的是，欧洲资产证券化以表内为主。在此模式下，基础资产依旧保留在发起人资产负债表表内，投资人同时对发起人以及基础资产拥有追索权。然而，一旦出现破产，债权人对基础资产将不拥有追索权。前文所提及的产品 CB 便属于典型的表内证券化产品，同时也是欧洲最为重要的结构性融资产品。已经超过抵押贷款支持证券和资产支持证券等产品规模。同时，该模式有效降低了银行所面临的道德风险，其在采用双担保结构的同时通过引入资产替换机制，使产品安全性有所提高。

第二，留置证券化成为新模式。留置证券化（Retained Securitization）是在 2007 年次贷危机之后才开始流行的一种新型证券化形式。金融稳定委员会给出了一个较为明确的定义，"完成这些证券化交易的唯一目的只是利用证券化来创造抵押品，用于获取来自央行的资金，而并没有出售给第三方投资者的意图"。次贷危机后，发起人通过构造并保留证券化产品的主要目的，则是向中央银行申请再融资来缓解流动性短缺现象，进而使得此类证券化模式取得较快发展。在其证券化过程中，通过 SPV 发行的所有证券化资产都会被保留在资产负债表上。

第三，以双峰监管模式为主。鉴于英国与美国同属于英美法系国家，其同样没有出台专门针对资产证券化的法律法规，对于资产证券化业务的法律约束均是通过《证券法》以及相关法律法规来实现。1986 年 10 月，英国实施了"大爆炸"式的金融改革，允许银行提供综合性的金融服务业务。尽管分业经营逐渐转变为混业经营，但仍与美国不同的是，英国政府通过设立金融服务管理局实施对商业银行、证券公司与保险公司的统一监管。此轮金融危机后，英国政府通过下设金融政策委员会、金融行为局以及审慎监管局三个机构，实行金融行为监管与宏观审慎监管相分离的双峰监管模式，进一步来完善各方面的监管业务。

第三节　日本影子银行发展历程与现状

一　日本影子银行的发展历程

相较于欧美国家资产证券化的发展，亚洲资产证券化整体起步较晚，且发展较慢。其中资产证券化市场最成熟、规模最大的国家是日本。20世纪90年代初期，日本资产证券化萌芽，但由于受市场因素和政府因素制约，加之当时资产证券化操作过程相对复杂，一直没有得到良好的发展。

直到20世纪末亚洲金融危机爆发后，为了解决金融市场不良贷款率上升以及资金短缺等问题，日本资产证券化才真正得到快速发展，并成为亚洲最大的资产证券化市场。尤其是1998年《特殊目的公司法》推出后，可供证券化的资产类型不断增多，日本资产证券化市场呈现蓬勃发展态势。2000年通过的《资产流动化法》进一步放松了对证券市场的管制，导致产品创新源源不断、市场规模迅速扩大。

日本资产证券化的发展次序不同于欧美市场，其发展首先从ABS开始；之后是以公司债券和贷款为基础资产的CDO；最后则是MBS。尽管MBS的出现最晚，但其发展速度相对较快，在2002年之后已经成为日本资产证券化市场上的最主要产品。

日本MBS的发展主要借鉴了美国经验。第二次世界大战后，日本政府成立了住房贷款公司（Japan Housing Loan Corporation，JHLC），为购房者提供长期低利率抵押贷款，以支持本国房地产市场的发展。较低的利率水平导致对房地产抵押贷款的需求增加，JHLC逐渐成为日本最大的抵押贷款提供者。2001年小泉内阁施行财政改革，使得JHLC的职能由原先的一级市场放贷转向二级市场证券化。2007年JHLC改组为日本住房金融代理公司（Japan Housing Finance Agency，JHF），主要从事抵押贷款证券化，即购买私人金融部门发行的抵押贷款，将其打包后发行MBS，或者为私人金融部门发行的MBS提供担保服务。

综上所述，日本资产证券化市场的建立是政府金融改革的产物。2008年国际金融危机对日本资产证券化的发展带来了重大影响，使得其资产证券化市场规模不断缩小。

二 日本影子银行的发展现状

本节将从现有产品、运作模式以及主要特点三个方面对日本影子银行的发展现状进行阐述。

(一) 现有产品

与美国、英国类似，MBS 和 ABS 也是日本主要的资产证券化产品。此外，还包括其他类型产品，且均在 2007 年后呈现快速发展态势，其中 CDO 和其他类产品所占比例已经超过 10%[①]。值得一提的是，日本市场在资产证券化发展新时期不断创新，2002 年将专利技术作为抵押发行了全球第一例资产证券化产品。

此外，相较于其他国家而言，日本的房地产投资信托基金（Real Estate Investment Trusts，REITs）发展速度明显较快。REITs 通过发行收益凭证集合公众投资，由专业机构选择组合投资的地区和房产项目，有效降低投资风险，同时将不动产出租的收益通过派息的方式发放给受益凭证的持有者，保证了投资者收益的稳定性，因此，从本质上来说，REITs 属于证券化产业投资基金。相较于一般证券化产品，REITs 的不同点在于需要先募集资金，然后再投资于特定的不动产。2000 年《投资信托法》修改后，信托投资的范围扩大，REITs 市场得到快速发展，2001—2005 年短短 4 年时间里，日本 REITs 市场规模由 2600 亿日元增长至 2.5 万亿日元，增长了 9.6 倍之多。

(二) 运作模式

日本资产证券化运作模式包括两种：SPV 模式和信托银行模式（见图 3-3），具体选择哪种模式一般根据投资人的需求决定。其中最基本的资产证券化过程是 SPV 模式。具体而言，SPV 首先从债券发起人手中买到债权，之后通过外部信用增级的方式将债权证券化后发售给投资者。

与 SPV 模式相比，信托银行模式比较特殊。信托银行模式是在 SPV 模式基础上延伸发展而来的，SPV 在该运行模式下仅为配角，投资者最终购买的是信用凭证。首先，发起人在取得债权后绕过 SPV 直接将其转售给信托银行；其次，信托银行对债权进行信用评估和增级，进而分别发行优先和次级信托凭证，投资者和发起人按需购买即可。倘若投资者更加偏好债券，则信托银行也可将所购信托凭证出售给 SPV，由 SPV 转换成债券后再出售给投资者。但需要特别提醒的是，同业机构为日本资产证券化产品主

---

① Fitch Ratings, "2007 Review and 2008 Outlook: Asia-Pacific Structured Finance", 2008.

要投资者。

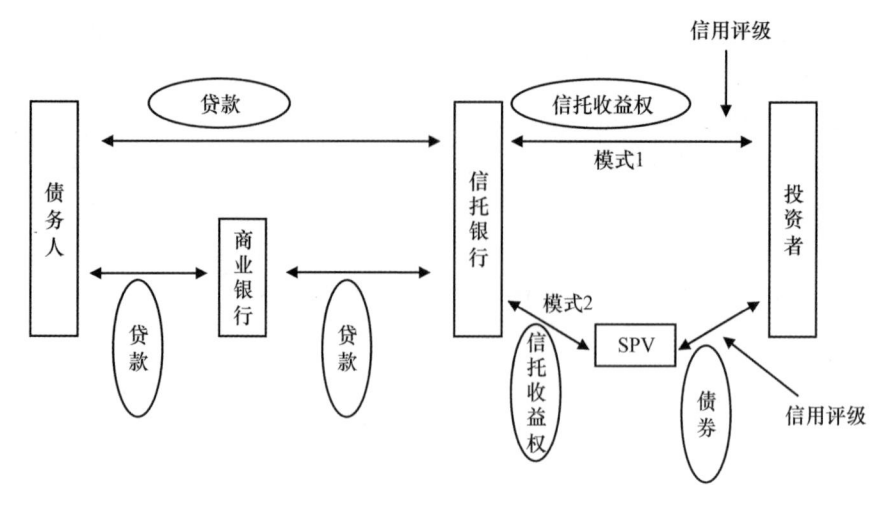

图 3-3 信托银行模式

资料来源：笔者整理。

(三) 主要特点

第一，信托银行的积极参与。尤其在信托银行模式实操过程中，信托银行不仅帮助住房金融代理公司和商业银行成立 SPV 和管理证券化基础资产，而且还会直接参与到资产证券化业务当中。在具体业务操作中，信托银行模式与 SPV 模式既可以单独使用也可以搭配使用。需要指出的是，目前中国影子银行当中的银信合作业务与日本的信托银行模式较为相似，但也有些许差别。例如，从信托资产的流动性角度分析，中国信托收益权的流动性相对于日本较低；从信用评级角度分析，中国影子银行的信托合作业务没有接受信用评级；从资产负债表内外资金角度分析，中国影子银行从投资者那里更多筹集到的是表外资金，如银行理财产品。

第二，法律法规的重要保障。日本作为大陆法系的国家，出台了专门针对资产证券化的法律法规。1992 年，日本政府出台《特债法》，并且在此立法的基础上逐步形成了关于资产证券化较为完善的法律体系。其中最为重要的两部法律为《特殊目的公司法》与《资产流动化法》。与此同时，出于最大程度保护投资者的目的，日本政府成立金融厅，将传统的纵向行业监管模式转变为横向的统一监管模式。由于对资产证券化的谨慎态度，日本在此次金融危机当中并未遭受到过大损失。危机之后，日本政府保持金融创新的脚步，同时将信用评级机构纳入相关的监管法律法规中，并一直保持审慎发展思路。

第三,房地产投资信托基金的重要作用。REITs作为一种证券化的产业基金,在日本房地产市场中发挥了重要作用。REITs通过发行受益凭证汇集资金,将资金用于购买房地产项目,由专门的投资机构进行房地产投资经营管理,投资综合收益最终通过派息的方式分配给投资者。日本是亚洲第一个开展REITs业务的国家,REITs作为日本房地产市场中的最大买家,在一定程度上刺激了日本房地产市场的繁荣。

第四节 本章小结

通过梳理和总结美国、英国、日本资产证券化发展历程和发展现状,从中可以得到如下启示。

从发展历程来看,第一,美国、英国、日本资产证券化兴起的主要动因都是为了解决金融市场的流动性紧张问题,其中美国和英国的流动性紧张源自住房抵押贷款激增,而日本的流动性紧张则源自危机后商业银行的资产状况恶化。第二,美国、英国、日本资产证券化发展与金融危机的关系具有较大差异。其中,金融危机贯穿美国资产证券化整个发展过程;相比之下,英国的资产证券化发展过程中没有遭遇重大危机;而日本的资产证券化则是由危机爆发直接推动。第三,美国的资产证券化最初由政府主导,但随后逐渐转变为由市场主导的商业化发展模式;英国资产证券化的发展主要源于市场力量的推动,即私人部门对利润的追求;日本资产证券化的发展主要由政府主导,即当政府意识到资产证券化的必要性并对相应法律进行修改后,日本资产证券化业务才得以快速发展。第四,资产证券化的可持续发展需要健全的金融法律制度的保护,而市场需求旺盛才是资产证券化得以快速发展的主要原因。第五,资产证券化的产生初衷是为了解决金融危机造成的流动性紧张,具有重要的正面意义。但当资产证券化的发展脱离其初衷而进入以套利为目的的阶段时,其过度发展可能造成金融风险的累积甚至金融危机的爆发。

从现有产品来看,其一,MBS、ABS和CDO在各国均是主要的资产证券化产品。其二,美国、英国、日本资产证券化由于发展起源及经历过程各不相同,造成各国均出现了具有本国特色的资产证券化产品:美国的ABCP市场规模较大;英国由于资本市场没有美国发达,因此类似于债券发行的WBS业务发展较快,同时SMES也获得较快发展;日本由于信托业整体发展水平较高，因此 REITs 市场在全球位列第一。

从现有运作模式来看，美国资产证券化发行模式是最基本的资产证券化运作模式，即表外证券化模式；欧洲由于法律制度的不同，其发行模式为表内证券化模式，即表内双担保模式。两者之间存在较大差异：第一，在表内双担保模式下，债券发行的基础资产仍然在银行资产负债表内，风险仍由银行承担，且银行需要为此保留资本金。但在表外证券化模式下，债券发行的基础资产不在银行资产负债表内，因此银行不承担风险，无须保留资本金，后者实现了真实销售和破产隔离。第二，在表内双担保模式下，投资者对债券有追索权，既可要求处置担保资产，也可向发起人求偿。在表外证券化模式下，投资者权益完全由基础资产来提供保障。第三，在表内双担保模式下，担保资产需进行动态调整以充分保证偿付能力。在表外证券化模式下，担保资产在资产存续期内不会变动。第四，在表内双担保模式下，债券利率为固定利率，本息到期一次偿还。在表外证券化模式下，债券利率为浮动利率，在债券到期前随时可以偿还。第五，表内融资模式和表外融资模式目的不同，前者主要是为了改善银行资本充足率等监管指标，而后者是为了提升银行的流动性。日本资产证券化除 SPV 这种与美国资产证券化运行相似的模式外，还存在信托银行这种特有的证券化模式。

从监管模式来看，第一，英美法系国家没有专门针对资产证券化的立法，而大陆法系的国家日本则出台了相关立法。但无论是美国、英国还是日本，三个国家均对资产证券化的相关业务制定了相应法规。第二，美国的监管模式是伞形模式，即以美联储为主，其他机构为辅；英国在次贷危机后则形成宏观审慎监管与金融行为监管并行的双峰监管模式；日本通过成立金融厅，从而实行横向监管模式。

第四章　中国影子银行的发展与测度

21世纪初期,中国影子银行初见端倪。与美国、欧洲以及日本等发达经济体不同,中国资产证券化业务具有起步晚、规模小以及发展慢等特点,但目前银行理财产品和信托计划等"中国式影子银行"发展较快。尤其是在2008年国际金融危机之后,中国金融体系发生了重大变化,其中影子银行的规模扩张、结构复杂等现象引起了学术界和实务界的广泛关注。因此,关于中国影子银行的研究必须立足于中国现实。本章将以国内影子银行的发展历程与现状为切入点,在此基础上,分析对比国内外影子银行的异同,并对中国影子银行的不同测度方法与未来发展趋势进行分析,这些对于理解中国影子银行现状,化解金融风险等具有重要的理论意义和现实价值。

第一节　中国影子银行的发展历程与现状

本节遵循逻辑与历史相统一的原则,沿着中国影子银行体系的发展脉络展开纵向及横向的探索分析,深入研究了该体系的产生条件与发展历程,追本溯源地剖析了中国影子银行发展的现状及特点,为下文分析影子银行与货币政策的有效性打下基础。

一　中国影子银行的产生动因

西方影子银行相比中国影子银行起步较早,其产生的诱因主要得益于金融创新和市场投资需求的推动。一方面,西方金融市场在经济全球化及信息技术的推动下,为了应对激烈竞争的跨境资本流动和防范存款资金的外流,多数金融机构纷纷通过金融创新研发低成本高收益的影子银行产品,从而为西方影子银行的形成提供客观条件;另一方面,伴随着西方国家较为发达的资本市场的发展,传统的投资工具已无法满足日益高涨的市场投资需求，金融机构为满足投资者多元化的投资偏好，开发了各式各样高流动性和高收益性的金融产品，这也为影子银行的发展提供了驱动条件。与西方影子银行兴起的驱动因素有所不同，中国由于金融市场起步较晚，影子银行兴起和发展也相对较晚，究其根本，中国影子银行产生的动因主要有以下两方面原因。

(一) 规避监管

规避监管是促使影子银行发展的直接动因。长期以来，中国金融机构实行严格的分业经营模式，且相应采取分业监管模式。商业银行、证券公司以及信托公司等根据监管部门出台的不同条例开展相关业务，从而导致不同金融机构所面临的合规成本有所不同，并由此产生"监管套利"空间。

2007年次贷危机后，中国政府为应对美国次贷危机带来的负面影响，推出了强力刺激方案，同时暂时取消了对商业银行信贷额度的控制，导致2009年人民币信贷增量高达9.6万亿元，同比增长131%。由于信贷飙升导致通胀率上升和资产价格上涨，中国的货币政策从2010年起逐渐转向稳健。在控制商业银行贷款额度的同时，限制商业银行对房地产和地方融资平台的新增贷款。

另外，由于受到国家"四万亿"投资规模的影响，上市银行贷款规模在2008年年底至2009年年底一年中出现大幅增加，其中，中信银行、宁波银行和南京银行增幅均超60%；与此同时，11家银行资本充足率下降[1]，除南京银行和北京银行外，股份制银行资本充足率均在10%左右，不超过11%；存贷比率上升至70%左右，其中，民生银行、光大银行和中信银行甚至超过75%。

因此，受资本充足率和存贷比率监管约束，商业银行在2010年后无法扩张贷款规模，其有充足的动力绕过监管，改道影子银行业务。同时，伴随着利率市场化的推进，传统商业银行面临的依靠固定存贷利差获得规模收益的模式已无法生存，存贷利差的收窄激发商业银行通过中间业务和表外业务提高收益。因此，中国影子银行可以看成是商业银行在高合规成本业务与低合规成本业务之间的套利结果。

各个金融机构受监管部门监管程度有所差别，政策监管具有滞后性也

---

[1] 其余5家银行由于上市、配股原因资本充足率上升，其中民生银行2009年H股发行，平安银行2009年配股成功，浦发银行2010年发行股票，中国农业银行和光大银行分别在2010年7月和8月成功上市。

给了影子银行发展的空间。表 4-1 梳理了 2008—2017 年中国重要的金融监管政策，可以看出金融监管对影子银行在金融创新方面的重要影响。

表 4-1　　　　　　2008—2017 年影子银行重要监管政策梳理

时间	文件名称	核心影响
2008 年	《银行与信托公司业务合作指引》（银监发 83 号）	规范银信合作，严禁银行提供担保
2009 年	《关于进一步规范银信合作有关事项的通知》（银监发 111 号）	规范银信合作中投向银行的信贷资产转让产品，之后信托贷款占据主导
2010 年	《关于规范银信理财合作业务有关事项的通知》（银监发 72 号）	银信合作进行总量控制，要求由表外转入表内
2012 年	《关于信托公司票据信托业务等有关事项的通知》（银监发 70 号）	叫停票据信托业务，银信合作禁止票据，资产转让产品
2012 年	《关于规范同业代付业务管理的通知》（银监发 237 号）	规定同业代付入表，记载贷款科目下
2013 年	《关于规范商业银行理财业务投资运作有关问题的通知》（银监发 8 号）	对理财资金投资非标资产进行总量控制，禁止资金池业务
2014 年	《关于规范金融机构同业业务的通知》（银发 127 号）	叫停除票据以外的信托收益权，禁止信托受益权买入返售业务，约束同业资金投向非标资产
2016 年	《关于规范银行业金融机构信贷资产收益权转让业务的通知》（银监办发 82 号）	要求信贷资产收益权转让全额计提资本，限制银行通过理财业务出表隐匿不良资产的监管套利行为
2017 年	银监会对商业银行业开展"三违反，三套利，四不当"的自查治理工作	打击市场乱象，对同业存单、委外投资等套利行为进行严厉监管
2017 年	《关于提升银行业服务实体经济质效的指导意见》（银监发 4 号）	提高银行系统对实体经济服务的能力和水平，避免资金空转

资料来源：笔者整理。

(二) 利润驱动

利润驱动因素是影子银行发展的根本动因。受到监管部门对贷款额度及贷款投向的控制，商业银行无法继续按照原有模式发展业务。但实际上，社会融资需求并没有降低，融资需求缺口巨大。因此，对商业银行来说，为了在维持已有客户的同时吸引新客户，以保持自身利润增长，并防止不良贷款率显著上升，需要继续对前期贷款客户提供贷款，满足其后续建设所需资金。但在严格的存贷比、资本充足率和利率管制下，商业银行无法通过正常渠道开展业务，需要通过发行理财产品吸引资金，通过各种通道渠道开展业务。

此外，伴随利率市场化进程的不断推进，央行不断调整基准利率和存款准备金率。尤其是 2006—2012 年六年间，存款准备金共进行了近四十余次修正调整。宏观调控工具的调整倒逼商业银行寻求新渠道拓展盈利。自 2012 年以来，中国影子银行融资占社会总融资规模累计比重接近 40%①。2013 年银监会下发布《关于规范商业银行理财业务投资运作有关问题的通知》（以下简称"8 号文"），对理财资金投资非标资产进行限制并禁止资金池业务，受政策影响影子银行规模有所下降。但 2016 年以来，巨大的社会融资缺口再次促使影子银行融资比重有所回升。

综上所述，中国影子银行的兴起一方面是因为受宏观政策和监管体制不足引起的金融抑制与监管套利；另一方面来自于市场金融主体巨大的融资需求与商业银行的利润驱动，这些因素都促使传统的商业银行通过各种途径和方法进行金融创新，提高商业银行的营业利润与资产流动性。因此，中国影子银行的产生不仅是金融市场体系快速发展的内生需求，也是金融市场多元化发展后金融创新的必然产物。

二 中国影子银行的发展历程

影子银行发展深刻改变着社会金融体制的市场框架、制度结构及业务模式。1992 年中国市场经济转型后，出现了影子银行萌芽状态；2001 年以前以"地下钱庄"和民间借贷的形式存在，不合法也缺少金融监管体系的监督，没有形成规模的影子银行体系。2001 年中国加入世界贸易组织后，影子银行开始不断发展和完善，因此本节以 2001 年后的影子银行发展历程作为探究对象，并基于该体系的不同业务发展模式，将其划分为四个阶段。

（一）起步阶段（2001—2003 年）

2001—2003 年是中国影子银行发展的起步阶段，以开展券商理财、私募基金及设立资产管理中介为主。在这一阶段，中国金融资产开始多元化，券商理财、私募基金等资产管理业务模式相继问世。

---

① 数据根据中国人民银行公布的社会融资规模计算得到。

随着中国资本市场的改革与发展，影子银行的业务发展模式由以金融机构为主转向以券商理财为主，证券公司也逐渐将其主营业务从经纪业务转向承销业务，并形成了以委托券商理财为核心的经营模式。因此，一批以投融资为主的资产管理中介应运而生，如证券投资基金、资产证券化及委托贷款等（见图4-1）。自此，资产管理类的影子银行成为该阶段的发展主体。

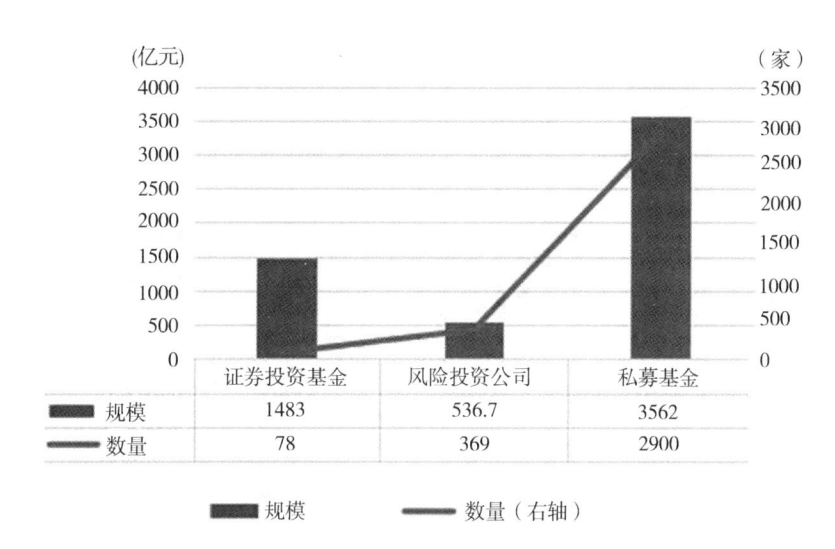

	证券投资基金	风险投资公司	私募基金
规模（亿元）	1483	536.7	3562
数量（家）	78	369	2900

图4-1 中国影子银行资产管理业务累计规模（截至2003年底）

资料来源：Wind数据库。

（二）稳健发展（2004—2007年）

2004—2007年是中国影子银行的稳健发展阶段，以发行银行理财产品和推行信贷资产证券化为主。这一阶段，金融市场得到了发展和完善，虽然资本市场中存在商业银行、证券公司、保险公司以及基金公司等金融机构来供给资金，但资本供给与需求之间的多层匹配仍然是依靠商业银行来完成。

银行理财产品业务自2004年开始出现，随后2005年银监会发布《商业银行个人理财业务管理暂行办法》，标志着银行理财业务正式推出，而后理财产品业务规模逐步扩大，由2005年的67个发展到2007年的2404个，筹集到的总资金约8190亿元。

资产证券化业务自2005年3月经国务院批准，2015年年底"开元"和"建元"作为中国第一批资产证券化产品陆续在市场上成功发行。随后伴随中国金融体制改革的深化，逐渐形成了现代化与创新化的银行发展环境，此时，银行内部影子银行成为这一时期的主导模式。表4-2对2004—2007年中国影子银行的具体发展历程进行简要梳理。

表4-2　　　　　　2004—2007年中国影子银行具体发展历程

年份	主体	目的	措施
2004	传统银行	缓解流动性过剩对存贷业务压力	开展人民币理财业务
2005	传统银行、银监会	规范银行理财业务定义、类型及风险监控，为理财业务开展提供依据	颁布《商业银行个人理财业务管理暂行办法》，以开发推行理财产品
2005	国务院、国家开发银行、中国建设银行	为经济发展计划扶植的重点项目提供长期融资，实现个人住房抵押贷款证券化	批准信贷资产证券化；发行"开元"信贷资产支持证券及"建元"个人住房抵押贷款支持证券
2006	资产管理中介	依托中国经济高速增长、低通胀的背景而发展	广泛发展私募基金、证券投资基金等资产管理类影子银行业务
2007	银监会、传统银行、信托公司	规范集合资金信托的经营、保障过程中各方当事人的合法权益	颁布《信托公司集合资金信托计划管理办法》，将银行合作理财转为单一资金信托，推行银信合作理财产品

资料来源：2004—2007年中国人民银行发布的《金融稳定报告》。

（三）快速发展（2008—2012年）

2008—2012年是中国影子银行快速发展阶段，以银信合作、银证合作等"通道类"业务为主。受2008年国际金融危机影响，中国经济市场遭受重创，经济下行促使信用收缩，引发"债务—通缩"风险。政府为了刺激消费、扩大内需，投资"四万亿"以稳定经济发展。受到国家"四万亿"投资规模的影响，上市银行贷款规模在2008年年底至2009年年底一年时间中同比增长131%。与此同时，资本充足率下降，存贷比率上升。因此，当2010年货币政策恢复稳健后，商业银行在监管约束下，无法正常开展贷款业务。为了规避监管，商业银行开始创新拓展业务，通过影子银行开始进行表外贷款。

此时，理财业务是影子银行募集资金的主要方式。较传统银行存款利率而言,理财产品的收益率更为可观,因此成为存款的重要替代品。银行理财产品出于监管规避动机,主要通过银信、银证、银保、银基等主要合作形式将信托、资产管理计划的资金投向信贷或票据等资产①。这一阶段,银行理财资金的最终投向主要是非标准化债权资产,即非标资产②。2012年年底,通过非标资产为实体经济提供融资的规模已经占到理财资金投资总量的70%以上。

总而言之,该阶段影子银行发展的主要特征是以各类通道业务为中介,将理财产品所吸纳的资金投资于信贷非标资产(见图4-2),形成"理财资金—通道业务—非标资产"的业务发展模式。

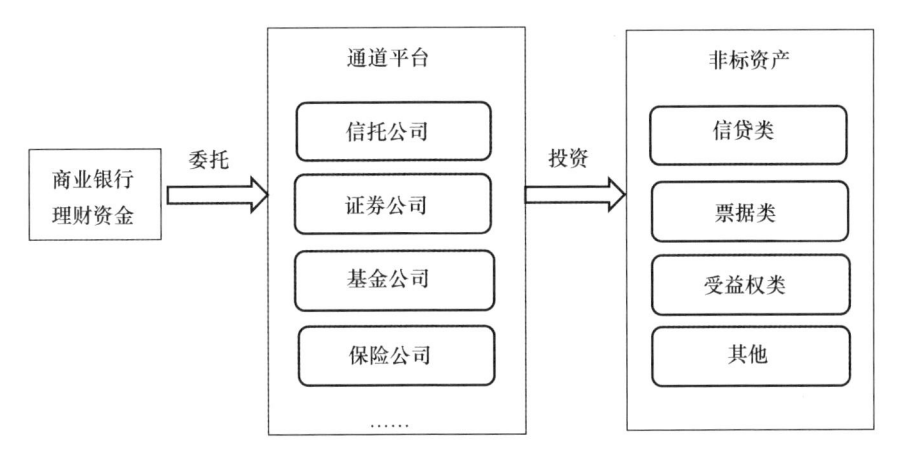

图4-2 "理财资金—通道业务—非标资产"发展模式
资料来源:笔者整理。

(四)转型时期(2013—2017年)

2013—2017年是中国影子银行转型阶段,由"通道业务"转为"同业业务"。2013年银监会"8号文"对理财资金通过通道业务投资非标资产进行全面限制,从总量控制理财资金流向非标资产的规模。"理财资金—通道业务—非标资产"的模式面临严格监管,通过理财业务实现表外融资的途径难以实现,影子银行的金融创新重点不得不回归表内,使得同业

---

① 观点参考银监会于2009年12月发布的《中国银监会关于进一步规范银信合作有关事项的通知》所得。
② 根据2013年银监会"8号文"定义非标资产即未在银行间市场及证券交易所市场交易的债权性资产,包括但不限于信贷资产、信托贷款、委托债权、承兑汇票、信用证、应收账款、各类受(收)益权、带回购条款的股权性融资等。

业务成为 2013 年后影子银行发展的主要形式①。

2014 年《关于规范金融机构同业业务的通知》的出台，限制影子银行通过买入返售投资非标资产，规定非标资产需记在应收款项投资科目下②，促使银行不得不开辟新的同业渠道。与此同时，以投向资产管理计划、理财产品、信托收益权为主的应收款项类投资得到迅猛发展。因此，2014 年后同业业务发展进入创新高峰期，对非银行机构的委外投资兴起，其运作模式为依托委外投资投放于债券等标准化资产。

在该时期，同业创新的重要力量是中小银行，通常围绕同业存单和同业理财进行"同业业务"的创新。2013 年以前银行理财业务以个人理财为主，随后由于同业业务的兴起，理财与同业业务相互交织影响，使得同业理财形式自 2015 年以来出现爆炸式增长。据统计，仅从 2014 年年底至 2015 年年底，同业理财资金由 0.49 万亿元猛长到 3 万亿元，近一年时间增长幅度达到 512.2%。而同业理财资金主要投放于债券和货币市场类资产（见图 4 - 3）。

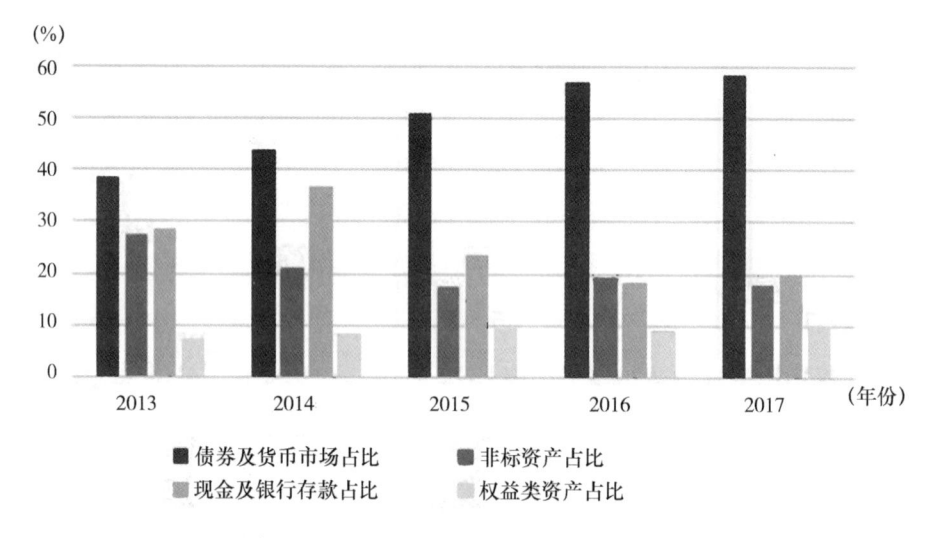

图 4 - 3　2013—2017 年理财资金投资分布

资料来源：《中国银行业理财市场年度报告（2013—2017）》。

---

① 王喆、张明、刘士达：《从"通道"到"同业"——中国影子银行体系的演进历程、潜在风险与发展方向》，《国际经济评论》2017 年第 4 期。
② 《关于规范金融机构同业业务的通知》对应收账款的投资也受到一定限制，要求同业投资不得接受或提供任何第三方担保，另外非标类资产应计提的风险权重从买入返售项的 20%—25% 上升至应收款项类投资的 100%。

综上所述，该阶段是影子银行转型的重要时期，同业业务创新是影子银行发展的最大特征，形成了"同业理财—委外投资—债券市场"的业务发展模式（见图4-4）。

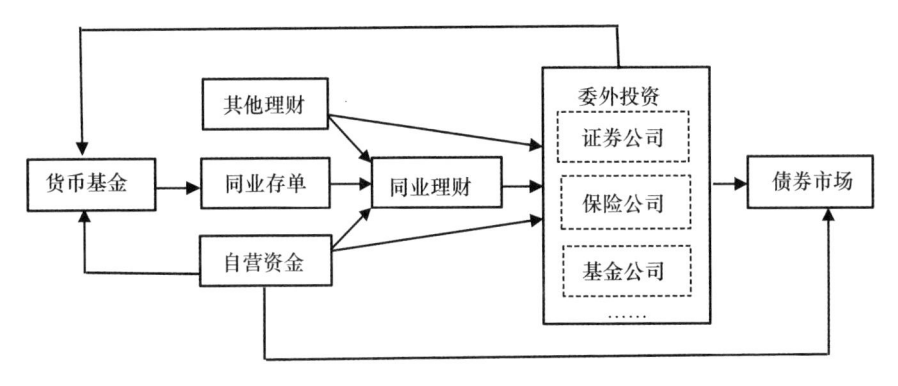

图4-4 "同业理财—委外投资—债券市场"发展模式

资料来源：笔者整理。

三 中国影子银行的发展现状

随着中国金融体系不断深化和信息技术日益飞速发展，近年来中国影子银行体系不断发展壮大，但与发达国家相比，影子银行在中国仍处于初级阶段，其在表现形式、发展程度和体系结构等方面均有较大差距。目前中国影子银行发展的基本情况可以总结为以下四点。

（一）以商业银行为主体，具有"银行中心化"特征

与国外影子银行以非银行金融机构为主体，与传统银行形成平行发展的竞争关系不同，中国影子银行主要依托商业银行。目前中国金融体系仍不发达，商业银行依旧处于金融体系的核心位置。受监管约束影响，银行在利益驱动下不断开辟新的业务模式。尽管中国影子银行每一发展阶段的核心业务模式有所不同，但无论是理财产品为主的稳健发展阶段还是由"通道业务"向"同业业务"过渡的转型阶段，中国影子银行的发展与业务演进始终围绕商业银行开展。因此，中国的影子银行又被称为"银行的影子"。

（二）资产证券化程度较低

国外影子银行以资产证券化为主，市场发展成熟且规模较大，即使在2007年次贷危机后，美国资产证券化的发行规模也一直处于高位，例如2012年美国资产证券化发行规模高达2.26万亿美元，与当时美国国债规模不相上下。对比之下，中国影子银行主要是商业银行贷款业务的补充，

资产证券化发行规模较小，杠杆率较低，商业银行更多通过理财产品、同业业务参与影子银行。

（三）产品模式简单

欧美国家影子银行起步较早，经历过完整的发展周期，目前已形成较为成熟的影子银行体系，其产品和业务结构相对较为复杂，形成了利用资产证券化和金融衍生工具创造流动性的产品模式，如资产支持商业票据、住房抵押贷款证券化等。而中国由于投资银行和投资基金发展较为落后，影子银行现有的金融工具种类较为单一，产品结构也相对较为简单，主要包括银行理财、同业业务等活动形式。

（四）以零售为主的融资方式

欧美影子银行体系由于具备高杠杆下大额批发性融资特征，通过金融市场就能完成多数融资活动。对比之下，中国影子银行并不能通过金融市场完成大部分融资活动，并且中国影子银行的投资主体通常是居民和中小企业，产品大多是银行理财产品、银信合作或银证合作产品，这种由传统银行带动，以零售为主的间接融资模式市场关联性较低，对应的金融产品价格并不能跟随资产价格变动而变动。

四　国内外影子银行的区别与联系

（一）国内外影子银行的区别

由于美国影子银行业务起步较早，规模较大，本节将以美国影子银行为例，对国内外影子银行的区别进行具体分析。

1. 外延差异

美国影子银行以资产证券化为核心内容，以批发融资为主，对在货币银行信用基础上产生的证券资产进行再次信用创造。相比之下，中国影子银行规模较小，产品结构相对单一，其业务往往被划分为银行的影子和传统影子银行。目前，中国影子银行还是以银行理财产品为核心内容，资金来源主要为客户零售，影子银行资产主要为银行贷款业务的补充。

2. 功能差异

在推动美国经济快速发展，提高金融业竞争力以及维持大宗商品定价权等方面，美国影子银行发挥了关键作用。王达也证实了美国影子银行的快速发展加速了金融业的市场化进程，同时也在一定程度上增加了金融市场的流动性[1]。中国影子银行业务通过银信合作、银证合作等模式，创造

---

[1] 王达：《论美国影子银行体系的发展、运作、影响及监管》，《国际金融研究》2012年第1期。

出信托受益权和券商定向理财产品,此类产品标准化程度极低,很难在二级市场流转,因此流动性创造功能也较弱。

3. 杠杆差异

一直以来,美国影子银行具有显著的高杠杆性特征。主要表现为商业银行可以通过购买资产支持证券,并以其作为担保进行回购融资,进而增加银行体系的杠杆率。目前中国还未形成发达、健全的金融市场,多元化的金融衍生产品高度匮乏,影子银行的杠杆扩张作用明显弱于美国影子银行,就银行理财产品来看,其销售总额占国内银行总资产的份额仍相对较小。除此之外,国内商业银行很难通过持有非标准化资产进行抵押融资,进而影响杠杆率扩张程度。

4. 监管差异

长期以来,美国拥有相对健全的金融监管体系,如《证券交易法》《信托契约法》《投资顾问法》等法律约束了投资银行的相关金融活动。2008年国际金融危机后,美国政府更是在对现有监管体系进行重新反思之后,进一步推出新的监管法案——《多德—弗兰克法》(Dodd-Frank Act),从更加全面的角度对现有影子银行体系进行监管,进而填补了美国影子银行监管体系的空白。我国金融市场与金融监管体系的发展相对滞后,仅有《证券法》《证券投资基金法》等法律对影子银行部分业务进行约束,在影子银行监管方面还存在较大空白。

(二)国内外影子银行的联系

尽管中美两国影子银行在很多方面存在较大差异,但二者也存在一定的相似之处,具体表现如下所示。

1. 游离于监管之外

中美影子银行体系产生的背景类似,都是在严格金融监管背景下的金融创新。因此,从其诞生之初,中美影子银行均游离于监管体系之外。在2008年国际金融危机之前,美国资产证券化基本没有受到任何监管,类似地,中国影子银行通常不被纳入银行资产负债表,或者被隐藏在资产负债表中某些项目下,不受存贷比和资本充足率指标的影响。而且,无论是美国资产证券化产品,还是中国影子银行,都不在央行作为最后担保人的救助范围内。

2. 对商业银行经营稳定性具有负面影响

根据高蓓的研究,中美影子银行均会降低商业银行经营稳定性①。其中,美国资产证券化发展过程中,金融部门的信贷标准和信贷质量降低,

---

① 高蓓:《影子银行与商业银行经营稳定性》,中国社会科学出版社2016年版。

损害金融系统的稳定性,而且资产证券化的顺周期性使得其在经济繁荣时发展更快,进一步影响银行信贷质量。而中国影子银行早期主要投资房地产、地方融资平台等领域,这些均为监管部门禁止投资的领域,对商业银行经营稳定存在隐性风险。

3. 放大金融系统性风险

美国资产证券化在发达的资本市场中被多次衍生,完全脱离实体经济,更多依赖评级机构,造成资产证券化对评级的过度敏感,放大系统性风险。中国影子银行整体存在负债端与负债端期限严重错配,理财产品期限短,影子资产期限长,期限错配导致金融系统存在整体流动性风险。而且中国影子银行后期主要投资股票、债券等金融资产,银行经营风险与金融市场风险存在互相传染的可能,放大了金融系统性风险。

第二节 中国影子银行的规模测度

一 现有测度方法的梳理

前文分析可知,国外对影子银行概念的界定较为一致,与其不同的是,国内学者对影子银行概念的界定存在较大分歧。因此,国内关于影子银行规模的测度方法也相对繁多,尚未形成一个明确的统计口径。本节通过对已有文献进行梳理和总结,对国内影子银行规模测度方法进行汇总、整理和分析(见表4-3)。

表4-3 已有文献关于影子银行规模的测度方法汇总

相关文献	样本跨度	样本频率	资产负债视角	测算方法
毛泽盛和万亚兰(2012)	1992—2010年	年度	否	(金融机构的全部信贷支持—影子银行借款者从正规金融机构获取的信贷支持)×GDP
陈剑和张晓龙(2012)	2000—2011年	月度	否	委托贷款和信托贷款总规模的增长率

续表

相关文献	样本跨度	样本频率	资产负债视角	测算方法
骆振心和冯科（2012）	2004—2010 年	年度	否	银行理财、民间借贷以及私人股权基金等其他形式的总规模
王浡力和李建军（2013）	2012 年	年度	否	银行理财、信托资产、小额贷款以及民间借贷等的总规模
张明（2013）	2010—2012 年	年度	否	银行理财+信托产品
孙国峰和贾君怡（2015）	2006—2014 年	月度	是	根据资产负债表推算
李泉等（2017）	2004—2015 年	年度	否	数据来源和估算方法未知
李文喆（2019）	2002—2018 年	月度	是	根据资产负债表的负债端

资料来源：作者整理。

通过对国内相关文献梳理发现，使用年度数据作为研究样本的文献较多。且现有测度方法主要分为三种：其一，通过比例倒推的方法，假设影子银行规模为 GDP 的一个比例，来具体计算影子银行数据；其二，根据委托贷款、信托贷款等业务规模直接相加，获取影子银行的融资规模；其三，依次对影子银行的各个部分进行估计，最后加总测度影子银行规模。可以看出，目前鲜有基于资产负债表视角对影子银行规模进行测度。因此，为了使影子银行数据更具有说服性，本研究参考孙国峰和贾君怡[①]的研究方法对中国影子银行规模进行测度，一方面，使用月度数据对影子银行规模进行测度；另一方面，基于资产负债表视角，使得到的影子银行数据更具备可信度。

二 基于资产负债表视角测度影子银行规模

在对"银行的影子"进行规模测度时，考虑到其业务模式繁多，会计科目复杂，参与机构多样，如果仅从资产端对其进行识别和测度，操作较为复杂，难度也较大。基于"有借必有贷，借贷必相等"的会计原理，影

---

① 孙国峰、贾君怡：《中国影子银行界定及其规模测算——基于信用货币创造的视角》，《中国社会科学》2015 年第 11 期。

子银行在资产端的资产规模扩张应与其在负债端的负债规模大致相等。因此，从银行资产负债表的负债端入手对影子银行的规模进行测度，操作更为简洁和准确。

从商业银行的资产端来看，我们将其分为"银行的非影子资产" $Asset_{NSB}$ 和"银行的影子资产" $Asset_{SB}$。其中"银行的非影子资产"主要包括银行贷款 $Loan$、外汇占款 FE 以及银行所持有的各类债券 EB[①]。即：

$$Asset_{NSB} = Loan + FE + EB \qquad (4-1)$$

从商业银行的负债端来看，假设上述两类资产创造的负债为存款 $Deposit$，其中存款 $Deposit$ 具体包括居民存款 D_R、非金融企业存款 D_C、财政存款 D_G、银行资本 K 以及非银行机构同业存放 D_{NB}，除此之外，还应当考虑由存款转换的流通中的现金 C。原因在于：人们在交易需求的驱动下持有现金，这会使得部分银行存款转换为流通中的现金，且此部分存款也是由银行资产扩张而产生，所以也要将此部分纳入负债端来考虑。综上则满足：

$$Deposit = D_R + D_C + D_G + D_{NB} + C + K \qquad (4-2)$$

表 4-4　　　　商业银行的主要资产端项目与负债端项目

商业银行的资产端	商业银行的负债端
银行贷款	居民和企业的存款
外汇占款	财政存款
持有的各类债券	银行资产
银行的影子资产	非银行机构同业存放

值得一提的是，表外理财 FM 虽不属于本节探讨的"银行的影子"范畴，但基于资产负债表视角测度影子银行规模时，仍需将其考虑在内。原因在于：如果用银行负债减去"银行的非影子资产"时，创造表外理财的居民贷款部分会被扣减，导致测度得到的影子银行规模严重被低估。因此，在考虑表外理财因素的基础上，结合式（4-1）与式（4-2），得到本节基于资产负债表视角测度影子银行规模的计算公式：

$$Asset_{SB} = D_R + D_C + D_G + D_{NB} + C + K + FM - Loan + FE + EB \qquad (4-3)$$

---

① 如银行所持有的企业债以及短期融资券等。

根据上述计算方法可以得到"银行的影子"资产规模,如图4-5至图4-7所示。分析可知,国有银行的影子规模较大,股份制银行的影子规模处于逐年递增态势,城商银行的影子规模相对较低。

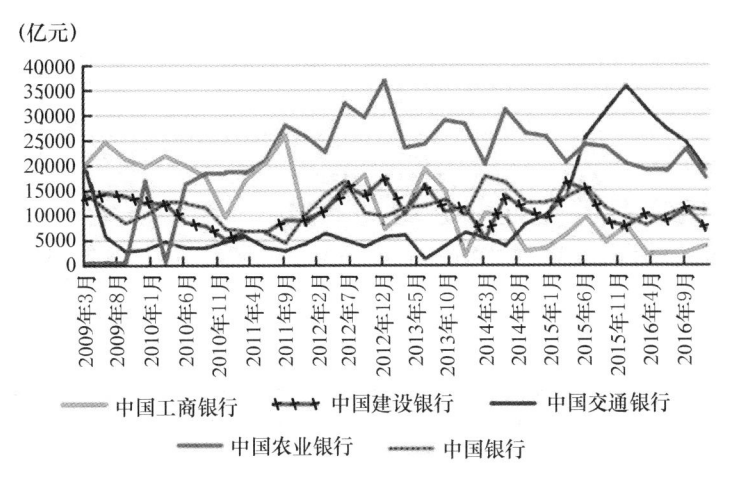

图4-5 国有银行的影子规模

资料来源:Wind数据库。

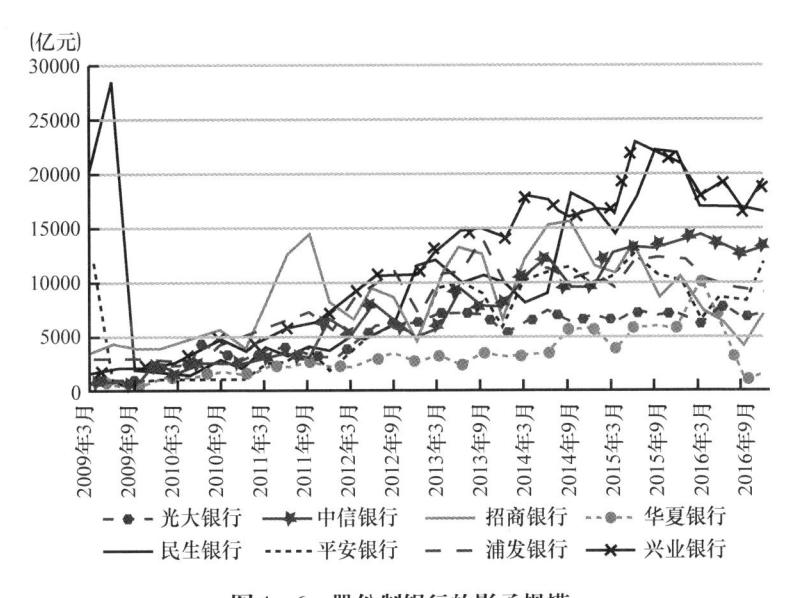

图4-6 股份制银行的影子规模

资料来源:Wind数据库。

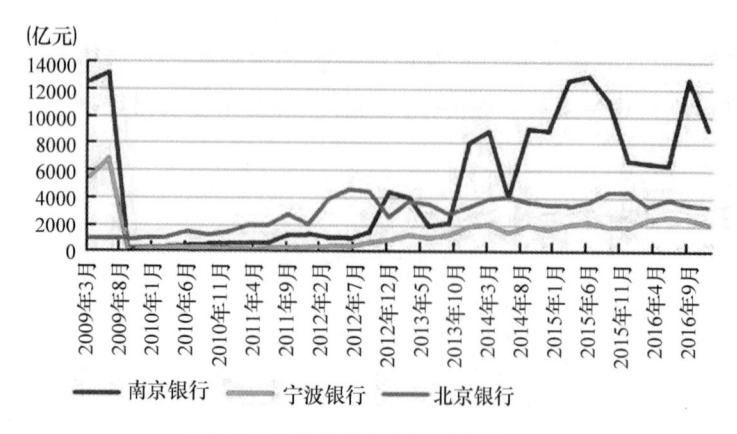

图 4-7 城商银行的影子规模

资料来源：Wind 数据库。

三 未来影子银行的发展趋势

事实上，中国影子银行的含义更多阐述的是"银行的影子"，即核心主体依旧为商业银行。目前，中国影子银行体系在业务规模、业务模式以及业务形态等方面发生着快速变化。其中业务规模方面，结构化影子信贷中介已开始出现并迅速扩张；业务模式方面，已从传统影子银行的信贷供给逐渐转移到为无法获取正规银行信贷的企业提供信贷资金；业务形态方面，P2P 借贷等互联网借贷平台的兴起与发展，显著地增加了借款者、商业银行与非银行金融机构之间的风险传染概率。

（一）复杂程度逐步提高

截至 2018 年年底，根据有关报告统计，中国通过信托贷款、委托贷款以及 P2P 贷款等直接影子银行提供的信贷规模约占 GDP 的 40%。相比之下，2015 年美国影子银行信贷规模占 GDP 约为 82%，英国影子银行信贷规模占 GDP 约为 147%，日本影子银行信贷规模占 GDP 约为 60%，从中可以看出，中国影子银行信贷规模最小，但从中国影子银行未来的发展趋势来看，其业务规模、业务模式以及业务形态正在发生快速变化。

第一，影子银行的业务规模方面。近几年来，尽管中国影子银行融资规模增加迅猛，但直接影子银行的信贷规模增长速度却逐渐放缓。具体来说，影子信贷中介通过影子储蓄工具筹集的资金已经超过了资金使用者总需求量。追根溯源可以得出以下结论：大量理财产品被投资于债券市场，成为资金使用者的间接融资渠道，削减了部分银行理财产品直接流向资金使用者的数量。

第二，影子银行的业务形态方面。越来越多的影子银行资金被投资于债券市场或股票市场，导致金融体系相互间的联系愈发紧密，同时也加大了风险在存款者、商业银行以及各金融市场之间互相传导的可能性，并进一步加大诱发系统性金融风险的可能性。以债券市场为例，鉴于其对商业银行理财产品不断增加的依赖性，在存款机构和债券市场之间便会更加容易产生金融风险，并形成风险溢出的通道效应。

第三，影子银行的业务模式方面。目前影子银行结构的复杂程度逐步升高，在现有商业银行资产抵押的影子银行工具组合基础上发展出来的结构化金融产品规模在不断加大。同时，中国影子银行的结构也愈发依赖于以商业银行抵押资产为基础的更加复杂的产品结构。

（二）全面监管即将到来

近年来，中国监管部门正在针对影子银行不断推出一系列的强监管措施，充分表明中国影子银行的全面监管时代正式到来。对于诸如影子银行这种尚未看清的领域，其潜在风险最大。如何将游离于监管体系之外的金融产品及模式纳入监管体系，使其更加清楚、透明，这是目前监管部门亟须解决的难题。

2017年11月，中国金融监管部门联合下发《关于规范金融机构资产管理业务的指导意见（征求意见稿）》，明确指引了投资者分类、产品净值化转型及公允价值定价，以引导银行理财产品回归本源。2018年，中国针对影子银行持续采取严监管基调。可以预计，伴随《关于规范金融机构资产管理业务的指导意见》的正式落地，对影子银行的相关监管将会加强，例如更加明晰的监管管理机构，从而迎接影子银行全面监管时代的来临。

第三节　本章小结

本章以中国国内影子银行的发展历程与现状为切入点，在此基础上，对国内外影子银行的区别进行描述，并对中国影子银行的不同测度方法与未来发展趋势进行分析，深入刻画中国影子银行的发展情况，对于理解我国影子银行、加强金融风险监管具有重要的理论意义和现实价值。

首先，本章梳理了中国影子银行的不同发展阶段，即起步阶段（2001—2003年）、稳健发展（2004—2007年）、快速发展（2008—2012年）及转型时期（2013—2017年），认为影子银行具有"银行中心化"、资产证券化程度低、产品模式简单等特点；其次，从外延差异、功能差异、杠杆差异以及监管差异四个维度分析了美国和中国影子银行的区别，同时，两者具有游离于监管之外、对商业银行经营稳定性有负面影响、放大金融系统性风险等共同点；再次，本节在对已有文献关于国内影子银行规模测度方法梳理的基础上，基于资产负债表视角测度影子银行规模；最后，分别从影子银行复杂程度逐渐提高、全面监管时代到来两个方面对我国影子银行未来发展趋势进行分析。

第五章 影子银行冲击货币政策传导的微观机制：理论分析

第一节 影子银行冲击下的货币政策传导机制

由第四章分析可知，中国影子银行产生的原因主要是为了规避金融监管，维持较高收益。影子银行在发展转型（2013 年）之前，主要通过银行与其他金融机构的通道业务投向实体经济，2013 年银监会发布《关于规范商业银行理财业务投资运作有关问题的通知》，中国影子银行的主要业务由通道业务转为同业业务，以投资股票和债券等标准化资产为主。本章在深刻理解影子银行形成机理的基础上，构建纳入影子银行因素的货币政策传导理论分析框架，通过分析货币政策传导机制的静态结构特征和动态演进机理，研究影子银行对货币政策传导机制的影响。作为本研究的关键，本章不仅承接前述研究内容，而且是后续研究的基础，发挥了承前启后的作用。

一 理论框架构建

与美国影子银行完全脱离商业银行的运作模式不同，中国的影子银行完全依附于商业银行，本质上是银行体系内业务或渠道的创新。因此，本书认为，影子银行对货币政策的冲击是通过商业银行实现的。影子银行、商业银行与货币政策传导的关系如图 5-1 所示。

影子银行产生前，商业银行的业务主要为存贷款业务，且主要受货币政策影响，当货币政策宽松时，银行贷款增加，投资和消费上升，产出增加。受 2007 年次贷危机后"四万亿"财政刺激计划影响，多家银行尤其是股份制银行贷款规模接近存贷比上限，为了规避监管、维护客户、保持利润，银行通过影子银行通道模式继续对实体经济发放贷款，从而促进投资和消费上升，产出增加。因此，在 2013 年之前，货币政策信贷渠道或

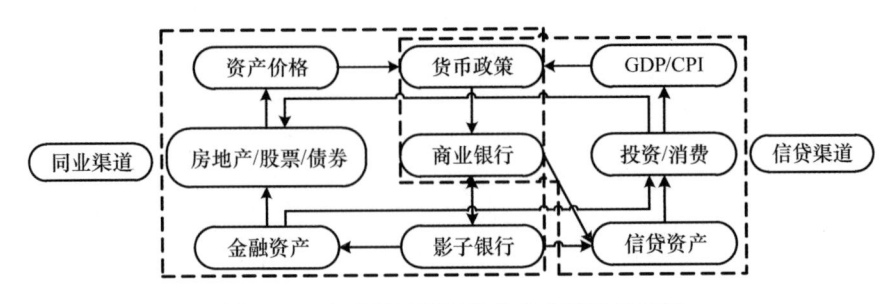

图 5-1 考虑影子银行的货币政策传导机制

资料来源：笔者整理。

准信贷渠道发挥了积极作用。

2013年之后，受监管政策影响，银行无法继续对非标资产发放贷款，因此，银行从通过影子银行通道模式投资实体经济，转变为通过影子银行同业模式投资标准化金融资产，如股票、债券等，从而影响资产价格。

银行通过影子银行隐秘地实现了对资产的不同配置，但最终仍将体现为商业银行资产负债结构的变化。因此，影子银行冲击货币政策传导的微观机制通过影子银行改变商业银行资产负债结构实现，而且由于不同银行资产负债结构的差异，影子银行冲击货币政策传导的宏观效应也存在不同。

二 静态结构特征与动态演进机理

如图 5-1 所示，在纳入影子银行因素的货币政策传导中，银行通过影子银行不仅投资实体经济，同时投资金融资产。此时，与银行相关的货币政策传导渠道不再局限于传统的银行信贷渠道，还存在另外一条传导渠道，即银行同业渠道。此时，银行资金从信贷资产分流出部分进入金融资产，推高金融资产价格，挤出实体投资，导致经济"脱实向虚"，同时放大金融杠杆。总而言之，影子银行冲击下的货币政策传导过程较为复杂，不同传导渠道互相嵌套，且涉及的变量更多，同一变量可能同时受到不同因素的影响。

对于两种传导渠道，信贷渠道对产出的影响为正向促进作用，而同业渠道增加金融资产，挤出实体投资，导致经济"脱实向虚"，弱化货币政策传导效果同业渠道在没有外在监管的情况下，有可能自我强化。而两种渠道的影响在不同阶段表现有所不同，2010年影子银行快速发展前，信贷渠道占主导地位，同业渠道基本不存在；2010—2013年信贷渠道与同业渠道同时存在,但信贷渠道的影响较大;2013—2017 年受监管影响,影子银行同业渠道对货币政策传导的影响占据上风,出现经济严重"脱实向虚";2017 年监管加强后,情况虽然有所好转,但早些年对实体经济投资的挤出导致实体经济发展整体较差,可贷项目明显减少,经济一时难以恢复。

这里需要注意的是,影子银行不论投资实体经济,还是投资金融资产,都是通过通道业务完成的。即为了规避监管机构的限制,通过银行与银行、证券、保险、信托等相关同业机构之间的网络关系,实现银行资金的投放。因此,在本质上,通道业务也是创新的同业业务。

第二节 中国影子银行业务演进

由于影子银行概念口径暂未统一且业务模式复杂多样,从资产负债角度梳理中国影子银行业务演进及其体系是后续研究的基础,用会计分类的方法对中国影子银行进行归类和整理具有一定必要性。

一 影子银行的信用创造机制

由于监管政策的限制,传统商业银行的信贷规模有严格限制,央行为控制市场上的货币供应量,对商业银行每年可贷资金进行限额管理。但影子银行通过各种同业操作,对商业银行一部分贷款资产进行表外转移,这部分资金扣除现金漏损后,又会通过货币市场基金、回购协议等工具重新进入市场流通,这在无形中对央行规划制定的信贷规模上限造成冲击。

简单而言,在传统商业银行之外,影子银行为借款人和贷款人搭建了更多的表外融资渠道。所以,影子银行影响货币政策的作用机理可以认为是其自身具备的信用创造功能。

通过相关文献归纳总结,可将美国影子银行的信用创造过程概述为:首先,商业银行贷款作为基础资产,能够被转换为可在市场上交易的流动性资产,因此,从本质来看,可以理解为证券化的信贷扩张。其次,通过回购协议,货币市场融得的短期资金以资产支持票据的形式投入影子银行。通常,借款公司在银行开立账户,在扣除部分预留资金后将余额存放于商业银行,并由此派生存款。这样一来,影子银行实际提高了商业银行的存贷比率,商业银行的贷款供给扩大,从而创造了更多的货币信用(见图 5-2)。

不同于美国影子银行的资产证券化模式,中国影子银行主要围绕商业

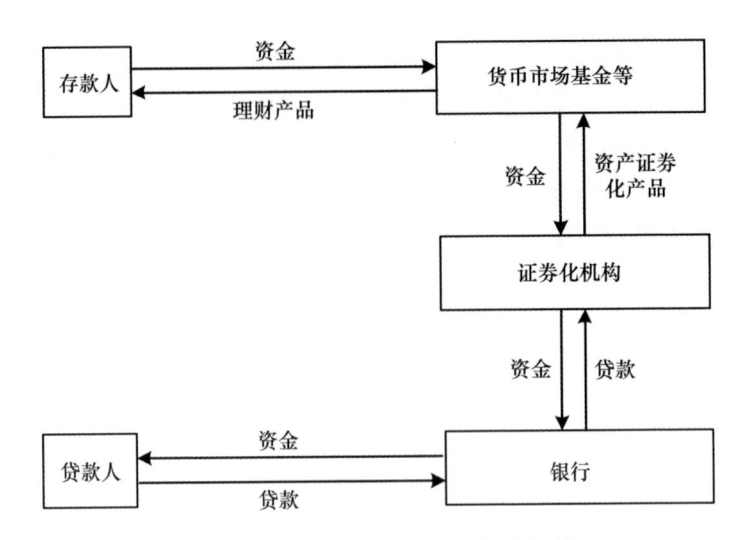

图 5-2　美国影子银行信用创造机制

资料来源：笔者整理。

银行展开，其信用创造机制主要通过影响基础货币和货币乘数两方面进行。

一方面，由于无准备金或超低准备金，基础货币漏掉了影子银行部分。我国影子银行信贷资金创造过程与美国类似，但不同的是，信贷工具从资产支持证券和货币市场基金等产品变为了银行理财、委托贷款、集合信托计划等。以银行理财产品为例，首先投资者购买银行理财产品；随后银行将资金投资到项目之中（可以是贷款或其他形式），项目方将资金通过支付结算等用途支付给他人，收款方获得了等额的货币收入；进而可以再次购买理财产品。由于银行理财产品的准备金率远低于法定存款准备金率，因此这一过程中创造的总信贷将会远超过传统商业银行贷款渠道。委托贷款、集合信托计划的原理与此类似。影子银行体系通过出售各类金融理财产品获取同商业银行存款一样的可贷资金，却不必被纳入准备金政策约束机制。由此，基础货币漏掉了影子银行的负债资金。随着影子银行体系规模的扩大，传统的基础货币变得愈加不准确。

另一方面，由于流动性降低，货币乘数下降。虽然中国影子银行的信贷创造机制与传统商业银行类似，但对社会流动性的影响却相差较大。例如，商业银行信贷创造的存款计入货币统计口径，可以购买商品或其他金融资产。但影子银行创造的金融资产却无法用于支付，如理财产品无法用来购买商品或其他金融资产。影子银行作为对传统商业银行信用创造的替代，将存款部分转化为理财产品，导致社会流动性降低。此外，与传统贷款业务相比，影子银行需要通过多种通道业务才能将资金投入实体经济，实现与普通贷款相同的效果，因而影子银行的资金运转链条长于普通贷款，资金运转效率较低，流动性较差。继而最终导致货币乘数下降。

二 中国影子银行模式演进

目前，多数研究认为，2013 年《关于规范商业银行理财业务投资运作有关问题的通知》（以下简称"8 号文"）的颁布是影子银行发展的重要节点。在此之前，影子银行以理财产品作为负债来源，以通道形式投资非标资产。但"8 号文"对理财资金投资非标资产进行了总量控制，之后表内同业业务兴起，此时影子银行通过同业腾挪实现资金运用[①]。

（一）通道业务

通道业务与理财产品相对应，理财产品是影子银行在负债端的一种创新，通过通道形式进行监管规避和信贷投放活动。在基于通道业务的影子银行体系中，各种通道业务产生的基础和前提是负债端理财产品的发行，这被认为是中国狭义影子银行。理财产品相较于存款具有高收益特征，是一种变相的利率市场化产品。其中，保本理财产品被记录在银行资产负债表内，一般作为结构性存款；而浮动型理财产品并未被计入表内，为表外理财[②]。

通道业务的运用主要模式为银信合作、银保合作、银证合作等，通过设立资产管理计划或者信托计划，与信托、保险、券商等金融公司合作。通过通道业务投资非标资产实现信贷出表，相应的理财产品的发展对于商业银行表外的资产负债结构产生直接影响，出现了大量的表外理财。

（二）同业业务

最初的同业业务是一种清算业务，是以同业资金为对象在银行间或金融机构间的拆借业务。现在，同业业务发展已经突破了原有的传统业务，包含着多种形式。由于同业业务风险资产权重低，且没有拨备覆盖率的要求，在理财资金运用被监管后成为影子银行的一种新模式。2009—2013 年，同业资产占银行资产的比重提高了 8 个百分点，每年上升约 2 个百分

[①] 王喆、张明、刘士达：《从"通道"到"同业"——中国影子银行体系的演进历程、潜在风险与发展方向》，《国际经济评论》2017 年第 4 期。

[②] 高海红、高蓓：《中国影子银行与金融改革：以银证合作为例》，《国际经济评论》2014 年第 2 期。

点。对于同业业务，2014年《关于规范金融机构同业业务的通知》（以下简称"127号文"）将其定义为我国境内依法设立的金融机构之间以投融资为核心的各项业务，包括同业拆借、同业存款、同业借款、同业代付、买入返售（卖出回购）等。

作为影子银行资产端的创新，无论同业代付还是应收款项类投资，同业业务均是将资产端资金投向股票市场、债券市场和非标资产。其中，投资非标资产实为对企业发放贷款，通常体现在同业买入返售资产、应收款项类投资等会计科目中。但自2014年来，随着同业存单、同业理财的兴起，影子银行的同业业务也开始负债端创新，拓展银行负债来源渠道。同业存单作为银行主动负债管理的新型工具，有利于银行根据自身需求优化资产负债表结构，将对银行资产负债结构产生重要影响。

总之，同业业务在资产负债表中涉及的主要科目包括8个：存放同业、拆出资金、应收款项类投资、买入返售金融资产、同业存放、拆入资金、应付债券和卖出回购金融资产。表5-1分别展示了资产端和负债端的同业业务。

表5-1 中国商业银行同业业务形式

业务分类	业务形式	具体定义
同业资产业务	存放同业	存放同业是指商业银行存放在其他银行和非银行金融机构的存款
	拆出资金	同业拆借是指金融同业为了调剂资金余缺进行的短期借贷。拆出资金为银行和其他同业提供流动性
	买入返售金融资产	买入返售是商业银行（逆回购方即资金融出方）与金融机构（正回购方即资金融入方）按照协议约定先买入金融资产，再按约定价格于到期日返售给该金融机构的资金融通行为。主要方式是信托受益权买入返售，已在2014年被叫停
	同业代付	2012年同业代付入表，受托方同业代付款项在拆出资金会计科目核算，委托方同业代付相关款项在贷款会计科目核算
	应收款项类投资	应收款项类投资标的资产被"127号文"定义为同业投资。2014年后，此科目是银行表内主要的投资非标的方式
同业负债业务	同业存放	同业存放是指由其他金融机构存放于商业银行的款项
	拆入资金	拆入资金是指金融同业提供的短期借款
	卖出回购金融资产	卖出回购是商业银行与金融机构的资金融通行为
	同业存单	同业存单是一种银行同业间的存款凭证，是2014年后兴起的一种主动式的负债方式，计入应付债券科目

续表

业务分类	业务形式	具体定义
同业负债业务	同业理财	同业理财是与个人理财相对应的,是同业机构间发行和投资的理财产品,属于表外负债的部分。从2015年以来快速增长,改变了个人理财为主的理财市场

资料来源：笔者整理。

同业业务的快速发展对于商业银行的资产负债结构产生直接的影响。近年来,银行业金融机构的"存放同业"均高于"同业存放",其差额波动除了与影子银行发展方向和规模紧密相关外,还与监管力度的变化有关。例如,2013年第一季度银行业金融机构"存放同业"均高于"同业存放"5.6万亿元,一定程度上表明大量"存放同业"与影子银行体系有关,影子银行体系已对商业银行资产负债结构产生不可忽视的作用。

三 中国影子银行具体业务演进

伴随着银行部门与监管部门的重复博弈,中国影子银行高速发展。现有文献对于影子银行发展演进的分析,大部分集中在从银行合作对象和影子银行发展模式进行划分,但从资产负债角度对发展模式进行梳理的文献较为少见。本书将从资产和负债端两个角度梳理影子银行业务的发展演进,如表5-2和表5-3所示。

表5-2　　　　　　中国影子银行资产端的业务演进

业务演进过程	具体表现
银信合作 (2008—2011年)	以信贷资金转让和信托贷款为主要发展模式。 《银行业金融机构外部审计监管指引》对银信合作进行总量控制,要求由表外转入
银证合作 (2010年至今)	根据投资标的可分为票据类、特定受益权类、委托贷款类和信托产品等类。 《关于规范证券公司与银行合作开展定向资产管理业务有关事项的通知》对银证合作进行监管约束
银保银基合作 (2010年至今)	银基合作、银保合作成为通道业务新模式。 通过保险公司和基金公司资产管理计划投资于信贷、票据和收益权等资产
同业代付 (2010—2012年)	同业代付是最初同业影子银行的主要模式。 《关于规范同业代付业务管理的通知》规定同业代付入表,记在贷款科目下

续表

业务演进过程	具体表现
买入返售 （2013—2014 年）	信托受益权是买入返售的主要标的资产。 《关于规范金融机构同业业务的通知》叫停除票据以外的信托受益权等买入返售业务
应收款项类投资 （2014 年至今）	应收款项类投资主要投资于理财产品、信托受益权、资管计划等非标资产。 这些非标资产也被《关于规范金融机构同业业务的通知》定义为同业资产

资料来源：笔者整理。

表 5-3　　　　　　　中国影子银行负债端的业务演进

业务演进过程	具体表现
理财产品 （2008 年至今）	2008 年以来迅速增长，2013 年以前以个人理财为主。 2013 年《关于规范商业银行理财业务投资运作有关问题的通知》对理财资金投资非标资产进行总量控制
同业存单同业理财 （2014 年至今）	同业存单 2013 年重启，属于同业负债，通常记在应付债券科目。 同业理财 2015 年以来快速增长，发行方会计处理与一般理财相同

资料来源：笔者整理。

综合上述的影子银行发展模式和业务演进，可梳理影子银行的体系，如图 5-3 所示。即从负债端，理财产品、同业存贷和同业理财作为资金来源，通过通道方式、同业腾挪方式和委外方式进行资产配置，同时在资产端表现为应收款项类投资、买入返售金融资产、拆出资金等同业科目。

委外业务在 2015 年开始兴起，委外业务兴起的直接原因是中小银行理财、自营资金规模加速增长，但受自身投资团队能力制约，需要依赖外部投资团队，因此，委外业务逐渐发展成一种资产端的配置渠道。委外业务的委托人一般包括银行、保险、财务公司等，投资领域主要是货币市场、债券市场、公募基金、金融衍生品等，委外业务是投资非标资产的一个重要投资渠道。与通道业务不同，委外业务约定（独立账户）固定收益率，非银金融机构对收益率水平进行衡量后决定是否承接，在资产管理方面获得更多的主动权。本书将委外业务与通道业务区分开来，作为渠道端的一种方式。

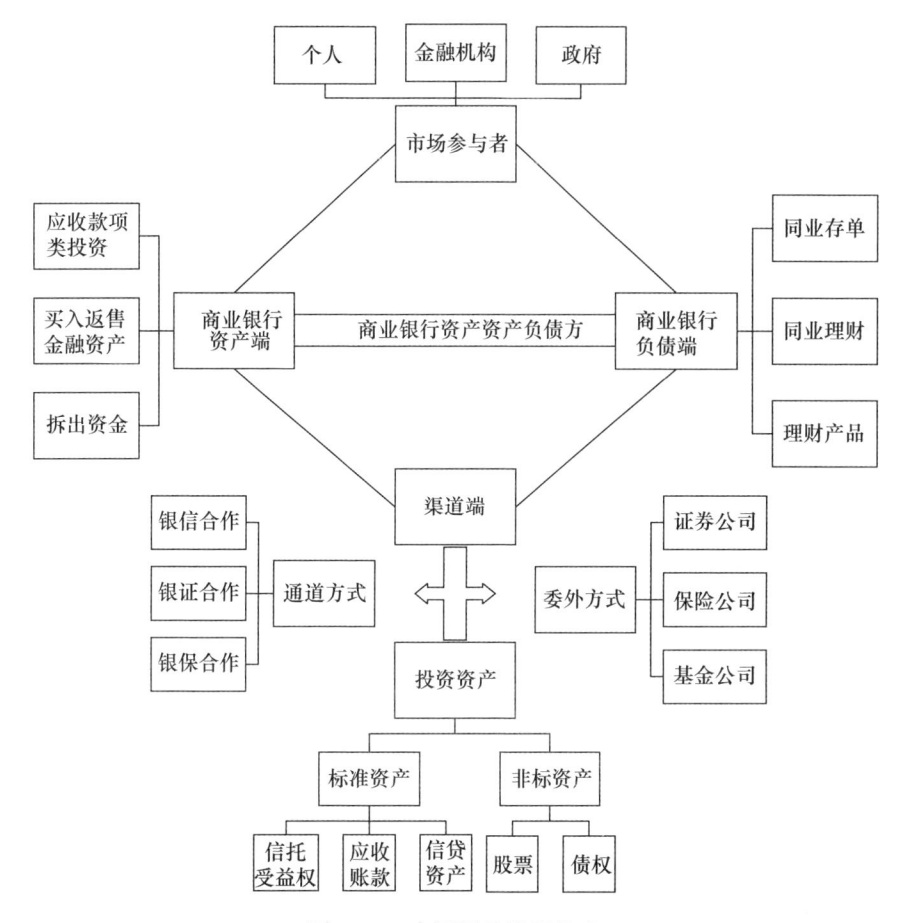

图 5-3 中国影子银行体系

资料来源：笔者整理。

第三节 影子银行对商业银行资产负债结构的影响

一 中国商业银行资产负债结构种类及规模

中国商业银行的表内资产可分为五类[①]（见表 5-4）：发放贷款及垫款、债券及非标、同业资产、现金及存放央行款项和其他资产。由中国银监会的数据可知，2018 年 9 月中国商业银行总资产为 253 万亿元。其中，

[①] 资产负债规模来自 2018 年 4 月银监会公布数据；资产配置比重来自 2018 年第一季度上市银行报表；负债比重来自 2018 年 4 月央行公布数据。

五大类资产占比分别为50%、29%、6%、12%和3%。

与资产类似,表内负债也可分为五类:吸收存款、应付债券、同业负债、向央行借款和其他负债。由中国银监会的数据可知,2018年9月商业银行负债总规模约为225万亿元。其中,五大类负债占比分别为62%、9%、12%、4%和13%。

表5-4　　商业银行表内资产负债种类及规模(2018年9月)

资产(253万亿元)		负债(225万亿元)	
现金及存放央行款项(12%)		存款(62%)	—吸收存款
发放贷款及垫款(50%)		同业负债(12%)	—同业和其他金融机构存放款项 —卖出回购金融资产款 —拆入资金 —交易性金融负债
债券及非标(29%)	—交易性金融资产 —可供出售金融资产 —持有至到期投资 —应收账款类投资	—债券/同业存单/基金投资/权益工具投资/贵金属合同 —信托计划及资产管理计划/他行理财产品/权益工具 —债券/金融机构理财/信托受益权/资产收益权/信托、资产管理计划及其他	应付债券(9%)	—已发行债券 —已发行存款证 —已发行商业票据 —已发行同业存单
同业资产(6%)	—存放同业和其他金融机构款项 —拆出资金 —买入返售金融资产		向央行借款(4%)	
其他资产(3%)		其他负债(13%)	

资料来源:Wind数据库,银行理财年报。

目前,中国商业银行表外资产负债主要以非保本理财为主,截至2017年年底,中国的非保本理财规模达22万亿元(见表5-5)。中国商业银行表外资产结构主要包括现金及银行存款(17%)、货币市场工具(13%)、债券及非标(61%)和其他资产(9%)。表外负债结构主要包括一般个人理财(46%)、机构客户理财(26%)、私人银行理财(7%)和同业理财(21%)。

表 5-5　商业银行表外资产负债种类及规模（表外理财为主）

资产（22 万亿元）		负债（22 万亿元）
现金及银行存款（17%）		一般个人理财（46%）
货币市场工具（13%）		机构客户理财（26%）
债券及非标（61%）	—利率债（9%） —信用债（35%） —非标（17%）	私人银行理财（7%）
其他资产（9%）		同业理财（21%）

资料来源：Wind 数据库，银行理财年报。

二　资产端：资产业务同业化

（一）资产业务同业化

与欧美国家影子银行体系以资产证券化为核心不同，我国影子银行以商业银行为核心，具有明显的"信贷出表"特征①。尤其是影子银行通过对接信托计划和资产管理计划，将银行理财产品腾挪到表外，继而实现商业银行信贷由表内到表外的转移。

此外，商业银行信贷还可以通过表内同业业务实现到表外的扩张。近年来随着影子银行发展，商业银行表内资产结构发生变化：贷款占比持续下降，同业资产业务快速增长。从商业银行 2007—2017 年的贷款占比（见图 5-4）可知，虽然发放贷款仍旧在商业银行资产中占有近 50% 的比

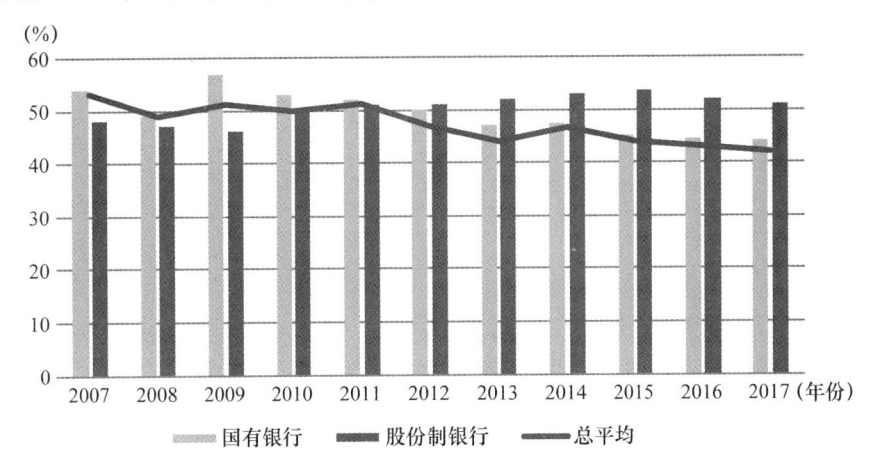

图 5-4　发放贷款及垫款占总资产比重

资料来源：Wind 数据库，笔者整理。

① 信贷出表是指变换表内科目形式，不在贷款项目里但进行贷款实质的业务活动。

重,但从近十年贷款占比的走向来看,贷款占比在商业银行资产结构中整体呈下降趋势。

受央行和银监会的信贷约束,商业银行的信贷规模受存贷比率、不良资产率等多种指标限制,同时出于规避监管和利润驱使,商业银行通过同业业务将吸收的存款资金投资于非标资产。而同业资产业务凭借本身具有的"低成本、低资本占用"的优势迅速发展(见图5-5)。

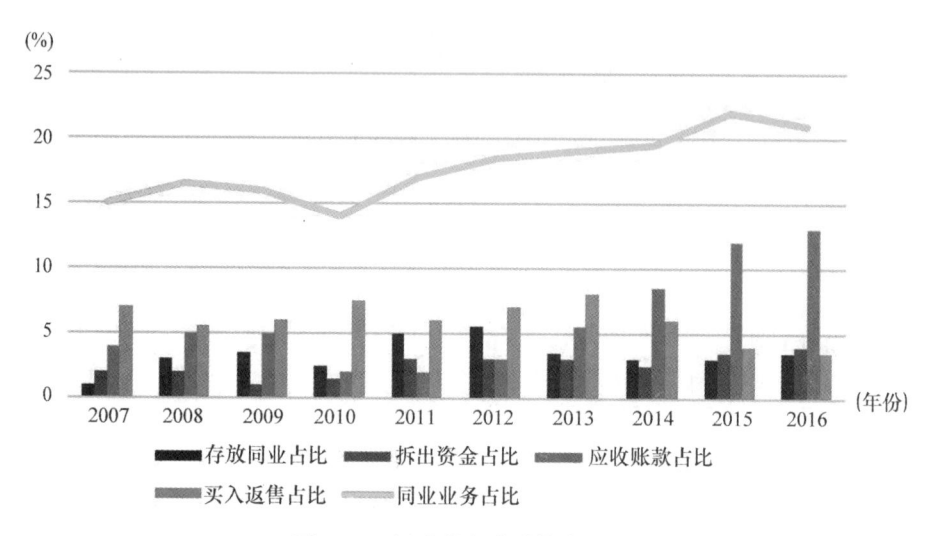

图5-5 同业业务占总资产比重

资料来源:Wind数据库,上市公司公告,笔者整理。

(二)资产业务同业化的影响机制:同业资产替代表内贷款

同业业务是一种在资产端的影子银行创新,其资金主要投向了股票、债券市场和非标资产。由于同业资产业务风险权重相对较低,并且不受拨备覆盖率约束,所以在2013年《关于规范商业银行理财业务投资运作有关问题的通知》限制理财产品发展后,同业业务迅速成为影子银行的一种热门业务模式。同业资产业务包括:存放同业、拆出资金、买入返售金融资产和同业代付[1]。同业代付与应收款项相联系,如图5-6所示,商业银行存款现金减少,转而增加应收款项,业务结构实质转移了贷款业务。资

---

[1] 根据五部委在2014年联合印发的《关于规范金融机构同业业务的通知》(银发〔2014〕127号)的规定,同业业务是指"中华人民共和国境内依法设立的金融机构之间开展的以投融资为核心的各项业务,主要业务类型包括:同业拆借、同业存款、同业借款、同业代付、买入返售(卖出回购)等同业融资业务和同业投资业务"。

产负债科目的相互关联程度有所提高，同业代付与应收款项将呈现联动关系，在资产总量不变的情况下，商业银行的贷款占比将被逐渐挤压。

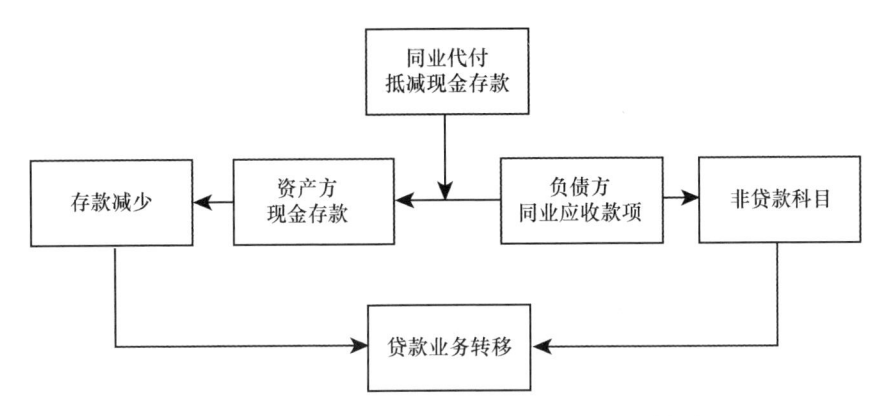

图 5-6　影子银行对商业银行资产结构的影响机制

资料来源：笔者整理。

三　负债端：负债业务主动化

（一）负债业务主动化

自 2008 年 9 月，随着国际金融危机对中国经济冲击加剧，央行实行了适度宽松的货币政策。面对居民财富的稀释，以存款为代表的被动负债在商业银行负债结构中的占比日益下滑。而伴随着影子银行的发展，商业银行为了寻求新的盈利渠道，把目标投向了同业存单（NCD），以扩大其主动负债的规模。

从吸收存款占负债比重看（见图 5-7），股份制银行和城市商业银行存款下降速度远快于国有银行。面对存款等被动负债的快速流失，同时考虑到同业存单发行速度快、发行过程标准化且不被纳入同业负债比例考核①，同时又能改善商业银行 LCR② 指标的众多优势，因此，商业银行将同业存单作为扩充主动负债渠道的重要工具之一。

从图 5-8 可以看出，国有银行同业存单占负债比重较为稳定，但非国有银行上升幅度较快，其中，股份制银行、城商行分别从 2014 年的 10.95%、0.72% 上升到了 2017 年的 16.03%、4.63%，增幅分别达 5.08%、

---

① 根据 MPA 考核要求，商业银行同业负债占总负债比重不得超过 1/3 上限。
② LCR（流动性覆盖率）= 优质流动性资产/未来 30 天现金净流出。若商业银行发行 30 天以上同业存单购买流动性资产，则分子上升、分母不变，从而改善 LCR 指标。

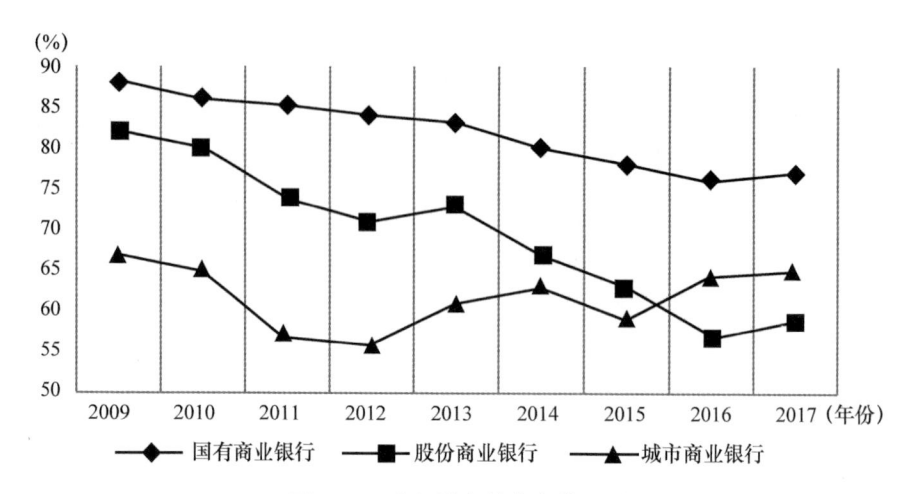

图 5-7　分机构存款占负债比重

资料来源：Wind 数据库，笔者整理。

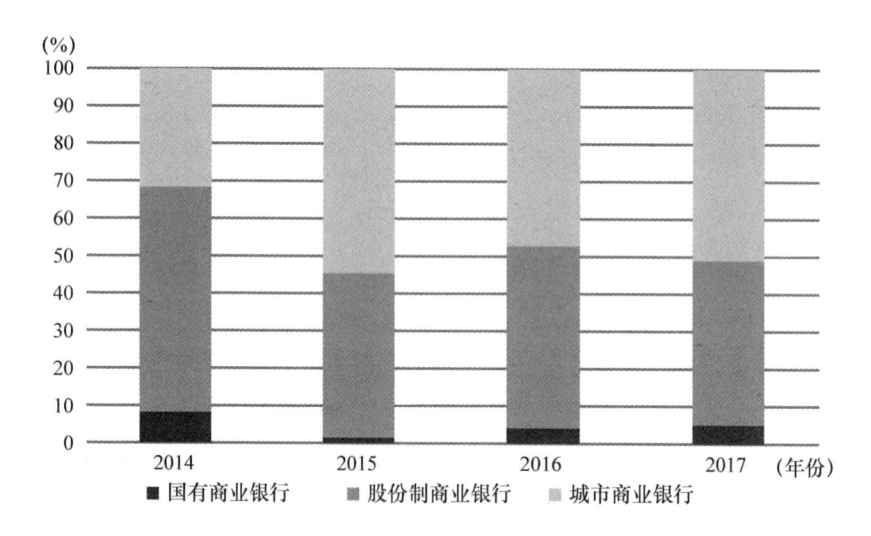

图 5-8　分机构同业存单发行量占比

注：同业存单发行始于 2014 年，因此此处统计时间始于 2014 年。
资料来源：Wind 数据库，笔者整理。

3.92%；从全市场发行量看，2014—2017年，股份制银行和城商行发行的同业存单占全市场发行额比重均在90%以上（见图5-8）。

（二）负债业务主动化的影响机制：表外理财替代表内存款

自2014年以来，同业业务迎来了迅速发展的高峰期，伴随同业存单、同业理财的飞速发展，影子银行也开始了在负债端的同业业务创新，银行与银行、银行与非银金融机构间的同业链条不断延长。同业存单等业务为商业银行开辟了新的主动负债来源渠道。

同业负债业务包括同业存放、同业存单和同业理财。同业负债三项业务有共同之处，如图5-9所示，其作用核心就在于由同业金融机构分别以存款和理财产品等方式提供资金，商业银行获得并利用同业资金。同业理财作为表外负债不计表，但这一操作严重挤压了存款，减少了分散的存款需求。最终，随着影子银行扩张，三项同业业务的增加导致同业负债科目数量增加，存款科目数额占比将下降。同业存单计入应付债券科目，应付债券占比增加，同业存放占比同理上升。同业理财作为表外理财替代存款科目需求，存款需求减少。

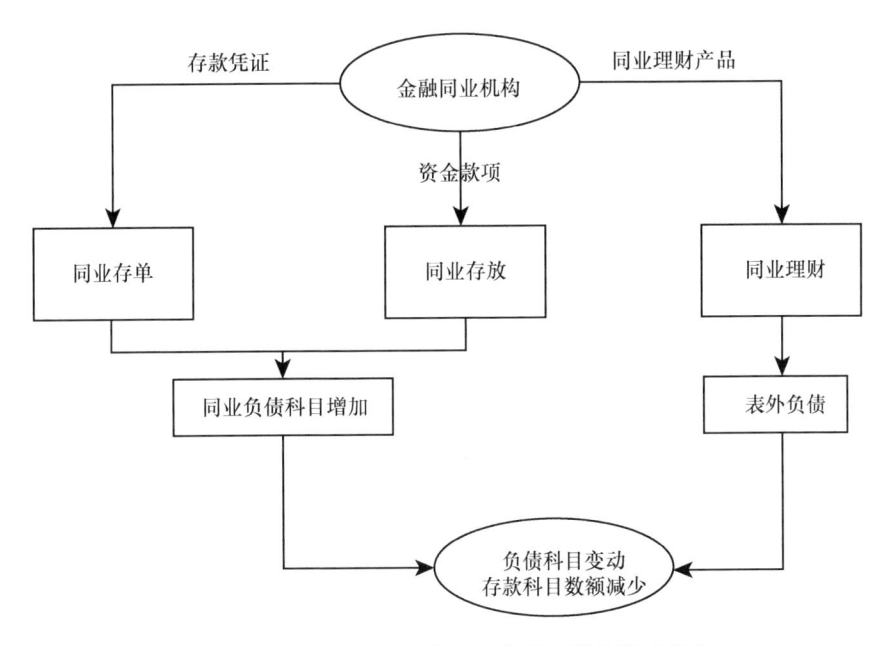

图5-9 影子银行对商业银行负债结构的影响机制

资料来源：笔者整理。

综上，影子银行对商业银行资产负债结构的影响可归为以下两点：第一，在资产端，影子银行促使商业银行对企业信贷持续缩减，同业业务快速增长，表外偏好高等级信用债和非标资产；在负债端，影子银行发展促进了商业银行由被动负债转向主动负债，同业存单发行量剧增，且同业理财占表外理财的份额增加。第二，总体而言，影子银行发展更显著地作用于资产端，挤压了贷款比率。同业资产中同业负债规模较大，说明影子银行与同业存放相关性更强，存放同业只是为资金利用提供便利。

第四节 商业银行资产负债结构变化对货币政策有效性的影响

一 商业银行部分资产业务的信用货币创造机制

影子银行的发展使得商业银行加快业务创新，其资产负债结构发生明显变化。而大量的影子银行业务其实更多通过商业银行资产端进行信用货币创造，继而对货币政策工具及传导机制产生了影响。

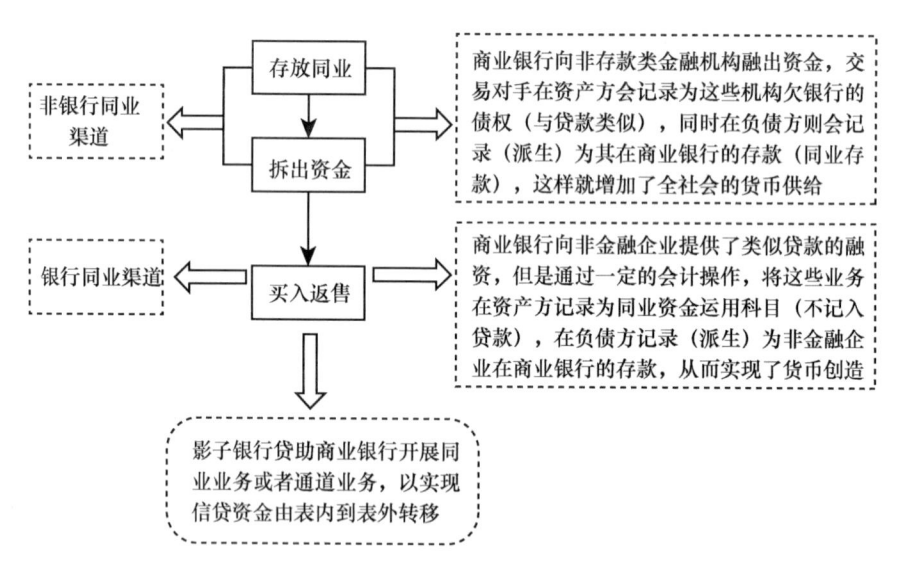

图 5-10 影子银行影响下商业银行部分资产业务的信用货币创造机制
资料来源：笔者整理。

图 5-10 显示了商业银行资产端部分影子银行业务的信用货币创造机

理。无论是通过银行同业渠道还是非同业渠道，商业银行在资产端以各种各样的产品形式向企业输出资金，这些资金通过会计科目调整并不显示在资产负债表中。在其实现资产从表内转移到表外的同时，向社会扩大了货币供应量。

二 商业银行资产负债结构变化对货币政策有效性的影响

（一）对货币政策工具有效性的影响

1. 降低法定存款准备金率的政策效力

一般来说，法定存款准备金率对货币供应量和社会信用规模的调控效果较为高效直接。在影子银行影响下，中国商业银行负债结构中主动负债挤兑被动负债，加之目前中国同业存款并不在央行规定的法定存款准备金范围内，被动负债的削减使得中国商业银行法定存款准备金上缴央行的范围大大减少。

商业银行资产负债结构变化后，可以通过多种途径增加资金流动性，从而加强自身超额存款准备金率的弹性。假设央行推出紧缩的货币政策，需要提高法定存款准备金率但商业银行此时不愿意收紧其贷款规模，就可以通过降低自身的超额法定存款准备金率去应对央行推出的存款准备金率上调政策，从而保证其信贷规模，但与此同时削弱了法定存款准备金率政策的有效性。

2. 提升公开市场操作的政策效力

公开市场操作的政策效力取决于现有金融市场的发育程度。商业银行和中国人民银行手里持有的有价证券越多、种类越丰富，则公开市场可操作的货币数量越多，央行制定的市场流动性调节和价格引导的目标就越容易实现。

受影子银行影响，银行手中持有各类债券的比重提高，商业银行能够以市场交易者的角色为央行的公开市场操作提供充足"弹药"，这些"弹药"兼具安全性、流动性和营利性优势，从而能更好传导货币政策。

3. 降低再贴现政策的效力

再贴现政策相比前两种货币政策工具而言，具有"被动性"。央行只有等商业银行将持有未到期的票据转让贴现才能发挥应有的作用。所以，只有当商业银行需要资金流转且对再贴现依赖程度越高时，该政策效应才会越好。

但随着影子银行业务种类日渐丰富，商业银行的融资渠道日趋多样化，可以通过卖出回购、同业拆借、发行债券和同业存单等途径补充资金头寸，而较少通过再贴现手段解决流动性，所以这项政策的效果会大打折扣。

(二) 对货币政策传导机制的影响

1. 部分改善利率传导机制

凯恩斯学派认为，利率传导渠道有效需具备两个条件：第一，有成熟发达的金融市场；第二，债券与贷款具有完全替代性。但凯恩斯学派对于货币政策的利率传导条件要求过于严苛，尤其是在中国利率市场化未能完全实现的经济情况下，以利率传导为主的货币政策传导机制具有一定实施难度和局限性。

不过在影子银行影响下，商业银行通过投行业务、ABS业务和金融同业业务整合区域间的金融资源，加速资金在不同市场上的进出转换，促进金融市场交易的活跃程度，打破银行在信贷市场上的垄断地位，从而降低企业对银行传统信贷业务的融资依赖，释放更多信贷资源。当地方面对贷款利率过高、信贷资源紧张时，商业银行可以通过在银行间债券市场发行债券，以降低地方企业对商业银行传统贷款的需求，同时可以抑制贷款利率的上涨，有利于改善我国货币政策的利率传导效果。

2. 弱化信贷传导机制

受影子银行等金融创新影响，商业银行的业务逐渐向金融市场拓展。而商业银行对债券市场的影响越强，其对信贷传导的影响越大。当央行实行紧缩的货币政策时，商业银行既可通过变卖高流动性资产或增加市场负债等方式实现资产腾挪，又可以通过影子银行开展与信托、保险、证券等机构的交叉性金融产品继续满足企业的融资需求，在缓和货币政策对其贷款影响的同时，又削弱信贷传导效果。

总体来看，影子银行使得微观主体有了更多满足其融资需求的选择，微观主体资金来源增多，其对商业银行信贷依赖度降低，而与此同时，商业银行自身的资金来源途径更加多元化，其对抗货币政策调控的能力也日益增强。

3. 弱化资产价格传导机制

货币政策能否通过资产价格传导机制有效传导，其关键前提是虚拟经济不能脱离实体经济独自运行。商业银行资产负债结构的变化标志着影子银行绕开政策监管的限制，通过股票质押回购等方式将资金间接向资本市场输入。商业银行在利益驱动下，会根据不同市场上的回报率判断资金流向，从而使得资金在实体经济与虚拟经济之间来回穿梭，其流向变得异常复杂难以控制。加之资本市场本身具有很强的投机性，影子银行的资金流向有一部分投向股市,受股市上涨等短期高额收益的影响,越来越多资金"脱实向虚",进而影响了资产价格传导渠道的有效性。

综上,基于影子银行影响下的商业银行资产负债结构变化对货币政策有效性的影响机制如图5-11所示。

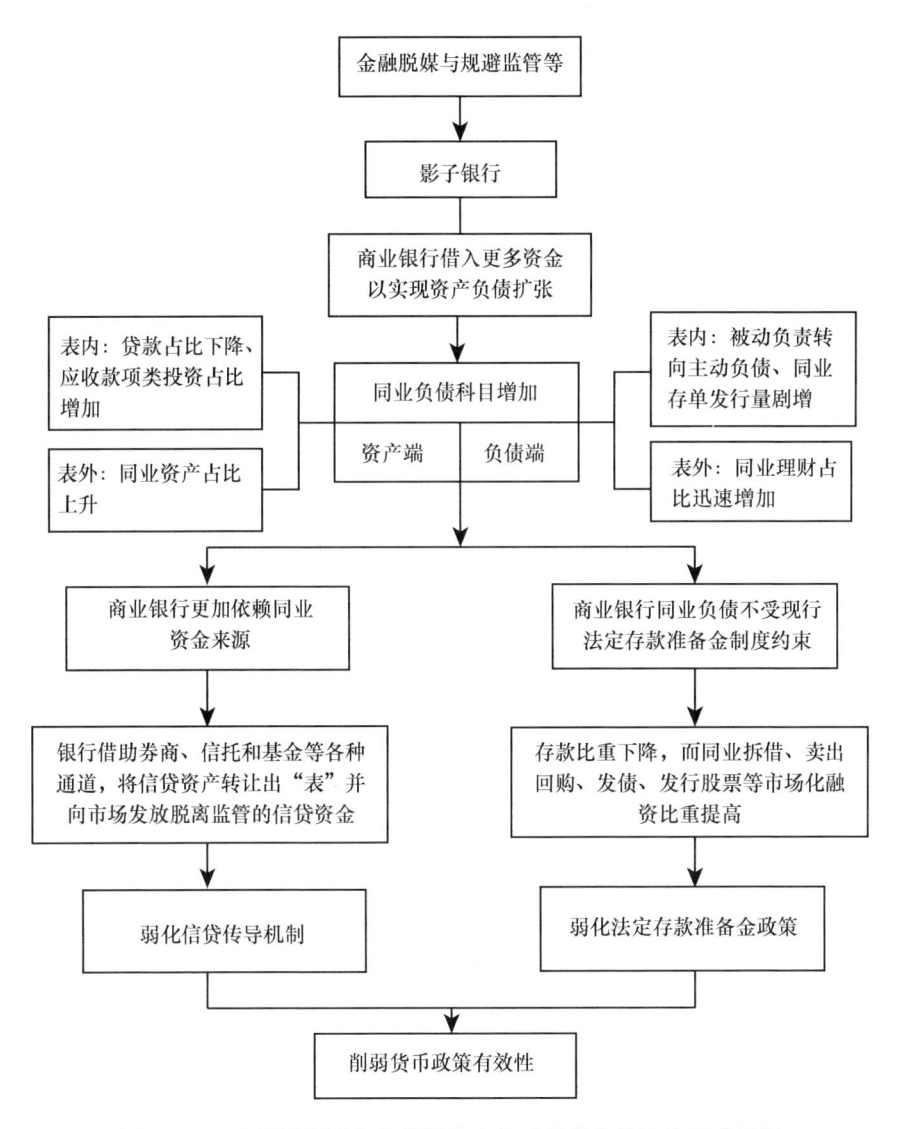

图5-11 商业银行资产负债结构变化对货币有效性的影响机制

资料来源:笔者整理。

第五节 本章小结

首先，本章分析了影子银行冲击下的货币政策传导机制。不同于美国影子银行对投资银行的依赖，中国影子银行完全依附于商业银行，本质上是银行体系内业务或渠道的创新。影子银行的资金最终或者流入实体经济，或者流入股票、债券等金融市场，按照资金流入的不同，本章将影子银行冲击下的货币政策传导渠道分为信贷渠道和同业渠道。

但需要注意的是，影子银行不论投资实体经济，还是投资金融资产，都是通过通道业务完成的。即为了规避监管机构的限制，通过银行与银行、证券、保险、信托等相关同业机构之间的网络关系，实现银行资金的投放。在本质上，通道业务也是创新的同业业务，体现为商业银行资产负债结构的变化。因此，影子银行对货币政策传导的冲击在微观上体现为对商业银行资产负债结构的影响，并通过商业银行资产负债结构的变化体现为对货币政策传导的宏观效应。

其次，本章分析了影子银行的业务演进过程，并在此基础上，具体分析影子银行对商业银行资产负债结构的影响，以及资产负债结构变化对货币政策的冲击。具体来说，影子银行的出现使得银行资产业务同业化，负债业务主动化。在资产端，影子银行促使商业银行对企业的信贷持续缩减，同业业务快速增长，表外偏好高等级信用债和非标资产；在负债端，影子银行发展促进了商业银行由被动负债转向主动负债，同业存单发行量剧增，且同业理财占表外理财的份额增加。

商业银行资产负债结构变化对货币政策有效性的影响体现为对货币政策工具有效性的影响以及对货币政策传导机制的影响。其中，对货币政策工具有效性的影响体现为降低法定存款准备金率的政策效力，提升公开市场操作的政策效力，以及降低再贴现政策的效力等；对货币政策传导机制的影响体现为部分改善利率传导机制，弱化信贷传导机制，以及弱化资产价格传导机制。

第六章 影子银行冲击货币政策传导的微观机制：实证检验

第一节 实证模型构建

一 模型设定与变量选取

实证部分使用我国16家上市银行2008年第三季度至2015年第三季度的季度面板数据，分为两部分进行：第一部分通过长面板模型检验影子银行的发展对商业银行资产负债结构的影响；第二部分在第一部分实证基础上利用panel-VAR模型检验商业银行资产负债结构的变化对货币政策有效性的影响。

首先为了考察影子银行对商业银行资产负债结构的影响，本研究建立如下回归模型：

$$F_{it} = c + \alpha_{i,t} obsf_{i,t} + \beta_{t,t} control_{i,t} + \xi_{it}$$

由于面板数据时间期限为29个季度，银行个数为16个，属于标准的长面板模型。其中，i 表示具体银行，t 表示时间；F 表示商业银行的资产负债结构，为模型的被解释变量，具体包括贷款比率、除贷款以外的其他资产比率、贷款/除贷款以外其他资产、主动负债比率、被动负债比率、主动/被动负债、存贷比；$obsf$ 表示影子银行，为模型的解释变量；$control$ 指其他反映银行结构特征和宏观经济状况的控制变量，包括银行规模、资本充足率、资产收益率、GDP增长率、M1同比增速和贷款占GDP比重；ξ 为残差项。这里共选取14个变量（详情见表6-1），分别从资产结构、负债结构和资产负债结构三个方面分析影子银行对商业银行资产负债结构的影响。

实证第二部分选择基于面板数据的向量自回归模型（panel-VAR模型）检验商业银行资产负债结构的变化对货币政策有效性的影响，主要是因为

表6-1　　　　　　　　　　　　变量定义

类型	分类	变量名称	说明	具体定义
被解释变量	资产结构	贷款比率	loanratio	总贷款占总资产之比，反映银行的资产方特征
		除贷款以外的其他资产比率	otherassetratio	资产端中除去贷款以外的其他资产总和与总资产之比，反映银行的资产方特征
		贷款/除贷款以外其他资产	loansother	总贷款占除贷款以外他资产之比，反映银行的资产方特征
	负债结构	主动负债比率	activeliaratio	主动负债包括向中央银行借款、拆入资金、交易性金融负债、衍生金融负债、卖出回购金融资产款和应付债券，主动负债与总负债之比
		被动负债比率	passiveliaratio	被动负债包括客户存款、同业存放款项，即被动负债与总负债之比
		主动/被动负债	alpl	主动负债与被动负债之比，反映负债方特征
	资产负债	存贷比	loan-to-deposit ratio	贷款总额占存款总额之比，衡量资产负债结构
解释变量		影子银行规模	obsf	估算影子银行规模，并对其取自然对数
控制变量		银行规模	size	银行资产总额的自然对数，作为银行经营的基础指标
		资本充足率[*]	car	银行自身资本和加权风险资，反映偿债能力
		资产收益率	roa	又称资产回报率，用来衡量每单位资产能够创造多少净利润
		GDP同比增速	gGDP	GDP增长率反映了宏观经济增长状况，反映了经济周期
		M1同比增速	gM1	M1反映货币供应量
		信贷占比	credit	金融机构新增人民币贷款累计值占GDP之比，反映金融周期

注：1988年"巴塞尔银行监管委员会"会议上确定了8%的资本充足率要求，中国在20世纪90年代中后期开始金融体制改革中也确立了这个风险控制指标。

资料来源：笔者整理。

商业银行资产负债结构的变化会影响货币政策,同时,货币政策的变化也将体现在商业银行的资产负债结构中。panel-VAR 模型综合了 panel 模型和 VAR 模型的优点,既包含了面板数据在时间维度和不同个体间的信息,又考虑了 VAR 模型在宏观经济研究中的优点,回避了事先需要假定变量应该属于内生变量还是外生变量的尴尬,且利用面板数据对 VAR 检验中时间长度要求降低,可以满足实证检验的要求。

根据 panel-VAR 模型的定义,本研究模型设定为:

$$Y_{it} = \alpha_i + \beta_t + \lambda_1 Y_{it-1} + \lambda_2 Y_{it-2} + \cdots + \lambda_n Y_{it-n} + \xi_{it}$$

其中,$Y_{it} = \{D_{it}, L_{it}, M_{it}, GDP_{it}\}$,$i$ 代表不同银行,t 代表不同季度,$\{\lambda_1, \lambda_2, \cdots, \lambda_n\}$ 均是 n×n 维的系数矩阵,α_i、β_t 分别是 n×1 维的个体效应向量和时间效应向量,$Y_{it-1}, Y_{it-2}, \cdots, Y_{it-n}$ 是 Y_{it} 的滞后项,ξ_{it} 是随机误差项,第 m 个方程的误差项 ξ_{it}^m 满足 $E(\xi_{it}^m \mid \alpha_i^n, \beta_t^n, Y_{it-1}, Y_{it-2}, \cdots, Y_{it-n}) = 0$。

此部分选取的变量为影子银行、贷款/除贷款以外其他资产(loansother)、主动/被动负债(alpl)、货币供应量增速(gM1)和 GDP 增长率(gGDP)。考虑到 VAR 模型中各变量的排序可能会影响到它们度量的效应,所以各变量的排列次序相当重要①,本研究各变量进入 VAR 模型的先后顺序类似于 Bernanke 和 Blinder,依次为 gM1、gGDP、alpl、loansother 和 obsf。其中 gM1 表示货币政策,gGDP 用来度量货币政策的最终执行效果,loansother 和 alpl 作为商业银行资产负债结构的两个主要指标,反映银行资产负债结构对货币政策反应的敏感程度,obsf 表示影子银行。

长期以来,国内外学者对于选取何种变量代表货币政策争论不休,有人认为度量货币政策状态应使用货币供给量或增长率指标,也有学者建议使用利率指标。但实际上,由于我国利率未完全市场化,即使中央银行货币政策操作能够影响基准利率,也无法通过利率预期和期限结构机制引起整个利率体系变化。因而,使用利率指标描述我国货币政策状态不够严谨。此外,由于完整记录我国公开市场操作的资料难以准确获得,通过编制货币政策指数描述货币政策状态的可行性也不强。为此,本研究使用货币供给量度量货币政策状态是一种较好的选择。分别使用 M1 和 M2 进行实证,两者结果类似,但使用 M1 的实证结果更为显著。

---

① 一般将预期不会或很少对其他变量产生影响的变量放到最后。Bernanke, B. S. and A. S. Blinder, "The Federal Funds Rate and the Channels of Monetary Transmission", *American Economy Review*, 1992, 82 (4), pp. 901 – 921.

关于影子银行的度量，现有的大部分核算方法按照影子银行子类业务的规模进行加总，由于具体业务范畴不同，核算结果存在较大差异。本研究借鉴孙国锋和贾君怡[1]的做法，基于"有借必有贷，借贷必相等"的会计原理，银行影子资产扩张和随之创造的存款规模应该大致相等。因此，从单个银行负债方入手，用可能负债（存款加理财产品）减去所有"非影子资产"（包括贷款、外汇、企业债券等传统资产）的扣除法，推算银行影子规模。

具体估计中，首先，剔除了模型中的时间效应和个体效应，其中对时间效应的剔除运用了横截面的均值差分方法，对个体效应的剔除运用了向前均值差分方法；其次，利用 GMM 方法对系数进行有效估计；最后，在此基础上，进行脉冲响应分析、格兰杰因果关系检定和模型预测误差的方差分解。

二 样本选择与数据处理

本研究选取 16 家上市商业银行 2008 年第三季度至 2015 年第三季度的季度数据进行处理测算，所有银行财务数据均来自 Wind 数据库，理财产品发行数据来自于中国社会科学院金融研究所财富管理中心，宏观变量数据来自于国家统计局和中央人民银行公布的统计数据。

样本区间选择 2008 年第三季度至 2015 年第三季度。主要是因为 2008 年第三季度被认为是国际金融危机爆发的时点，且多数银行有数据。之所以截至 2015 年第三季度，是因为自 2015 年 10 月始，对银行存贷比限制取消。考虑到银行监管制度的重大改革可能带来的结构性变化，所以将样本区间的截止时间选择为 2015 年第三季度。

为了研究影子银行对不同产权银行资产负债结构的影响，将 16 家上市银行划分为两组，其中，中国银行、中国工商银行、中国建设银行、中国农业银行和交通银行划分为大型国有商业银行[2]，将其余 11 家银行划分为中小型商业银行。

三 描述性统计与单位根检验

表 6-2 列出了所有银行组、国有银行组和股份制银行组中相关变量

---

[1] 孙国峰、贾君怡：《中国影子银行界定及其规模测算——基于信用货币创造的视角》，《中国社会科学》2015 年第 11 期。

[2] 根据中国人民银行公布标准进行划分。

的均值、中位值和标准差。可以看出,在资产端,国有银行的贷款占比结构均高于股份制银行;在负债端,股份制银行的主动负债占比结构高于国有银行。总体来看,股份制商银行不论是资产结构还是负债结构的变动率均高于国有银行。原因有两方面:一是近年来股份制银行在国家"普惠金融"政策下快速扩张;二是股份制银行自身的基数相比国有银行较小。至于国有银行和股份制银行资产负债结构的变化究竟会对货币政策传导产生怎样的影响,下文将对这一现象进行更细致的检验。

表6-2　　　　　　　　研究变量描述统计分析

变量	所有银行 均值	所有银行 中位值	所有银行 标准差	国有银行 均值	国有银行 中位值	国有银行 标准差	股份制银行 均值	股份制银行 中位值	股份制银行 标准差
贷款比率	48.18	49.42	7.62	52.17	52.93	2.52	46.58	47.27	8.35
除贷款以外的其他资产比率	50.55	49.61	7.75	46.64	45.81	2.64	52.12	51.48	8.53
贷款/除贷款以外其他资产	99.72	99.89	29.69	112.49	115.87	11.38	94.61	92.06	33.04
主动负债比率	9.44	7.84	6.07	6.35	6.59	2.88	10.68	9.37	6.55
被动负债比率	88.05	89.23	6.22	90.81	90.50	3.65	86.95	88.39	6.69
主动/被动负债	11.32	8.77	8.64	7.13	7.24	3.53	12.99	10.61	9.47
存贷比	69.61	70.92	7.71	70.13	71.69	7.29	69.40	70.57	7.87
影子银行规模	16.31	16.65	1.77	17.21	17.52	1.42	15.95	16.03	1.77
银行规模	19.42	19.45	1.23	20.84	20.98	0.53	18.85	19.03	0.95
GDP同比增速	8.27	7.65	1.59	8.27	7.65	2.53	8.27	7.65	1.59
M1同比增速	14.19	11.65	8.74	14.18	11.65	8.76	14.19	11.65	8.74
信贷占比	48.03	47.07	19.51	48.03	47.07	19.58	48.03	47.07	19.52
观测值	448	448	448	128	128	128	320	320	320

资料来源:笔者整理。

为了防止伪回归,并保证实证结果的可靠性,本研究选择 LLC 检验[①]对衡量银行资产负债结构的相关变量进行单位根检验。结果显示,除了国

[①] Levin, A., Lin, C. F. and C. S. J. Chu, "Unit Root Tests in Panel Data: Asymptotic and Finite-sample Properties", *Journal of Econometrics*, 2002, 108 (1), pp.1-24.

有银行组的主动负债与被动负债相关变量不平稳，其他变量均为平稳序列，故对国有银行组的主动负债与被动负债相关变量进行一阶差分，此后，该两项变量成为平稳序列。如表6-3所示。而针对GDP增速、M1增速和信贷占比三个变量，考虑到在面板格式中，这三个变量既非标准的面板数据，也非传统的宏观时间序列数据，因此选择ADF-Fisher检验①方法进行单位根检验，结果表明，GDP增速、M1增速和信贷占比三个变量均为平稳序列。

表6-3　　　　　各个变量的单位根检验结果

银行结构特征变量	所有银行LLC检验	国有银行LLC检验	股份制银行LLC检验	宏观环境变量	ADF-Fisher检验
银行规模	-8.88***	-5.69***	-6.95***	GDP增速	-9.57***
贷款比率	-1.34*	-8.99***	-1.29*	信贷占比	-12.38***
除贷款以外其他资产比率	-1.31*	-8.92***	-1.28*	增速	-6.50***
贷款与其他资产之比	-12.63***	-8.86***	-9.36***		
主动负债比率	-9.88***	-5.92***	-7.94***		
被动负债比率	-9.78***	-5.39***	-8.16***		
主动负债与被动负债之比	-9.53***	-5.73***	-7.67***		
存贷比	-11.61***	-7.88***	-8.90***		
影子银行规模	-2.75**	-1.07***	-3.68***		

注：LLC检验和ADF检验的原假设均为"存在单位根"，前者针对面板数据，为t统计量；后者针对时间序列，为z统计量。

第二节　影子银行对商业银行资产负债结构的影响

一　实证结果

本研究的计量软件采用STATA14版本。基本回归结果如表6-4所示。

---

① Maddala, G. S. and S. Wu, "A Comparative Study of Unit Root Tests with Panel Data and a New Simple Test", *Oxford Bulletin of Economics and Statistics*, 1999, 61 (S1), pp. 631-652.

整体而言，影子银行会显著影响商业银行资产负债结构（0.28，p < 0.01），影子银行的规模每扩大 1 个单位，商业银行的存贷比会随之上升 0.28 个单位。具体来看，影子银行会显著影响商业银行的资产结构，如模型 1 中理财产品活跃程度每上升 1 个百分点，商业银行的贷款比率会降低 0.53 个百分点。对于负债结构而言，商业银行的主动负债比率与影子银行的规模具有显著的正向关系（0.43，p < 0.01），被动负债比率与影子银行规模具有显著的负向关系（-0.46，p < 0.01）。

表 6-4　　影子银行对所有商业银行资产负债结构的影响

变量	资产结构 模型1 贷款/总资产	资产结构 模型2 除贷款以外其他资产/总资产	资产结构 模型3 贷款/其他资产	负债结构 模型4 主动负债/总负债	负债结构 模型5 被动负债/总负债	负债结构 模型6 主动负债/被动负债	资产负债结构 模型7 存贷比
$obsf$	-0.53*** (-2.88)	0.13 (1.61)	-0.69** (-2.08)	0.43*** (7.42)	-0.46*** (-7.11)	0.52*** (7.16)	0.28*** (2.14)
Size	0.35 (1.34)	-0.55** (-1.99)	1.17 (1.12)	-1.53*** (-6.26)	1.54*** (6.57)	-2.08*** (-6.38)	0.93*** (2.91)
CRA	0.00 (0.08)	0.00 (0.31)	-0.02 (-0.49)	0.05*** (3.23)	-0.06*** (-4.03)	0.06*** (3.48)	-0.03** (-2.07)
ROA	8.87*** (9.18)	-8.57*** (-8.48)	35.89*** (8.36)	-5.53*** (-6.49)	4.69*** (4.97)	-8.01*** (-7.55)	-0.30 (-0.25)
gGDP	0.50*** (4.46)	-0.55*** (-4.54)	2.02*** (3.63)	-0.79*** (-8.44)	0.89*** (8.01)	-1.11*** (-9.40)	0.29 (1.28)
gM1	-0.01 (-0.61)	0.02 (0.75)	0.00 (0.02)	0.15*** (7.77)	-0.15*** (-6.53)	0.22*** (9.10)	-0.01 (-0.32)
Credit	0.02*** (5.51)	-0.02*** (-5.00)	0.08*** (4.03)	-0.02*** (-4.37)	0.01*** (2.92)	-0.03*** (-4.94)	0.01 (1.60)
观测值	448	448	448	448	448	448	448
Wald-chi2	114.22	101.77	94.31	186.48	169.10	221.58	21.61
Prob > chi2	0.00	0.00	0.00	0.00	0.00	0.00	0.00

注：括号内为 z 统计量，***、**、* 分别表示通过 1%、5% 和 10% 的显著性水平检验。

综上，对于资产结构而言，影子银行发展降低了贷款比率，挤压了传统的贷款业务，相应地增加了除贷款以外的其他资产比率。对于负债结构而言，影子银行发展促进了主动负债相对比值的增加，商业银行主动负债能力有所提高，且影子银行的发展挤压了传统的存款业务，相应地增加了除存款以外的同业存放和应付债券比率，存贷比表明对存款业务的抑制作用更明显。

二 进一步检验

为进一步考察上述结果，本节分三种情况：（1）区分银行规模，将样本划分成国有银行和股份制银行进行实证检验。（2）区分不同时期，以2013年发布的《关于规范商业银行理财业务投资运作有关问题的通知》为节点，研究监管政策出台前后，影子银行行为如何变化及商业银行资产负债结构的变动，将研究区间分为2008年第三季度至2013年第一季度和2013年第二季度至2015年第三季度。（3）研究商业银行负债结构与资产结构的影响关系。基于影子银行对商业银行资产负债结构均有显著影响，但没有证明影子银行的发展可以通过影响银行负债结构而影响资产结构。

（一）区分银行规模

如上所述，影子银行在对商业银行的传导过程中还会受到银行自身规模大小的影响。故基于银行异质性视角，区分银行规模。根据央行对银行规模的划分标准，将14家上市银行划分为大型国有银行组和股份制银行两组样本。检验在不同规模银行组中，影子银行对商业银行资产负债结构的具体影响机制。本研究对两组长面板数据依次进行组间异方差、组内自相关及组间同期相关检验，根据结果采用全面FGLS方法进行回归。结果如表6-5和表6-6所示。

表6-5　　　　影子银行对国有商业银行资产负债结构的影响

变量	资产结构			负债结构			资产负债结构
	模型1 贷款/总资产	模型2 除贷款以外其他资产/总资产	模型3 贷款/其他资产	模型4 主动负债/总负债	模型5 被动负债/总负债	模型6 主动负债/被动负债	模型7 存贷比
obsf	-0.91* (-6.74)	0.99* (7.13)	-4.02 (-6.59)	0.60** (4.07)	-0.62* (-3.68)	0.68* (3.86)	2.62** (11.00)

续表

变量	资产结构			负债结构			资产负债结构
	模型1 贷款/总资产	模型2 除贷款以外其他资产/总资产	模型3 贷款/其他资产	模型4 主动负债/总负债	模型5 被动负债/总负债	模型6 主动负债/被动负债	模型7 存贷比
Size	-2.77*** (-3.93)	3.00*** (4.31)	-12.75*** (-4.04)	-0.97 (-1.36)	0.30 (0.35)	-0.82 (-0.88)	-12.44*** (-13.27)
CRA	0.10 (1.43)	-0.10 (-1.38)	0.50 (1.49)	0.04 (0.45)	-0.05 (-0.53)	0.05 (0.46)	0.29* (1.82)
ROA	0.82 (0.42)	-0.00 (-0.00)	0.07 (0.01)	-5.83*** (-2.99)	5.88 (2.60)	-7.01*** (-3.08)	-18.47*** (-3.71)
gGDP	0.11 (0.77)	-0.08 (-0.55)	0.28 (0.45)	-0.39** (-2.19)	0.52** (2.57)	-0.46** (-2.15)	-1.13*** (-3.63)
gM1	0.03 (1.18)	-0.04 (-1.31)	0.17 (1.35)	0.03 (0.74)	-0.04 (-1.07)	0.03 (0.79)	0.13** (2.09)
Credit	0.01 (1.12)	-0.01 (-1.00)	0.02 (0.87)	-0.01 (-1.63)	0.01 (1.35)	-0.02* (-1.67)	-0.04** (-2.19)
观测值	144	144	144	144	144	144	144
Wald-chi2	52.58	58.01	50.56	35.83	32.70	35.32	269.20
Prob > chi2	0.00	0.00	0.00	0.02	0.03	0.05	0.00

注：括号内为z统计量，***、**、*分别表示通过1%、5%和10%的显著性水平检验。

从表6-5可知，影子银行的发展对国有银行资产负债结构的影响几乎都不显著，说明国有银行很少参与影子银行业务或者由于国有银行体量较大而对资产负债结构影响微小。而对于规模相对较小的股份行和城商行如表6-6所示，影子银行规模显著地影响了大部分被解释变量，例如显著地负向影响贷款比率（-0.60，p<0.01）和存贷比（-0.13，p<0.01）。影子银行对于小型银行的资产负债结构影响更显著，说明中小型银行在策略上易采取更激进的行为。综合说明，影子银行发展与股份银行和城商行关系更为密切，挤压了小型银行存贷款业务，显著改变了他们的资产负债结构，大型银行资产负债结构受影子银行影响相对较小。

表 6-6　　影子银行对股份制商业银行资产负债结构的影响

变量	资产结构 模型1 贷款/总资产	资产结构 模型2 除贷款以外其他资产/总资产	资产结构 模型3 贷款/其他资产	负债结构 模型4 主动负债/总负债	负债结构 模型5 被动负债/总负债	负债结构 模型6 主动负债/被动负债	资产负债结构 模型7 存贷比
$obsf$	-0.60*** (-5.04)	0.38*** (2.95)	-1.68*** (-3.07)	0.30*** (2.74)	-0.29** (-2.57)	0.36*** (2.63)	-0.13*** (-0.95)
Size	0.82** (2.02)	-0.90** (-2.04)	2.76* (1.79)	-1.78*** (-5.11)	1.89*** (4.46)	-2.71*** (-6.24)	4.24*** (8.02)
CRA	-0.00 (-0.07)	0.01 (0.48)	-0.05 (-0.95)	0.05** (2.58)	-0.05*** (-2.88)	0.06*** (2.71)	-0.02 (-1.19)
ROA	10.28*** (7.00)	-10.08*** (-6.69)	38.47*** (6.31)	-2.90* (-1.90)	1.71 (1.09)	-5.07** (-2.53)	3.15 (1.63)
gGDP	0.65*** (3.24)	-0.74*** (-3.44)	2.66*** (3.09)	-1.42*** (-4.60)	1.47*** (4.49)	-2.04*** (-4.92)	0.45 (1.44)
gM1	-0.01 (-0.29)	0.02 (0.37)	-0.02 (-0.13)	0.30*** (4.82)	-0.26*** (-3.99)	0.45*** (5.36)	-0.01 (-0.02)
Credit	0.02** (2.10)	-0.01 (-1.60)	0.06* (1.65)	-0.02 (-1.21)	0.01 (0.97)	-0.03* (-1.66)	0.01 (1.01)
观测值	360	360	360	360	360	360	360
Wald-chi2	90.29	71.53	67.00	60.29	49.96	79.68	67.27
Prob > chi2	0.00	0.00	0.00	0.00	0.00	0.00	0.00

注：括号内为 z 统计量，***、**、* 分别表示通过 1%、5% 和 10% 的显著性水平检验。

(二) 区分不同时期

影子银行的快速发展带来一系列潜在风险，为此中国银行业监督管理委员会从 2003 年先后出台一系列监管政策。尤其是 2013 年发布的《关于规范商业银行理财业务投资运作有关问题的通知》最为严格，被银行业内称为 "8 号文"。"8 号文" 的推出被国内学者普遍认为是影子银行发展的重要转折点，标志着影子银行从 "通道业务" 向 "同业业务" 的转型。因此，本小节将主要研究 "8 号文" 政策出台后，影子银行行为如何变化及商业银行资产负债结构的变动。因此，将研究区间分为2008年第三季度至2013年第一季度和2013年第二季度至2015年第三季度两个时期进行对比研究。

表6-7　　　　影子银行对所有商业银行资产负债结构的影响（2008年第三季度至2013年第一季度）

变量	资产结构 模型1 贷款/总资产	资产结构 模型2 除贷款以外其他资产/总资产	资产结构 模型3 贷款/其他资产	负债结构 模型4 主动负债/总负债	负债结构 模型5 被动负债/总负债	负债结构 模型6 主动负债/被动负债	资产负债结构 模型7 存贷比
$obsf$	-0.27 *** (-6.39)	0.18 *** (4.96)	-1.35 *** (-6.83)	0.12 *** (6.45)	-0.10 *** (-3.03)	0.05 ** (2.14)	0.66 ** (7.52)
Size	0.36 *** (3.99)	-0.53 *** (-5.94)	0.82 ** (2.16)	-2.09 *** (-11.10)	2.43 *** (17.19)	-3.01 *** (-12.06)	-0.20 (-1.32)
CRA	-0.02 *** (-3.94)	0.02 *** (6.52)	-0.10 *** (-4.35)	0.04 *** (5.83)	-0.08 *** (-7.75)	0.08 *** (9.13)	-0.06 *** (-8.64)
ROA	11.56 *** (15.06)	-11.46 *** (-15.13)	54.60 *** (17.46)	-3.06 *** (-8.15)	1.96 *** (3.36)	-5.95 *** (-10.89)	-1.54 ** (-2.07)
gGDP	0.01 (0.04)	0.01 (0.07)	-0.38 (-0.62)	0.39 *** (10.45)	-0.20 *** (-2.74)	0.50 *** (8.32)	0.41 *** (3.17)
gM1	0.17 *** (4.45)	-0.18 *** (-4.28)	0.93 *** (5.46)	-0.12 *** (-11.59)	0.12 *** (6.06)	-0.15 *** (-9.38)	0.02 (0.52)
Credit	0.02 *** (3.15)	-0.01 ** (-2.11)	0.04 * (1.82)	0.00 (0.09)	-0.00 (-0.29)	-0.00 (-1.49)	-0.01 * (-1.71)
观测值	224	224	224	224	224	224	224
Wald-chi2	399.36	491.06	495.80	568.57	597.23	564.00	153.22
Prob > chi2	0.00	0.00	0.00	0.00	0.00	0.00	0.01

注：括号内为z统计量，***、**、*分别表示通过1%、5%和10%的显著性水平检验。

对比表6-7和表6-8可知，2013年以后影子银行对商业银行资产负债结构的影响更为显著，且负债结构各解释变量的符号发生改变。由模型

1至模型3可知,对于资产结构而言,随着影子银行规模的扩大,商业银行贷款占比均有所下降,而除贷款以外的其他资产占比均有所上升,但2013年以后,影子银行的发展对商业银行资产结构的影响变化较2013年以前不太显著。对于负债结构,由模型4至模型6可知,2013年以前,影子银行规模的扩大使得商业银行主动负债占比略有上升而被动负债占比略有下降;2013年以后,随着影子银行规模的扩大,商业银行主动负债占比下降而被动负债占比上升,且这种变化更为明显。由模型7可知,2013年以前影子银行规模每扩大1个单位,存贷比提高0.66个单位;而2013年以后,影子银行规模每扩大1个单位,存贷比下降0.35个单位。

在"8号文"的监管影响下,影子银行对商业银行资产负债结构产生了显著作用。政策监管的加强从资产端对商业银行理财资金通过通道业务的投资有所限制,从总量上控制了理财资金流向非标资产。2013年监管政策控制非标投资抑制了应收款项类投资的结构性占比,促进了"存放同业"的提高,体现了政策监管下业务演变过程。

表6-8 影子银行对所有商业银行资产负债结构的影响(2013年第二季度至2015年第三季度)

变量	资产结构 模型1 贷款/总资产	模型2 除贷款以外其他资产/总资产	模型3 贷款/其他资产	负债结构 模型4 主动负债/总负债	模型5 被动负债/总负债	模型6 主动负债/被动负债	资产负债结构 模型7 存贷比
$obsf$	-0.10*** (-5.56)	0.10*** (4.74)	-0.46*** (-4.47)	-0.20** (-5.07)	0.27*** (7.31)	-0.30*** (-6.34)	-0.35*** (-3.22)
Size	4.58*** (72.87)	-4.76** (-86.20)	15.57*** (62.10)	-2.71*** (-9.24)	2.53*** (10.75)	-3.84*** (-9.36)	3.71*** (22.85)
CRA	-0.00* (-1.68)	0.01*** (5.78)	-0.01** (-2.13)	0.03*** (3.26)	-0.03*** (-3.12)	0.05*** (3.84)	-0.01 (-0.70)
ROA	6.10*** (29.55)	-6.56*** (-22.61)	22.35*** (17.35)	-5.39*** (-8.54)	5.44*** (6.43)	-8.22*** (-10.33)	-4.71*** (-3.32)
gGDP	1.10*** (25.24)	-1.06*** (-20.04)	3.33*** (13.78)	-4.18*** (-15.55)	3.77*** (10.97)	-5.70*** (-14.85)	-3.24*** (-8.81)

续表

变量	资产结构			负债结构			资产负债结构
	模型1 贷款/总资产	模型2 除贷款以外其他资产/总资产	模型3 贷款/其他资产	模型4 主动负债/总负债	模型5 被动负债/总负债	模型6 主动负债/被动负债	模型7 存贷比
gM1	-0.07*** (-27.75)	0.07*** (22.26)	-0.22** (-16.21)	0.24*** (14.02)	-0.24*** (-11.08)	0.34*** (13.90)	0.01 (0.32)
Credit	0.01*** (18.26)	-0.02*** (-17.76)	0.05*** (12.05)	-0.01 (-1.03)	-0.00 (-0.86)	-0.00 (-0.79)	0.03*** (3.94)
观测值	280	280	280	280	280	280	280
Wald-chi2	6406.03	8354.72	4253.91	688.80	571.57	712.55	703.60
Prob > chi2	0.00	0.00	0.00	0.00	0.00	0.00	0.00

注：括号内为z统计量，***、**、*分别表示通过1%、5%和10%的显著性水平检验。

（三）商业银行负债结构对资产结构的影响

上述实证研究证实了影子银行对商业银行资产负债结构均有显著影响，但没有证明影子银行的发展可以通过影响银行负债结构而影响资产结构。加入新的解释变量同业净负债（NPL）用以衡量商业银行的负债端结构，即用同业负债与同业资产之差除以总资产。NPL指标越大，说明商业银行越依赖同业资金。另一解释变量为存款负债占比（DL），即存款占负债总量的比重。

表6-9 商业银行负债结构与资产结构

变量	模型1 贷款占比	模型2 除贷款以外其他资产/总资产	模型3 贷款/其他资产	模型4 同业资产占比
NPL	0.27*** (15.33)	-0.31*** (-16.90)	1.33*** (18.68)	-0.99*** (-64.01)
DL	0.53*** (32.46)	-0.54*** (-31.31)	2.17*** (31.31)	-0.81*** (-57.50)

续表

变量	模型1 贷款占比	模型2 除贷款以外其他资产/总资产	模型3 贷款/其他资产	模型4 同业资产占比
$obsf$	-0.01 (-0.29)	-0.07 (-0.35)	-0.05 (-0.17)	0.21** (2.43)
Size	0.12 (0.68)	-0.24 (-1.29)	-0.35 (-0.54)	-0.32 (-1.56)
CRA	-0.01 (-0.84)	0.01 (1.35)	-0.04 (-1.18)	-0.00 (-0.25)
ROA	2.93*** (4.45)	-2.79*** (-4.20)	11.59*** (4.24)	-1.06** (-2.04)
gGDP	0.11 (1.11)	-0.13 (1.21)	0.50 (1.18)	0.61*** (5.01)
gM1	-0.00 (-0.13)	0.01 (0.35)	0.07 (0.78)	-0.07*** (-2.92)
Credit	0.01** (2.43)	-0.01** (-2.04)	0.02 (1.02)	0.01 (1.11)
观测值	448	448	448	448
Wald-chi2	1288.64	1237.43	1293.12	5418.39
Prob > chi2	0.00	0.00	0.00	0.00

注：括号内为 z 统计量，***、**、* 分别表示通过 1%、5% 和 10% 的显著性水平检验。

由表 6-9 可知，影子银行的发展可以通过影响商业银行的负债结构而影响资产结构。负债端的存款占比、同业净负债与资产端的贷款占比具有正相关关系，但与同业资产占比具有显著的负相关关系，这与前文的实证结论相符合。为研究在影子银行影响下，商业银行资产负债结构变化对货币政策传导的具体影响途径奠定基础。

三　研究结论

实证部分利用 2008 年第三季度到 2015 年第三季度期间 16 家上市商业银行的数据，研究影子银行发展对商业银行资产负债结构的影响及效果，得出以下结论：第一，我国影子银行的快速变化影响了商业银行的经营活动，多种业务形式实现存贷款替代效应，资产负债结构性占比随影子银行而出现显著变化。影子银行的发展对存贷款比率呈现显著稳定负相关性，存贷款占比连年下降，影子银行对于商业银行存贷款活动产生挤压。但该影响对于大型银行的作用并不显著，主要作用于股份银行和城商行。第二，我国影子银行的发展促进了主动负债的增长，说明商业银行的主动负债能力有所提高，逐渐从被动吸存放贷转向主动拓展。第三，国家监管政策具有一定的有效性。2013年"8号文"监管政策控制非标投资并抑制应收款项类投资的结构性占比，促进了存放同业的提高，体现了政策监管下业务演变的过程。但是，政策只对资产负债结构中细分业务占比具有有效性，难以全面影响影子银行对于资产负债结构的改变。第四，影子银行可以通过商业银行负债结构影响其资产结构。具体而言，负债端的存款占比、同业净负债与资产端的贷款占比具有正相关关系，但与同业资产占比具有显著的负相关关系。

第三节 商业银行资产负债结构变化对货币政策有效性影响

一 实证结果

计量软件同样采用STATA14版本。首先，对全体银行进行检验，通过AIC、BIC及HQIC等信息准则，确定模型的滞后阶数为2。在对全部样本的Panel-VAR数据进行GMM估计后，得到各个变量之间的脉冲响应函数，再通过蒙特卡洛模拟得到脉冲响应的置信区间，从而绘制出相应的脉冲响应图。

从图6-1中可以看出，货币供应量增加1个百分点，贷款会同期增加0.32个百分点，同时，存款也会增加0.28个百分点，但由于贷款的变动并不能同时带动GDP的变动，因此，货币供应量变动后，GDP同期仅增加了0.17个百分点。贷款对货币政策具有正向冲击，最大值出现在第一期，为1.76个百分点，随后逐渐趋于平稳。而存款对货币政策的冲击不显著。GDP对货币政策正向冲击响应的最大值出现在第三期，为0.36个百分点，与贷款相比，响应有所滞后，之后有所下降，并在较远期后不再显著。GDP对贷款变动正向冲击响应从第一期开始呈缓慢增加趋势，直到第六期为最大值0.40个百分点，虽然之后有所回落，但幅度非常微小。

而 GDP 对于存款的冲击同样不显著。总体来看，货币政策的正向冲击对银行存款和贷款的变动有一定影响，但贷款投放对经济增长的刺激效果较弱，影响了货币政策的最终实施效果。

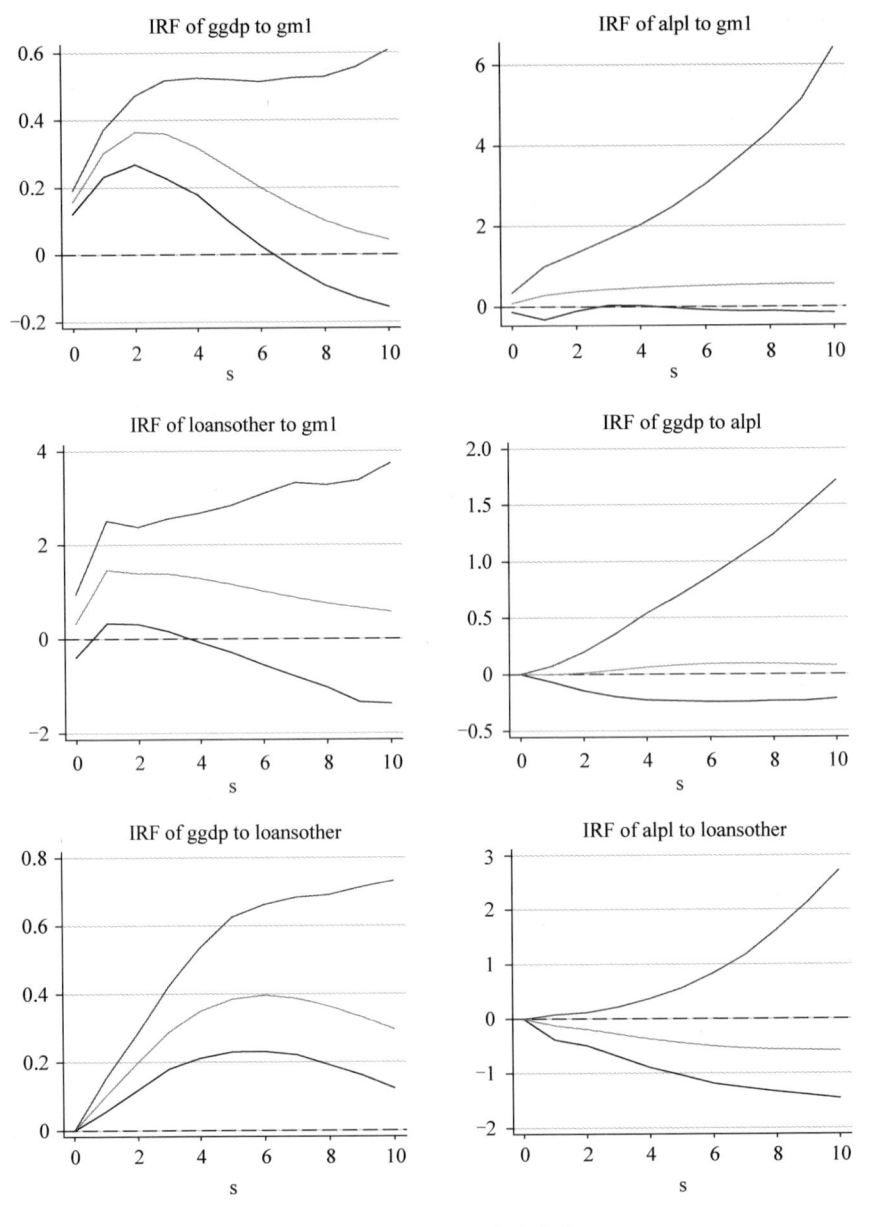

图 6-1 全体银行脉冲响应

第六章 影子银行冲击货币政策传导的微观机制:实证检验 89

采用与全体银行相同的分析方法,分别对国有银行和股份制银行进行脉冲响应分析,结果如图 6-2 和图 6-3 所示,可以看出,国有银行贷款和存款对货币政策的正向冲击反应均明显弱于股份制银行,而且国有银行

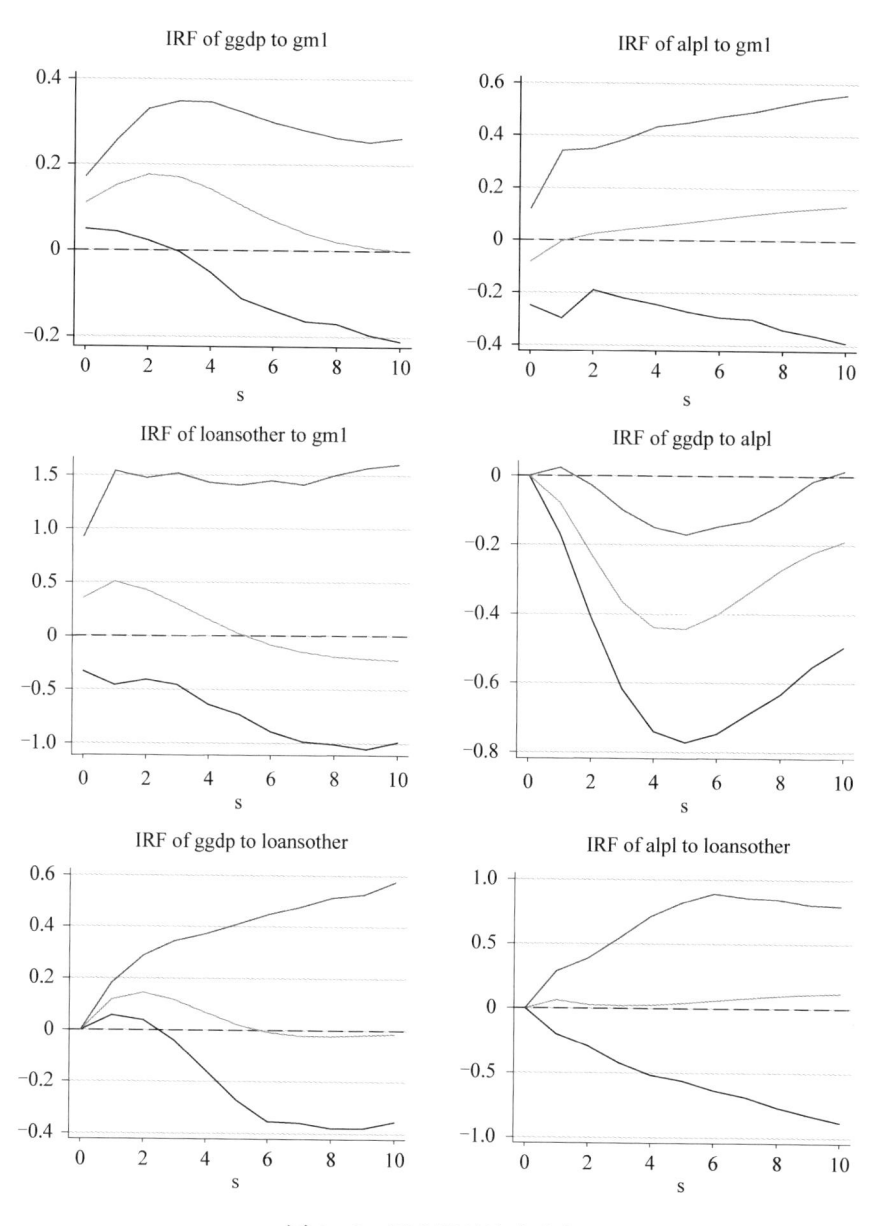

图 6-2 国有银行脉冲响应

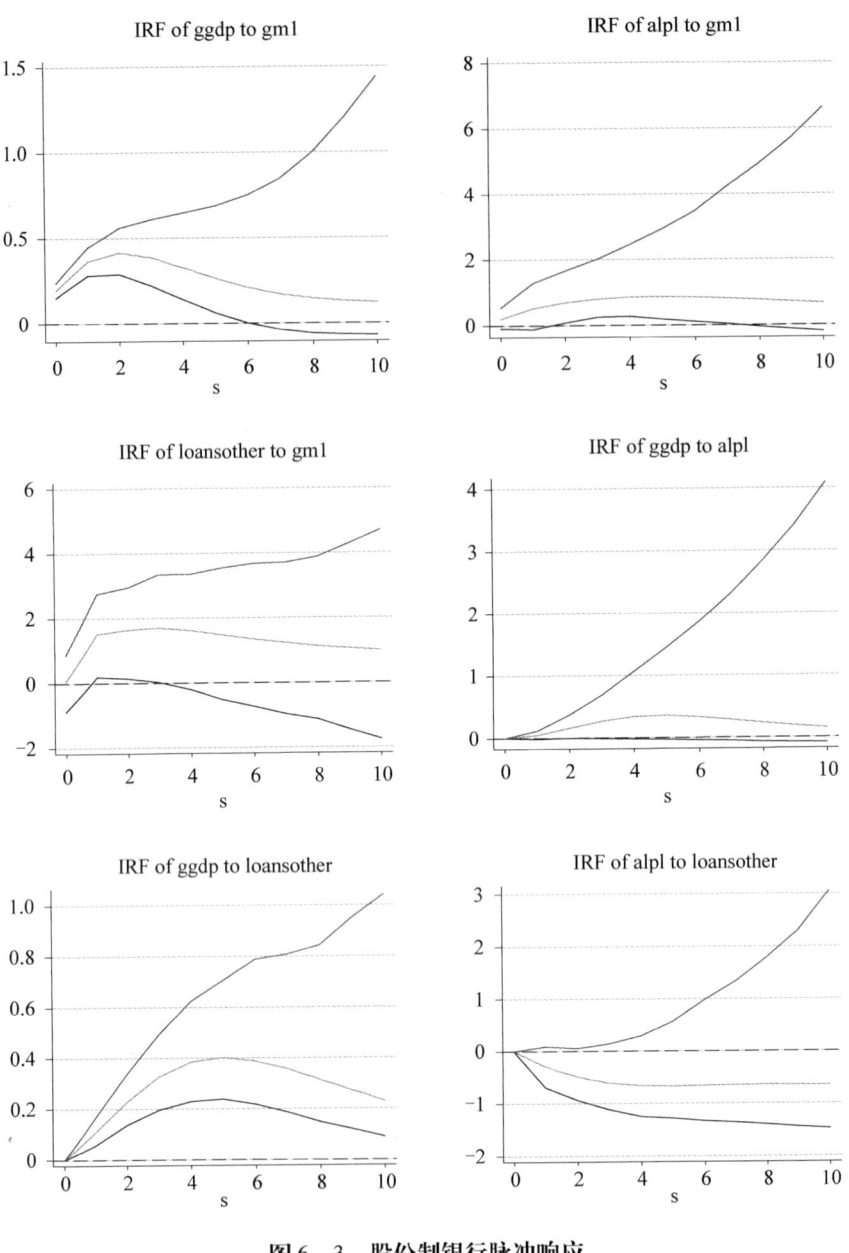

图 6-3 股份制银行脉冲响应

贷款投放对经济增长的刺激效果也不如股份制银行,因此,货币政策通过国有银行信贷渠道实施的效果差于通过股份制银行信贷渠道。

其次，为了进一步检验各个变量之间的关系，对 gM1、gGDP、alpl、loansother 四个变量进行了格兰杰因果检验，结果如表 6-10 所示。贷款变化不会引起存款和 GDP 的变动，反之，GDP 的变化会影响贷款的变化，存款是贷款变化的原因。此外，国有银行和股份制银行之间最显著的差异是：对股份制银行来说，存款变化是 GDP 和货币政策变化的原因，但对国有银行来说，则不同。

表 6-10　　　　　　　　　　格兰杰因果检验

Null Hypothesis	所有银行 Chi squared	Prob.	国有银行 Chi squared	Prob.	股份制商业银行 Chi squared	Prob.
gGDP 不是 gM1 的格兰杰原因	24.722	0.000	22.333	0.000	12.922	0.002
Alpl 不是 gM1 的格兰杰原因	2.151	0.341	2.205	0.332	3.358	0.187
Loansother 不是 gM1 的格兰杰原因	8.850	0.012	2.858	0.240	10.228	0.006
gM1 不是 gGDP 的格兰杰原因	14.063	0.001	2.868	0.238	13.869	0.001
Alpl 不是 gGDP 的格兰杰原因	0.405	0.817	9.103	0.011	3.912	0.141
Loansother 不是 gGDP 的格兰杰原因	16.589	0.000	9.546	0.008	17.883	0.000
gM1 不是 Alpl 的格兰杰原因	17.886	0.000	2.230	0.328	17.658	0.000
gGDP 不是 Alpl 的格兰杰原因	10.109	0.660	1.147	0.564	8.330	0.016
Loansother 不是 Alpl 的格兰杰原因	5.421	0.067	0.212	0.899	2.324	0.313
gM1 不是 Loansother 的格兰杰原因	1.614	0.446	0.420	0.811	4.697	0.095

续表

Null Hypothesis	所有银行		国有银行		股份制商业银行	
	Chi squared	Prob.	Chi squared	Prob.	Chi squared	Prob.
gGDP 不是 Loansother 的格兰杰原因	1.096	0.578	1.278	0.523	1.628	0.443
Alpl 不是 Loansother 的格兰杰原因	0.98	0.81	1.838	0.399	1.986	0.370

其次，为了更精确地确定商业银行资产负债结构对货币政策的敏感性，以及不同变量之间的相互影响程度，本研究通过方差分解，研究分析不同方程中冲击变量对于内生变量波动的贡献程度，具体结果如表 6-11 所示①，表明货币政策对股份制银行贷款和存款变化的解释力除第一期外，均显著高于对国有银行贷款和存款变化的解释力。

本部分的实证结果表明：第一，货币政策的变化对银行存款和贷款的变动有一定影响，但贷款投放对经济增长的刺激效果较弱，影响了货币政策的最终实施效果；第二，基于银行异质性视角，股份制银行存款、贷款对货币政策的敏感性显著强于国有银行，且股份制银行贷款对 GDP 的影响大于国有银行。

二 进一步检验

为进一步考察上述结果，本节分两种情况：考虑影子银行规模的影响；考虑监管政策的变化，即 2013 年"8 号文"的出现对货币政策传导的影响。

（一）考虑影子银行规模的影响

影子银行的出现改变了传统的货币政策传导途径，削弱货币政策有效性。首先，影子银行具有明显的信贷供给作用，会对传统间接融资形成一定的补充和替代，将弱化货币传导的信贷渠道；其次，影子银行高杠杆体系势必导致一部分资金流入以房地产、股票市场为代表的金融市场以获取高收益，金融"避实就虚"，在推高资产价格的同时，也将影响金融稳定。因此，本部分在 gM1、gGDP、alpl 和 loansother 变量外，加入代表影子银行的新变量 obsf，以研究影子银行规模对商业银行资产负债结构的影响，以及对整体货币政策有效性的影响。

---

① 考虑数据量较多，本研究方差分解所汇报结果只选择了第 1、5、10 期，但不影响所得结论。

第六章 影子银行冲击货币政策传导的微观机制：实证检验 93

表6-11 方差分解

	时期	所有银行				国有银行				股份制商业银行			
		gM1	gGDP	Alpl	Loansother	gM1	gGDP	Alpl	Loansother	gM1	gGDP	Alpl	Loansother
gM1	1	1.000	0.000	0.000	0.000	1.000	0.000	0.000	0.000	1.000	0.000	0.000	0.000
gM1	5	0.823	0.013	0.114	0.050	0.853	0.049	0.066	0.032	0.210	0.601	0.077	0.112
gM1	10	0.605	0.119	0.208	0.068	0.699	0.193	0.061	0.047	0.546	0.121	0.284	0.049
gGDP	1	0.118	0.882	0.000	0.000	0.072	0.928	0.000	0.000	0.171	0.829	0.000	0.000
gGDP	5	0.195	0.699	0.002	0.104	0.093	0.555	0.309	0.042	0.210	0.601	0.077	0.112
gGDP	10	0.161	0.580	0.011	0.247	0.072	0.374	0.525	0.029	0.176	0.471	0.142	0.210
Alpl	1	0.001	0.011	0.988	0.000	0.005	0.006	0.990	0.000	0.004	0.012	0.984	0.000
Alpl	5	0.022	0.275	0.694	0.009	0.003	0.123	0.873	0.001	0.060	0.236	0.673	0.031
Alpl	10	0.046	0.420	0.497	0.037	0.009	0.170	0.815	0.006	0.099	0.366	0.476	0.059
Loansother	1	0.002	0.022	0.041	0.935	0.007	0.003	0.028	0.962	0.000	0.039	0.056	0.905
Loansother	5	0.047	0.096	0.027	0.830	0.014	0.031	0.023	0.932	0.051	0.131	0.043	0.775
Loansother	10	0.053	0.103	0.037	0.807	0.014	0.051	0.022	0.913	0.066	0.142	0.059	0.733

首先，对全体银行进行检验，通过 AIC、BIC 及 HQIC 等信息准则，确定模型的滞后阶数为 2。在对全部样本的 Panel-VAR 数据进行 GMM 估计后，得到各个变量之间的脉冲响应函数，再通过蒙特卡洛模拟得到脉冲响应的置信区间，从而绘制出相应的脉冲响应图。

从图 6-4 中可以看出，货币供应量每扩张 1 个百分点，贷款与除贷款以外的其他资产比值会增加 0.32 个百分点，但影子银行规模会随之下降 0.10 个百分点，货币供应量的变化对主动负债/被动负债比率的影响不显著。货币政策对 GDP 的脉冲响应图呈现出先升后降的正向响应趋势，贷款与除贷款以外的其他资产比率和影子银行规模对 GDP 均有正向冲击响应，且最大值均在第 6 期出现，分别达到 0.38 和 0.46。影子银行对主动负债/被动负债比率的反向冲击响应从第一期开始呈缓慢增加，直到第 6 期为最大值 -0.89 个百分点，虽然之后有所回落，但幅度非常微小。影子银行对贷款的脉冲响应图呈现出先升后降的正向响应趋势，在第六期最大值达 1.89。结果表明，总体来看，货币政策的正向冲击对银行贷款的变动有较强影响，但贷款投放对经济增长的刺激效果较弱，影响了货币政策的最终实施效果。

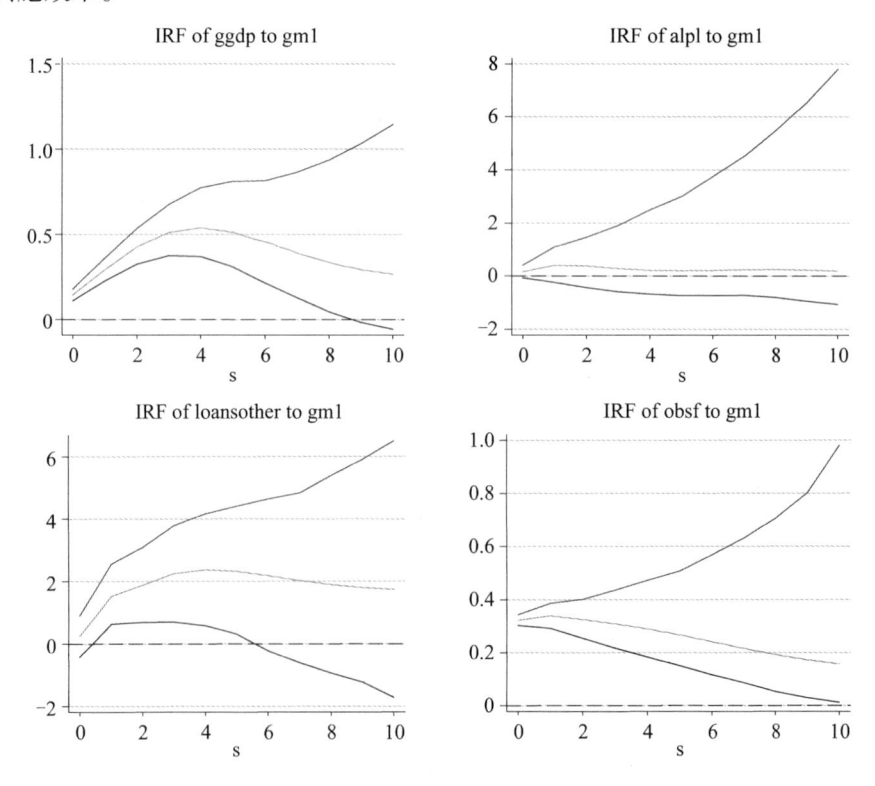

图 6-4 全体银行脉冲响应

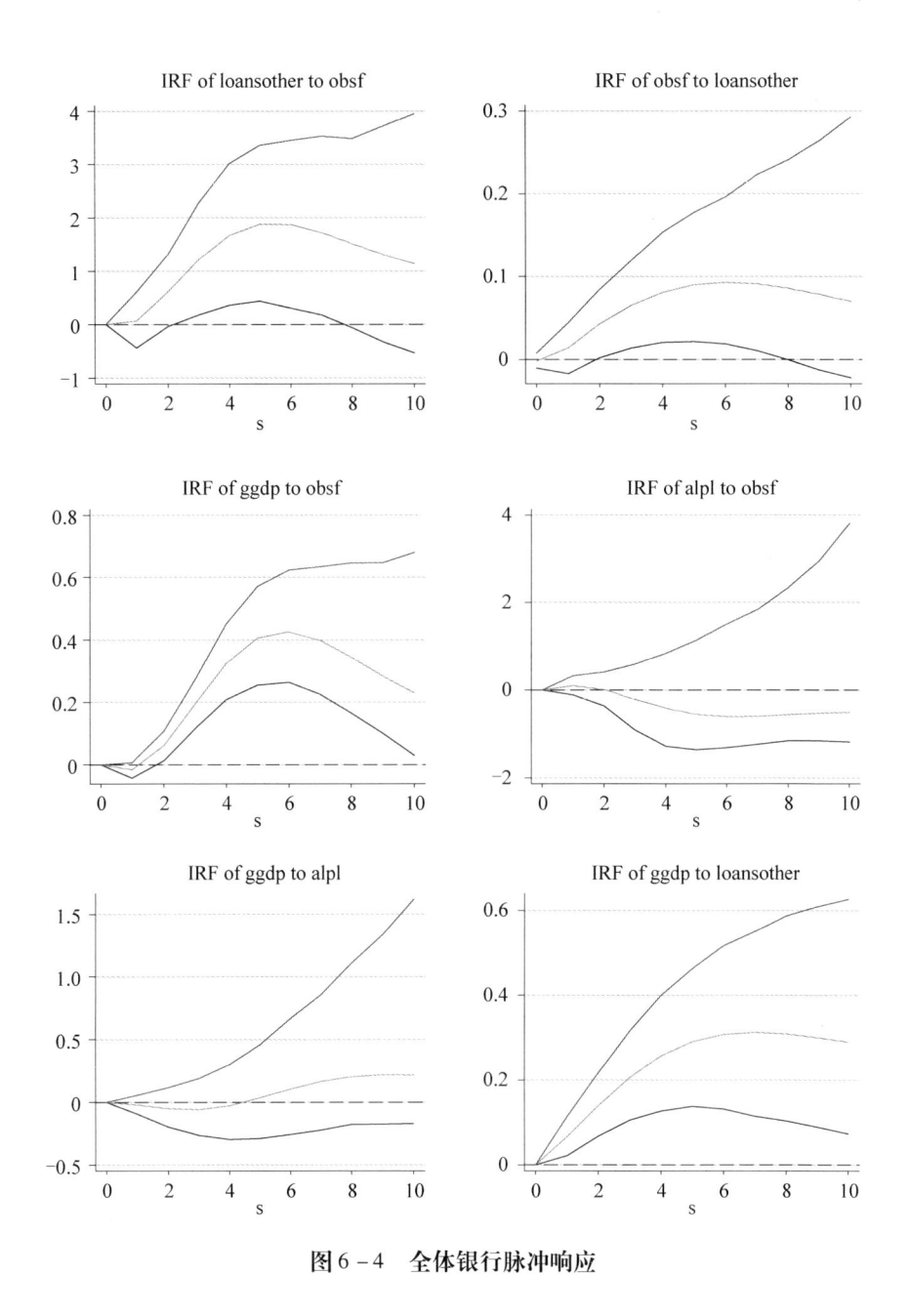

采用与全体银行相同的分析方法,分别对国有银行和股份制银行进行脉冲响应分析,结果如图 6-5 和图 6-6 所示,可以看出,考虑影子银行变量后,国有银行贷款和存款对货币政策的正向冲击反应均明显弱于股份

制银行。而且国有银行贷款投放对经济增长的刺激效果也不如股份制银行，国有银行中贷款对 GDP 的脉冲响应从第 4 期以后由正向冲击变为负向冲击响应，而在股份制银行中贷款对 GDP 保持正向冲击响应。因此，货币政策通过国有银行信贷渠道实施的效果差于通过股份制银行信贷渠道。对比国有银行与股份制银行，影子银行对货币供应量均会产生正向冲击趋势，但对股份制银行的影响更为强烈。且影子银行在国有银行中对 GDP 的影响并不显著，但在股份制银行中对 GDP 产生显著的正向冲击影响。在国有银行中，影子银行对主动负债产生正向冲击趋势，但在股份制银行中，却对主动负债产生反向冲击趋势。不论在国有还是股份制银行，影子银行对贷款的脉冲响应图都呈现先升后降的趋势，这说明影子银行的扩张挤压了贷款比率，尤其是对股份制银行的影响更为显著。

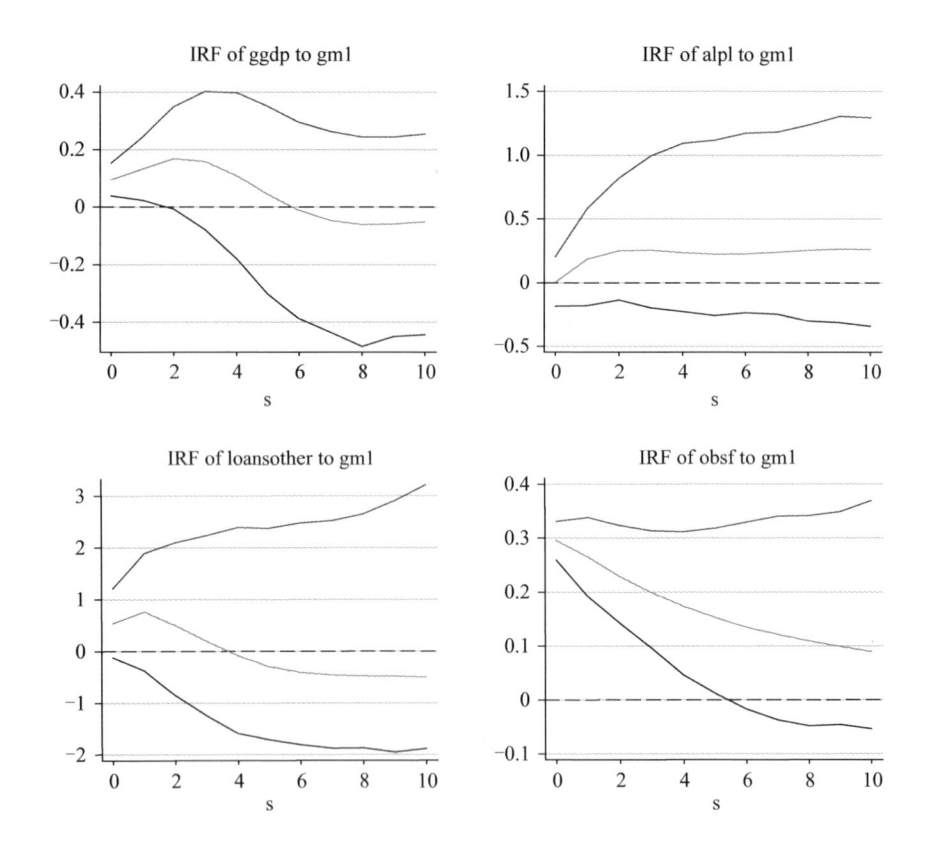

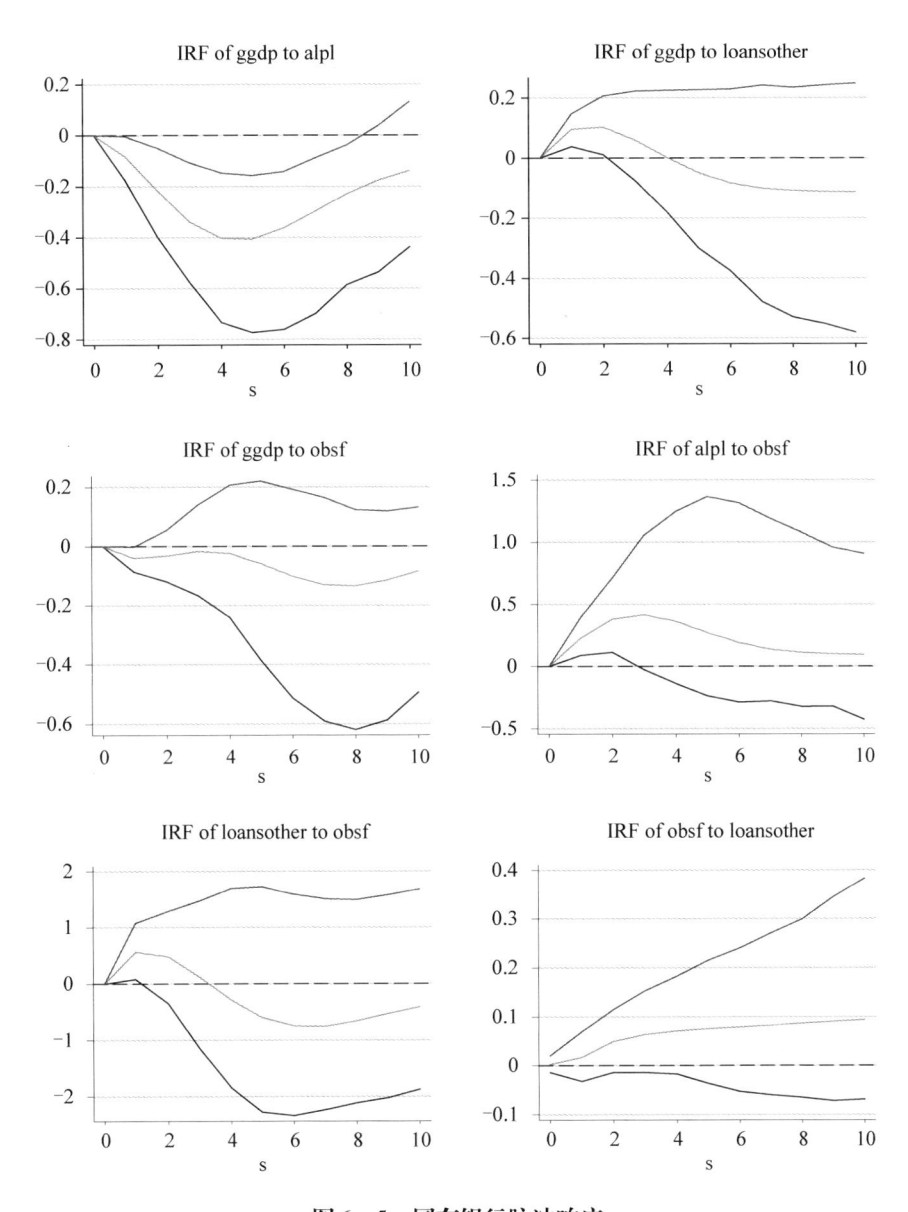

图 6-5 国有银行脉冲响应

98　影子银行冲击货币政策传导的机制与效应研究

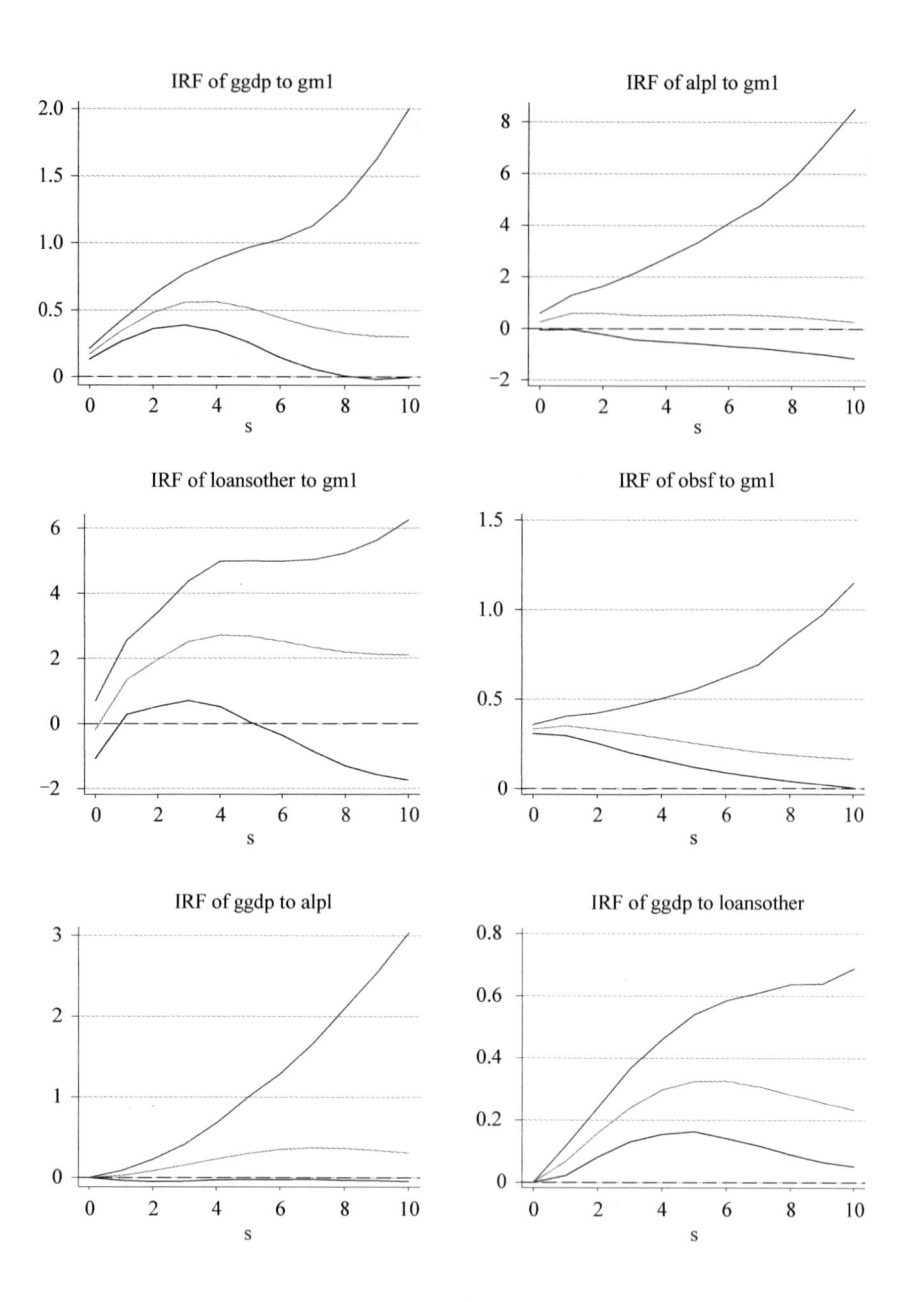

图 6-6 股份制银行脉冲响应

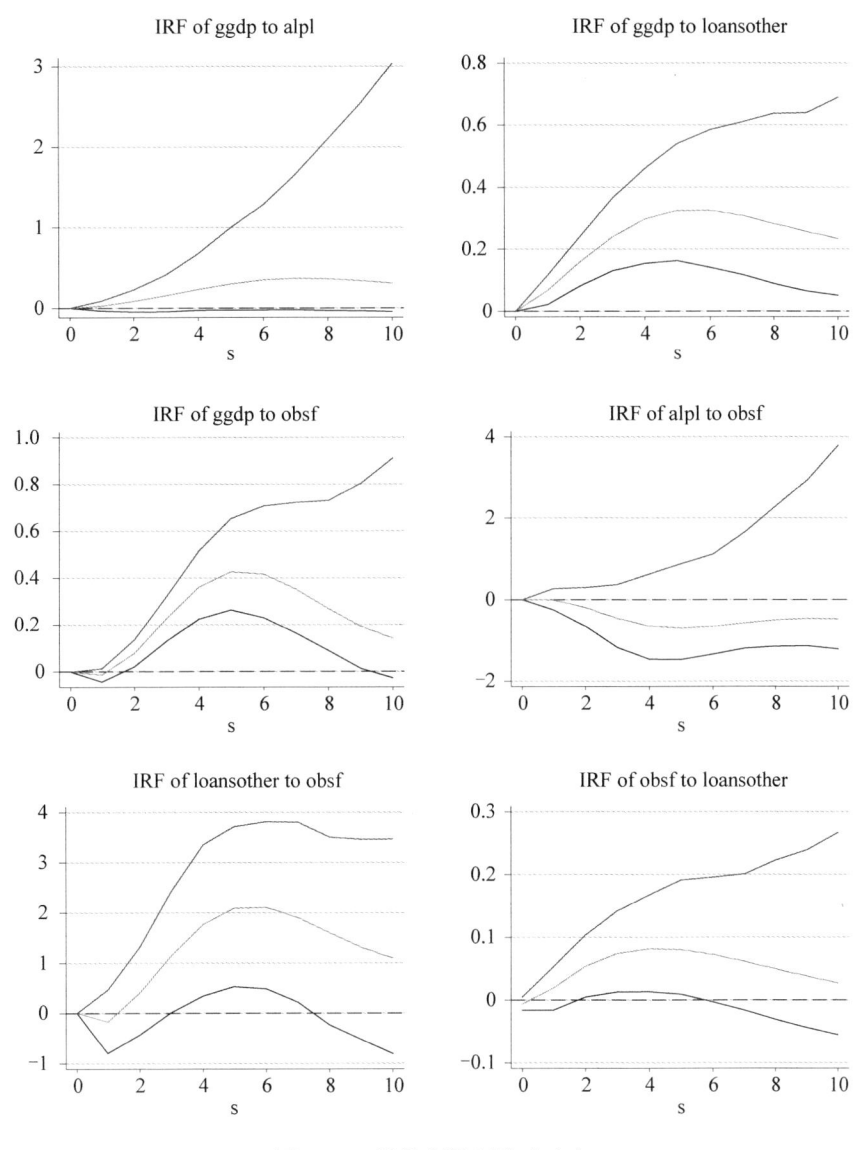

为了进一步检验各个变量之间的关系,对 gM1、gGDP、alpl、loansother 和 obsf 进行了格兰杰因果检验,结果如表 6-12 所示。总体来说,货币政策、贷款比率和影子银行变化是 GDP 变化的原因。对国有银行而言,主动负债/被动负债是 GDP 变化的原因,同时,影子银行变化也是主动负债/

被动负债变化的原因；对股份制银行而言，贷款和影子银行的变化是货币政策变化的格兰杰原因，影子银行变化及货币政策是 GDP 变化的原因，此外，GDP 变化还是主动负债/被动负债变化的原因。

表 6-12　　　　　　　　　　格兰杰因果检验

Null Hypothesis	所有银行 Chi squared	所有银行 Prob.	国有银行 Chi squared	国有银行 Prob.	股份制商业银行 Chi squared	股份制商业银行 Prob.
gGDP 不是 gM1 的格兰杰原因	22.062	0.000	14.055	0.001	12.440	0.002
Alpl 不是 gM1 的格兰杰原因	2.259	0.323	1.570	0.456	3.667	0.160
Loansother 不是 gM1 的格兰杰原因	5.416	0.067	3.267	0.195	8.249	0.016
OBSF 不是 gM1 的格兰杰原因	13.879	0.001	0.499	0.779	11.214	0.004
gM1 不是 gGDP 的格兰杰原因	13.329	0.001	1.768	0.413	23.153	0.000
Alpl 不是 gGDP 的格兰杰原因	0.984	0.611	6.399	0.041	1.781	0.410
Loansother 不是 gGDP 的格兰杰原因	10.365	0.006	9.451	0.009	13.557	0.001
OBSF 不是 gGDP 的格兰杰原因	21.476	0.000	4.805	0.090	26.087	0.000
gM1 不是 Alpl 的格兰杰原因	2.030	0.362	3.639	0.162	4.013	0.134
gGDP 不是 Alpl 的格兰杰原因	6.482	0.039	0.217	0.897	6.333	0.042
Loansother 不是 Alpl 的格兰杰原因	0.415	0.813	0.891	0.641	1.794	0.408
OBSF 不是 Alpl 的格兰杰原因	0.930	0.628	6.742	0.034	1.378	0.502

续表

Null Hypothesis	所有银行		国有银行		股份制商业银行	
	Chi squared	Prob.	Chi squared	Prob.	Chi squared	Prob.
gM1 不是 Loansother 的格兰杰原因	2.248	0.325	1.419	0.492	2.729	0.256
gGDP 不是 Loansother 的格兰杰原因	1.817	0.403	3.661	0.160	1.157	0.561
Alpl 不是 Loansother 的格兰杰原因	1.004	0.605	2.279	0.320	2.344	0.310
OBSF 不是 Loansother 的格兰杰原因	3.021	0.221	3.841	0.147	2.605	0.272
gM1 不是 OBSF 的格兰杰原因	1.467	0.480	3.133	0.209	1.699	0.428
gGDP 不是 OBSF 的格兰杰原因	15.655	0.000	9.352	0.009	8.831	0.012
Alpl 不是 OBSF 的格兰杰原因	2.918	0.232	1.203	0.548	4.172	0.124
Loansother 不是 OBSF 的格兰杰原因	3.080	0.221	3.752	0.153	5.145	0.076

其次，为了更精确地确定银行资产负债端变化对货币政策的敏感性，研究不同变量之间的相互影响程度，本研究利用方差分解方法进行研究，具体结果如表6-13所示。表明对银行的负债而言，影子银行的解释力最强，其次是货币政策，GDP 对其解释力最弱。对银行资产端的贷款来说，除了自身贷款原因外，GDP 和货币政策是最主要的解释因素，影子银行的解释力最弱。对影子银行来说，GDP 和货币政策是除自身原因之外的主要解释因素。对 GDP 来说，除自身原因外，主动负债是最主要解释因素。对于货币政策而言，影子银行对其解释力最强，其次是 GDP。

具体来看，货币政策通过国有银行对 GDP 的解释力低于股份制银行，此外，国有银行中影子银行对 GDP 的解释力也显著高于股份制银行。货币政策和影子银行对国有银行贷款的解释力均高于股份制银行。货币政策对国有银行中影子银行的解释力弱于股份制银行。国有银行中贷款对货币政策和影子银行的解释力弱于股份制银行，但国有银行中负债对影子银行的

表6-13　方差分解

时期		所有银行					国有银行					股份制商业银行				
		gM1	gGDP	Alpl	Loansother	OBSF	gM1	gGDP	Alpl	Loansother	OBSF	gM1	gGDP	Alpl	Loansother	OBSF
gM1	1	1.000	0.000	0.000	0.000	0.000	1.000	0.000	0.000	0.000	0.000	1.000	0.000	0.000	0.000	0.000
gM1	5	0.850	0.007	0.073	0.026	0.044	0.867	0.037	0.063	0.032	0.002	0.775	0.006	0.150	0.030	0.039
gM1	10	0.641	0.037	0.215	0.046	0.061	0.698	0.155	0.065	0.076	0.006	0.601	0.043	0.281	0.033	0.042
gGDP	1	0.112	0.888	0.000	0.000	0.000	0.063	0.937	0.000	0.000	0.000	0.160	0.840	0.000	0.000	0.000
gGDP	5	0.341	0.542	0.003	0.054	0.060	0.090	0.560	0.323	0.023	0.003	0.366	0.470	0.031	0.064	0.069
gGDP	10	0.321	0.372	0.026	0.115	0.165	0.065	0.358	0.496	0.041	0.040	0.320	0.311	0.121	0.110	0.138
Alpl	1	0.003	0.005	0.992	0.000	0.000	0.000	0.005	0.995	0.000	0.000	0.006	0.004	0.990	0.000	0.000
Alpl	5	0.016	0.190	0.784	0.001	0.008	0.047	0.049	0.783	0.013	0.108	0.038	0.164	0.762	0.017	0.019
Alpl	10	0.016	0.350	0.580	0.011	0.043	0.073	0.088	0.660	0.088	0.092	0.049	0.317	0.550	0.036	0.047
Loansother	1	0.001	0.013	0.038	0.948	0.000	0.017	0.000	0.028	0.955	0.000	0.000	0.024	0.053	0.922	0.000
Loansother	5	0.100	0.066	0.024	0.781	0.028	0.020	0.011	0.027	0.930	0.011	0.100	0.085	0.048	0.743	0.024
Loansother	10	0.147	0.079	0.050	0.651	0.073	0.026	0.026	0.035	0.877	0.036	0.158	0.103	0.069	0.599	0.070
OBSF	1	0.888	0.001	0.000	0.000	0.112	0.871	0.000	0.001	0.000	0.128	0.897	0.000	0.000	0.000	0.102
OBSF	5	0.761	0.010	0.104	0.019	0.105	0.790	0.025	0.047	0.033	0.103	0.705	0.008	0.174	0.021	0.092
OBSF	10	0.625	0.027	0.218	0.043	0.087	0.664	0.114	0.060	0.086	0.076	0.589	0.029	0.289	0.027	0.066

解释力显著高于股份制银行。国有银行中负债对货币政策和影子银行的解释力强于股份制银行，但国有银行中负债对 GDP 的解释力弱于股份制银行。

本部分的实证结果表明：第一，影子银行对货币政策变化的敏感性显著高于银行贷款对货币政策的敏感性，尤其对股份制银行来说更为突出；第二，银行的主动负债对 GDP 的影响大于影子银行，其中，股份制银行主动负债对 GDP 的解释力强于国有银行。

（二）考虑监管政策的变化

2013 年"8 号文"对于影子银行的发展产生了一定的影响，为研究监管政策对商业银行资产负债结构的影响继而对货币政策有效性产生的影响，以 2013 年为节点，将样本区间分为 2008 年第三季度至 2013 年第一季度，以及 2013 年第二季度至 2015 年第三季度两部分进行研究。

1. 2013 年"8 号文"出台前

实证过程同前，首先，对全体银行进行检验，通过 AIC、BIC 及 HQIC 等信息准则，确定模型的滞后阶数为 2；其次，在对全部样本的 Panel-VAR 数据进行 GMM 估计后，得到各个变量之间的脉冲响应函数；最后，通过蒙特卡洛模拟得到脉冲响应的置信区间，从而绘制出相应的脉冲响应图。

结果如图 6-7 所示，货币政策对主动负债/被动负债的影响不显著，贷款对货币政策的正向冲击响应只在前两期存在，最大响应为第一期的 1.7。影子银行对货币政策的正向冲击响应在第二期后趋于平稳上升。主动负债/被动负债对 GDP 影响不显著，贷款对 GDP 的正向冲击响应最大值为第 3 期的 0.14。影子银行对贷款和 GDP 的影响仅持续了 4 期，主动负债/被动负债对影子银行具有持续的正向冲击响应。

在总体分析的基础上，基于异质性视角分析国有银行和股份制银行的脉冲响应结果（具体参见图 6-8 和图 6-9），发现在"8 号文"出台前，对于国有银行而言，主动负债/被动负债对货币政策具有负向冲击响应；而对于股份制银行而言，主动负债/被动负债对货币政策具有正向冲击响应。国有银行贷款和影子银行对货币政策正向冲击响应比股份制银行更为显著。国有银行和股份制银行中主动负债/被动负债和贷款对 GDP 的影响均不显著，但影子银行对 GDP 的影响均存在。国有银行中，影子银行对 GDP 的影响持续 3 期，最大响应为 0.05；股份制银行中影子银行对 GDP 的影响持续 4 期，最大响应为 0.28。最后，在国有银行中，影子银行对贷款的影响长期显著为负；在股份制银行中，影子银行对贷款的影响在前 5 期显著为正。国有银行和股份制银行中货币政策对贷款均具有长期显著的正向冲击响应。

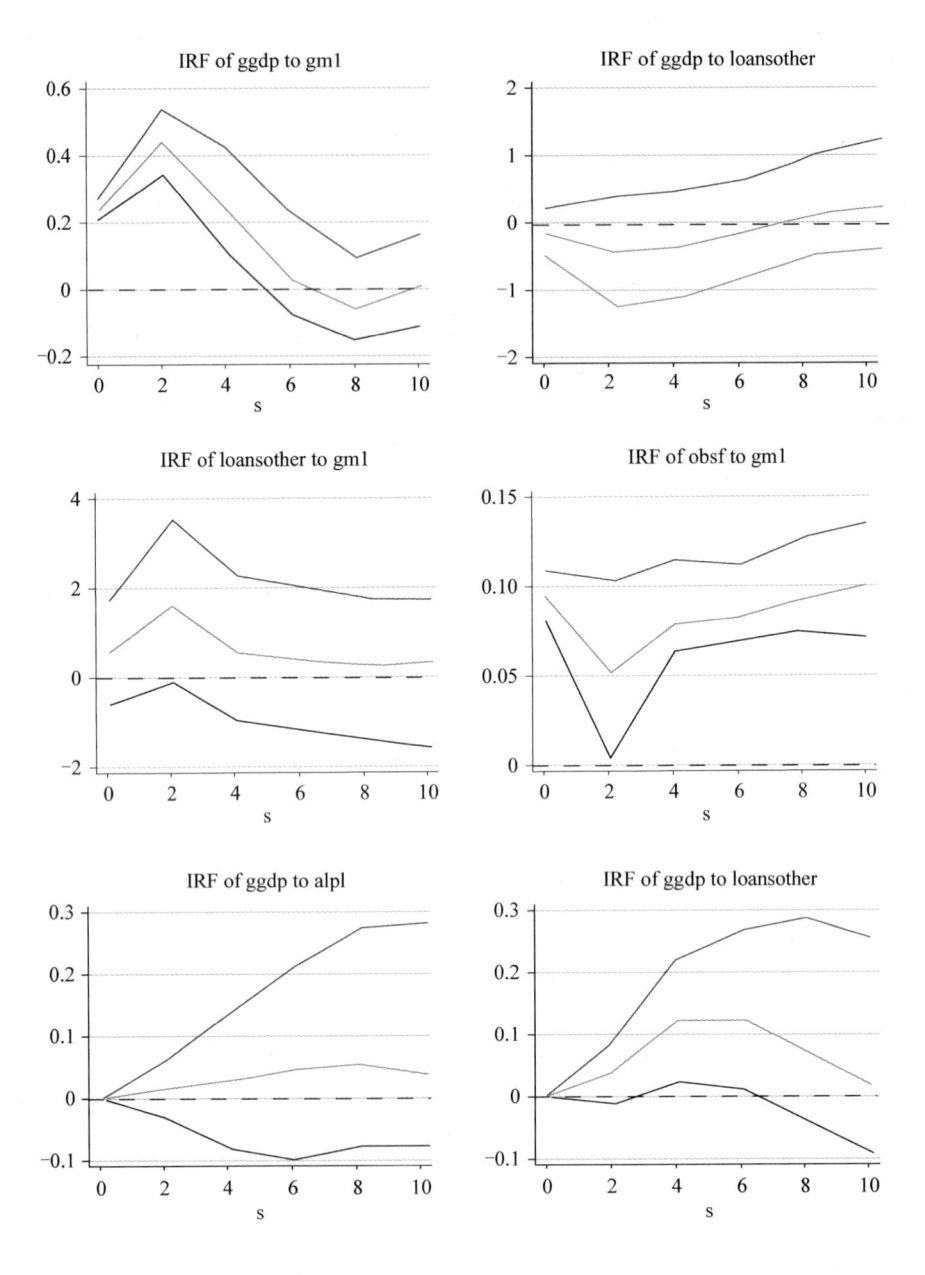

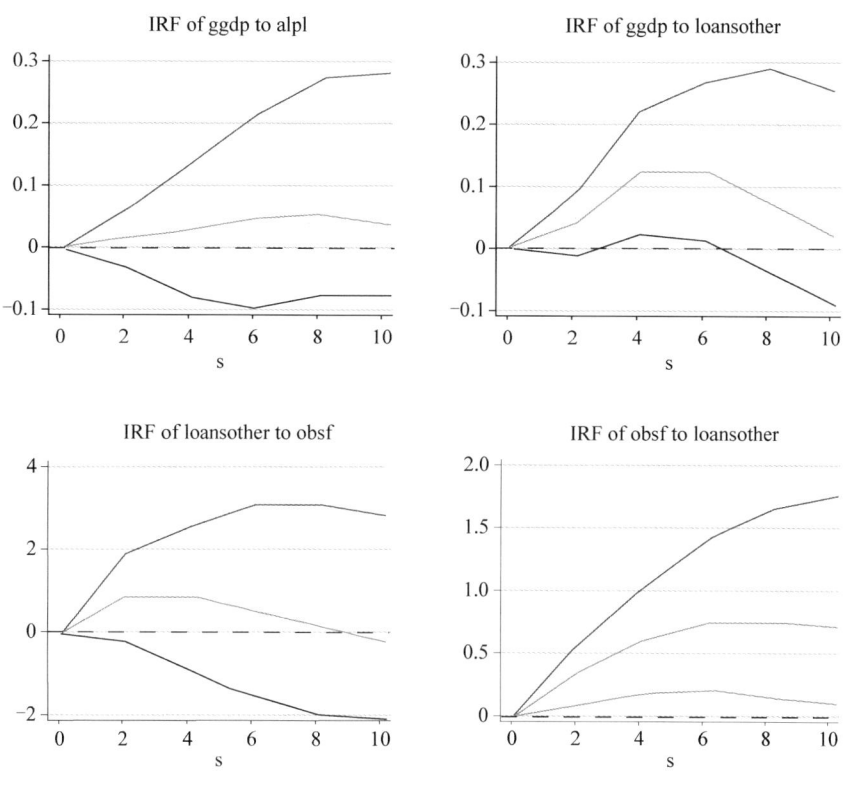

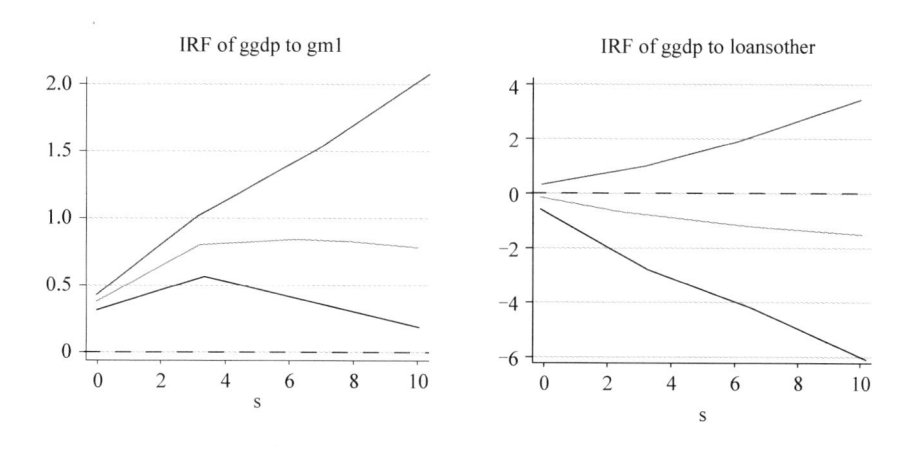

图 6-7　全体银行脉冲响应（2008 年第三季度至 2013 年第一季度）

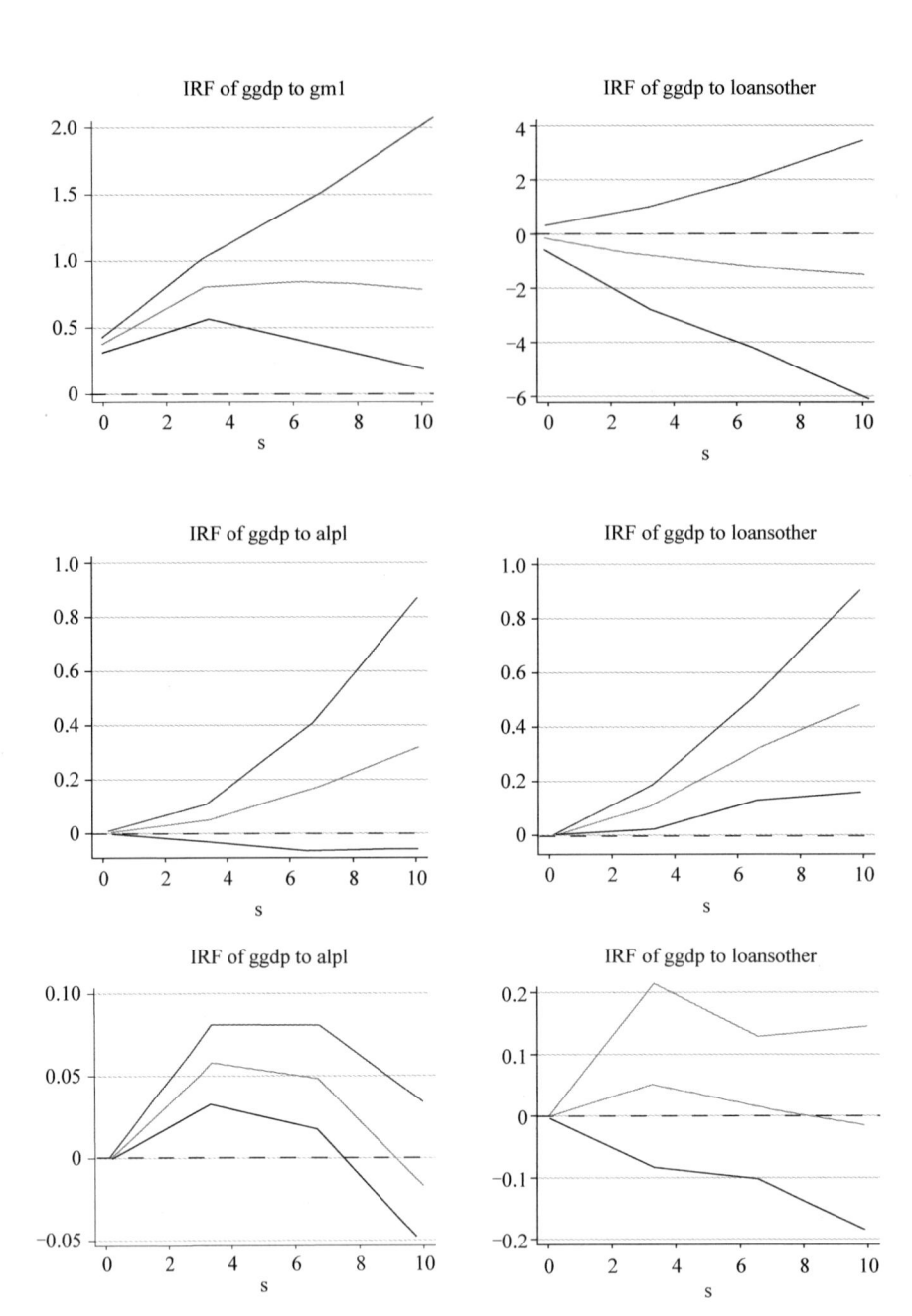

第六章 影子银行冲击货币政策传导的微观机制：实证检验

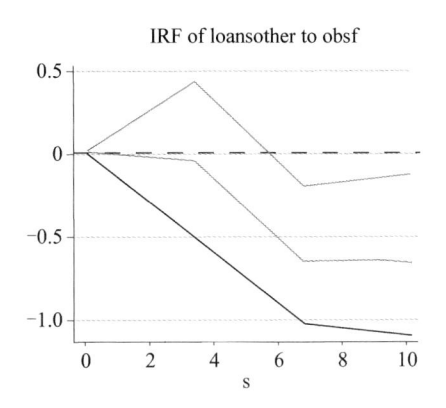

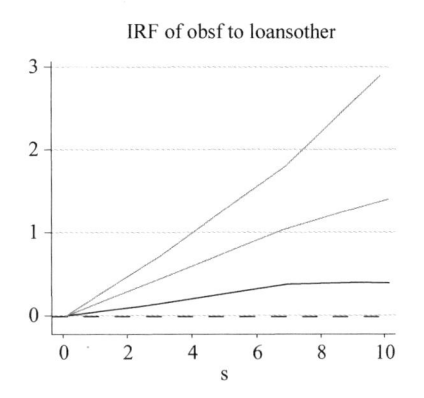

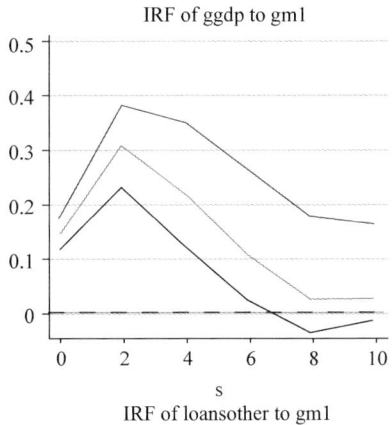

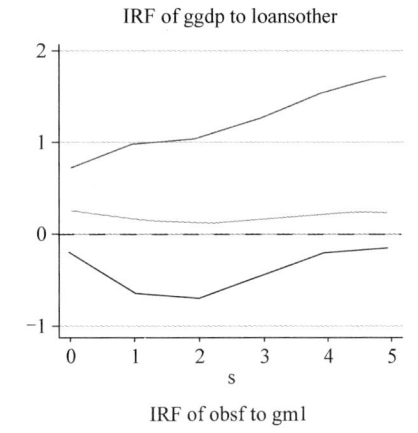

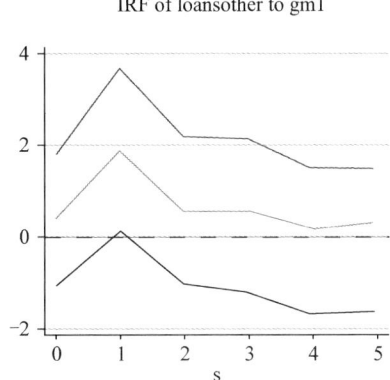

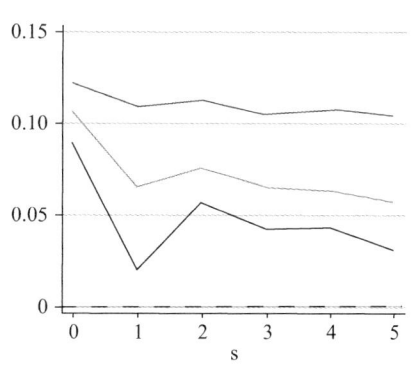

IRF of loansother to obsf

IRF of obsf to loansother

图 6-8 国有银行脉冲响应（2008 年第三季度至 2013 年第一季度）

IRF of ggdp to gm1

IRF of ggdp to loansother

IRF of loansother to gm1

IRF of obsf to gm1

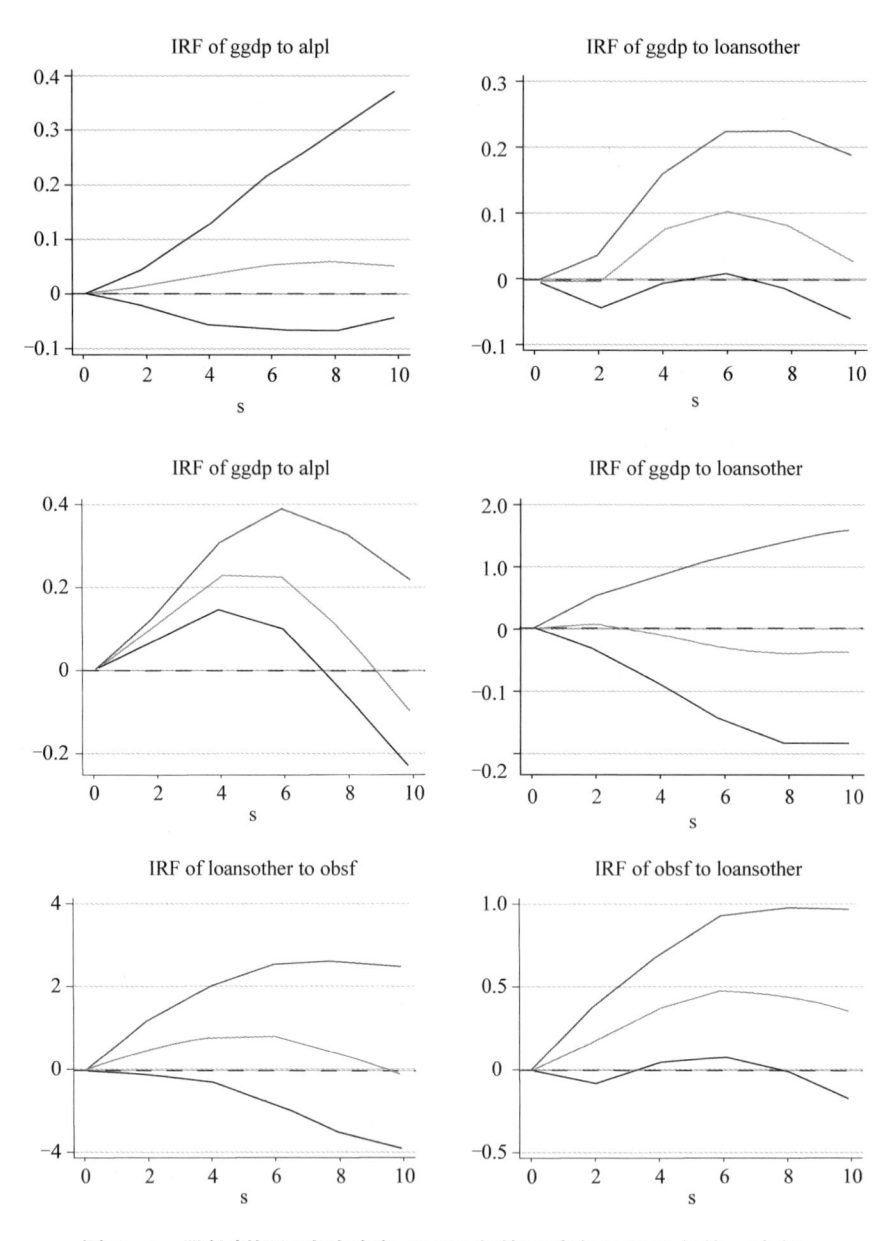

图 6-9　股份制银行脉冲响应（2008 年第三季度至 2013 年第一季度）

为了进一步检验各个变量之间的关系，对 gM1、gGDP、alpl、loansother 和 obsf 进行了格兰杰因果检验，结果如表 6-14 所示。总体来说，影子银行和 GDP 两个变量是货币政策变化的格兰杰原因。此外，影子银行还是

GDP 变化的格兰杰原因。最后，货币政策和 GDP 又是影子银行变化的原因。具体来说，国有银行和股份制银行中货币政策均为影子银行变化的原因。在股份制银行中，主动负债/被动负债的变化是贷款变化的原因。

表 6-14　格兰杰因果检验（2008 年第三季度至 2013 年第一季度）

Null Hypothesis	所有银行 Chi squared	Prob.	国有银行 Chi squared	Prob.	股份制商业银行 Chi squared	Prob.
gGDP 不是 gM1 的格兰杰原因	21.732	0.000	1.762	0.414	18.499	0.000
Alpl 不是 gM1 的格兰杰原因	0.948	0.622	0.654	0.721	2.819	0.244
Loansother 不是 gM1 的格兰杰原因	4.646	0.098	1.485	0.476	4.152	0.125
OBSF 不是 gM1 的格兰杰原因	8.540	0.014	0.212	0.899	3.786	0.151
gM1 不是 gGDP 的格兰杰原因	16.313	0.000	0.919	0.631	11.767	0.003
Alpl 不是 gGDP 的格兰杰原因	1.25	0.535	0.586	0.746	2.498	0.287
Loansother 不是 gGDP 的格兰杰原因	4.924	0.085	1.109	0.574	4.678	0.096
OBSF 不是 gGDP 的格兰杰原因	67.083	0.000	2.098	0.350	50.666	0.000
gM1 不是 Alpl 的格兰杰原因	0.429	0.807	2.346	0.310	0.308	0.857
gGDP 不是 Alpl 的格兰杰原因	0.041	0.980	0.939	0.625	0.027	0.987
Loansother 不是 Alpl 的格兰杰原因	2.397	0.302	0.328	0.849	2.013	0.365
OBSF 不是 Alpl 的格兰杰原因	1.409	0.494	2.150	0.341	0.727	0.695

续表

Null Hypothesis	所有银行		国有银行		股份制商业银行	
	Chi squared	Prob.	Chi squared	Prob.	Chi squared	Prob.
gM1 不是 Loansother 的格兰杰原因	1.599	0.450	0.819	0.664	2.139	0.343
gGDP 不是 Loansother 的格兰杰原因	0.457	0.796	0.249	0.883	0.619	0.734
Alpl 不是 Loansother 的格兰杰原因	3.381	0.184	3.892	0.143	6.439	0.040
OBSF 不是 Loansother 的格兰杰原因	2.886	0.236	0.119	0.942	2.778	0.249
gM1 不是 OBSF 的格兰杰原因	28.727	0.000	47.581	0.000	17.06	0.000
gGDP 不是 OBSF 的格兰杰原因	15.601	0.000	1.624	0.444	11.709	0.003
Alpl 不是 OBSF 的格兰杰原因	2.110	0.348	0.705	0.703	4.748	0.093
Loansother 不是 OBSF 的格兰杰原因	2.807	0.246	1.406	0.495	1.380	0.502

最后，为了更精确地确定资产负债结构和影子银行对货币政策的敏感性，以及货币政策对实体经济传导的有效性，本研究通过方差分解的方式进行研究，具体结果如表 6-15 所示。表明对银行贷款来说，GDP 是最主要的解释因素，其次是货币政策。对于负债而言，贷款是主动负债/被动负债比率变动的主要解释因素。对影子银行来说，GDP 和货币政策是除自身原因之外的主要解释因素。对 GDP 来说，除自身原因外，影子银行和货币政策是最主要解释因素。具体来看，货币政策通过国有银行对 GDP 的解释力高于股份制银行，但国有银行中影子银行对 GDP 的解释力低于股份制银行。货币政策对国有银行贷款的解释力高于股份制银行，但国有银行中影子银行对贷款的解释力弱于股份制银行。货币政策和贷款对国有银行中影子银行的解释力均弱于股份制银行。

本部分的实证结果表明：第一，影子银行对货币政策变化的敏感性显著高于银行贷款和存款对货币政策的敏感性，尤其对股份制银行来说更为突出；第二，影子银行对 GDP 的影响大于银行贷款，国有银行中影子银行对 GDP 的影响小于股份制银行。

第六章 影子银行冲击货币政策传导的微观机制：实证检验 111

表 6-15 方差分解（2008 年第三季度至 2013 年第一季度）

<table>
<tr><th rowspan="2">　</th><th rowspan="2">时期</th><th colspan="5">所有银行</th><th colspan="5">国有银行</th><th colspan="5">股份制商业银行</th></tr>
<tr><th>gM1</th><th>gGDP</th><th>Alpl</th><th>Loansother</th><th>OBSF</th><th>gM1</th><th>gGDP</th><th>Alpl</th><th>Loansother</th><th>OBSF</th><th>gM1</th><th>gGDP</th><th>Alpl</th><th>Loansother</th><th>OBSF</th></tr>
<tr><td>gM1</td><td>1</td><td>1.000</td><td>0.000</td><td>0.000</td><td>0.000</td><td>0.000</td><td>1.000</td><td>0.000</td><td>0.000</td><td>0.000</td><td>0.000</td><td>1.000</td><td>0.000</td><td>0.000</td><td>0.000</td><td>0.000</td></tr>
<tr><td>gM1</td><td>5</td><td>0.757</td><td>0.169</td><td>0.001</td><td>0.036</td><td>0.037</td><td>0.963</td><td>0.014</td><td>0.004</td><td>0.017</td><td>0.002</td><td>0.699</td><td>0.195</td><td>0.004</td><td>0.045</td><td>0.056</td></tr>
<tr><td>gM1</td><td>10</td><td>0.488</td><td>0.271</td><td>0.009</td><td>0.035</td><td>0.196</td><td>0.993</td><td>0.001</td><td>0.004</td><td>0.003</td><td>0.000</td><td>0.433</td><td>0.288</td><td>0.007</td><td>0.050</td><td>0.222</td></tr>
<tr><td>gGDP</td><td>1</td><td>0.352</td><td>0.498</td><td>0.001</td><td>0.000</td><td>0.000</td><td>0.767</td><td>0.103</td><td>0.002</td><td>0.000</td><td>0.000</td><td>0.328</td><td>0.475</td><td>0.000</td><td>0.000</td><td>0.000</td></tr>
<tr><td>gGDP</td><td>5</td><td>0.451</td><td>0.249</td><td>0.004</td><td>0.052</td><td>0.244</td><td>0.921</td><td>0.022</td><td>0.008</td><td>0.047</td><td>0.002</td><td>0.441</td><td>0.264</td><td>0.016</td><td>0.042</td><td>0.237</td></tr>
<tr><td>gGDP</td><td>10</td><td>0.338</td><td>0.296</td><td>0.007</td><td>0.035</td><td>0.325</td><td>0.991</td><td>0.000</td><td>0.004</td><td>0.004</td><td>0.000</td><td>0.316</td><td>0.307</td><td>0.015</td><td>0.029</td><td>0.332</td></tr>
<tr><td>Alpl</td><td>1</td><td>0.001</td><td>0.004</td><td>0.995</td><td>0.000</td><td>0.000</td><td>0.089</td><td>0.083</td><td>0.713</td><td>0.002</td><td>0.000</td><td>0.003</td><td>0.007</td><td>0.896</td><td>0.000</td><td>0.000</td></tr>
<tr><td>Alpl</td><td>5</td><td>0.002</td><td>0.003</td><td>0.973</td><td>0.017</td><td>0.005</td><td>0.774</td><td>0.024</td><td>0.193</td><td>0.007</td><td>0.002</td><td>0.007</td><td>0.006</td><td>0.954</td><td>0.025</td><td>0.008</td></tr>
<tr><td>Alpl</td><td>10</td><td>0.003</td><td>0.004</td><td>0.961</td><td>0.023</td><td>0.009</td><td>0.989</td><td>0.001</td><td>0.007</td><td>0.003</td><td>0.000</td><td>0.010</td><td>0.008</td><td>0.938</td><td>0.030</td><td>0.014</td></tr>
<tr><td>Loansother</td><td>1</td><td>0.614</td><td>0.001</td><td>0.101</td><td>0.890</td><td>0.000</td><td>0.336</td><td>0.118</td><td>0.046</td><td>0.501</td><td>0.000</td><td>0.002</td><td>0.003</td><td>0.130</td><td>0.866</td><td>0.000</td></tr>
<tr><td>Loansother</td><td>5</td><td>0.034</td><td>0.003</td><td>0.133</td><td>0.819</td><td>0.011</td><td>0.785</td><td>0.032</td><td>0.063</td><td>0.120</td><td>0.001</td><td>0.024</td><td>0.005</td><td>0.219</td><td>0.737</td><td>0.014</td></tr>
<tr><td>Loansother</td><td>10</td><td>0.039</td><td>0.012</td><td>0.127</td><td>0.808</td><td>0.015</td><td>0.986</td><td>0.001</td><td>0.006</td><td>0.006</td><td>0.000</td><td>0.029</td><td>0.017</td><td>0.213</td><td>0.723</td><td>0.018</td></tr>
<tr><td>OBSF</td><td>1</td><td>0.614</td><td>0.054</td><td>0.001</td><td>0.007</td><td>0.002</td><td>0.831</td><td>0.035</td><td>0.000</td><td>0.011</td><td>0.124</td><td>0.610</td><td>0.056</td><td>0.002</td><td>0.004</td><td>0.328</td></tr>
<tr><td>OBSF</td><td>5</td><td>0.526</td><td>0.212</td><td>0.001</td><td>0.020</td><td>0.241</td><td>0.977</td><td>0.008</td><td>0.003</td><td>0.006</td><td>0.005</td><td>0.490</td><td>0.228</td><td>0.007</td><td>0.019</td><td>0.258</td></tr>
<tr><td>OBSF</td><td>10</td><td>0.379</td><td>0.290</td><td>0.008</td><td>0.025</td><td>0.299</td><td>0.993</td><td>0.000</td><td>0.004</td><td>0.003</td><td>0.000</td><td>0.333</td><td>0.301</td><td>0.008</td><td>0.033</td><td>0.325</td></tr>
</table>

2. 2013 年 "8 号文" 出台后

实证过程同前，首先，对全体银行进行检验，通过 AIC、BIC 及 HQIC 等信息准则，确定模型的滞后阶数为 2；其次，在对全部样本的 Panel-VAR 数据进行 GMM 估计后，得到各个变量之间的脉冲响应函数；最后，通过蒙特卡洛模拟得到脉冲响应的置信区间，从而绘制出相应的脉冲响应图。

结果如图 6-10 所示，表明与影子银行发展的整体阶段相比，加强监管后，货币政策对贷款产生负向冲击趋势，即货币供应量增加 1 个百分点，贷款与除贷款以外的其他资产之比会同期下降 1.73 个百分点。货币政策对主动负债与被动负债之比的影响逐渐消失，但对影子银行影响的持续性变长。主动负债与被动负债之比和影子银行对 GDP 的影响逐渐消失，且货币政策对 GDP 的影响有所减弱。影子银行对主动与被动负债之比的影响依旧不显著，对货币政策的影响由正向冲击变为负向冲击趋势。

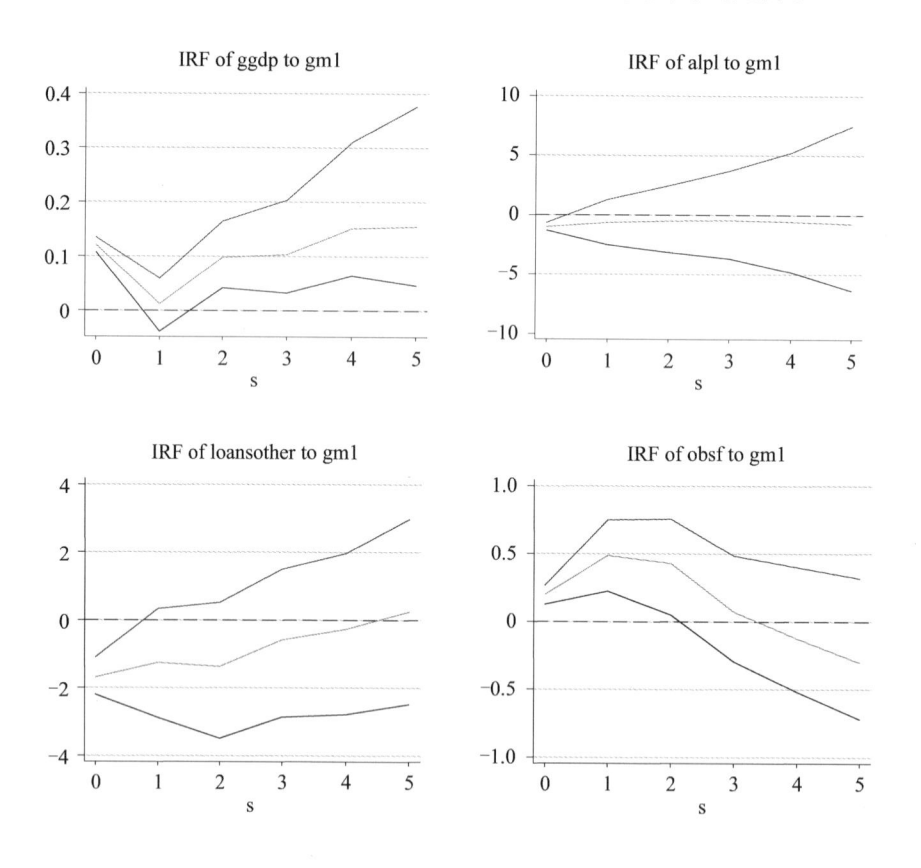

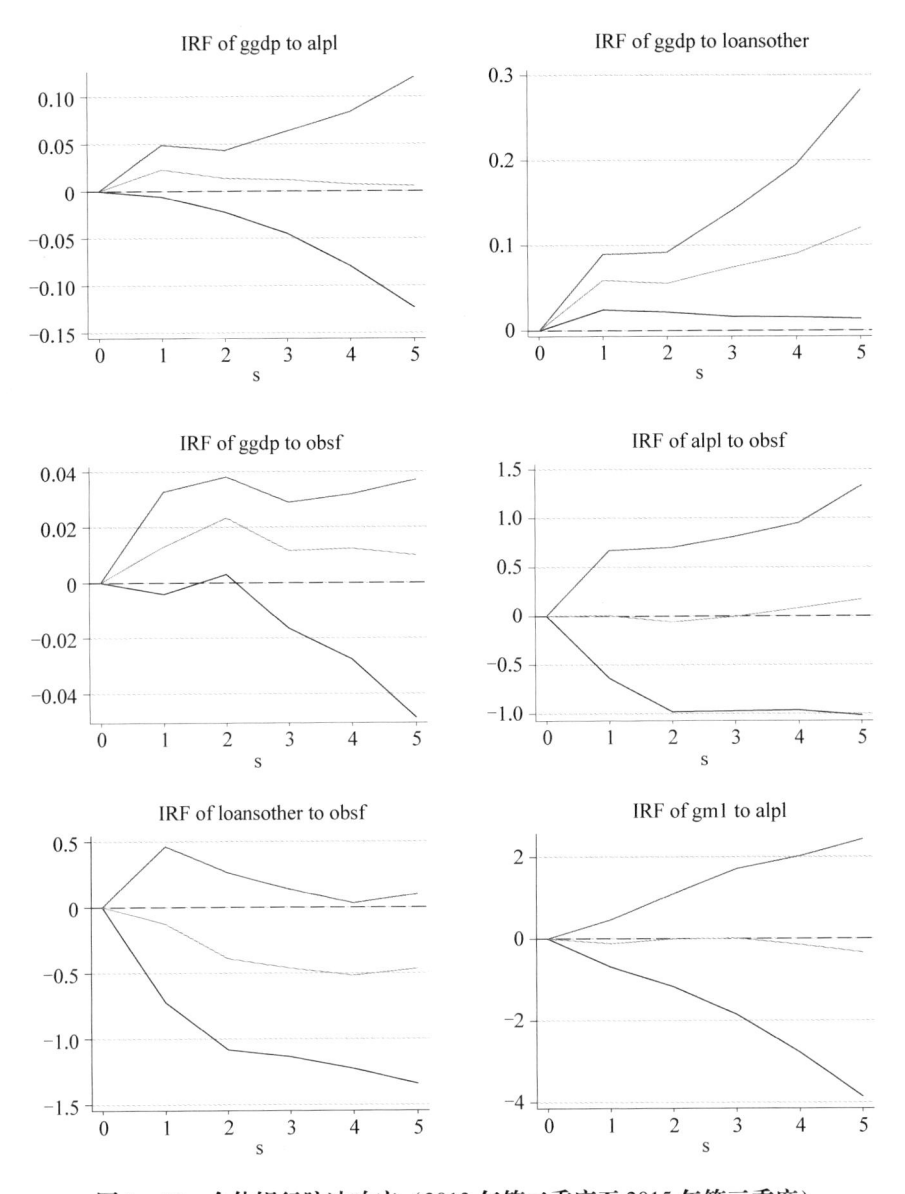

图 6-10 全体银行脉冲响应（2013年第二季度至2015年第三季度）

在总体分析的基础上，再分别分析国有银行和股份制银行的脉冲响应结果（具体参见图6-11和图6-12），发现加强监管后，对国有银行而言，主动负债与被动负债比率对货币政策的正向冲击响应时间变长，而在中小型银行，该比率对货币政策的影响逐渐消失。对于国有银行而言，贷款对货币政策的影响并不显著,在股份制银行中的正向冲击响应时间变长,但响应力度有所减弱。对于国有和股份制银行而言,货币政策、影子银行和主动负债与被动负债比率均对 GDP 的影响不显著,且贷款对 GDP 的影响消失;影子银行对主动负债与被动负债比率的影响消失,但在股份制银行中影子银行对贷款的负向响应冲击强于国有银行。

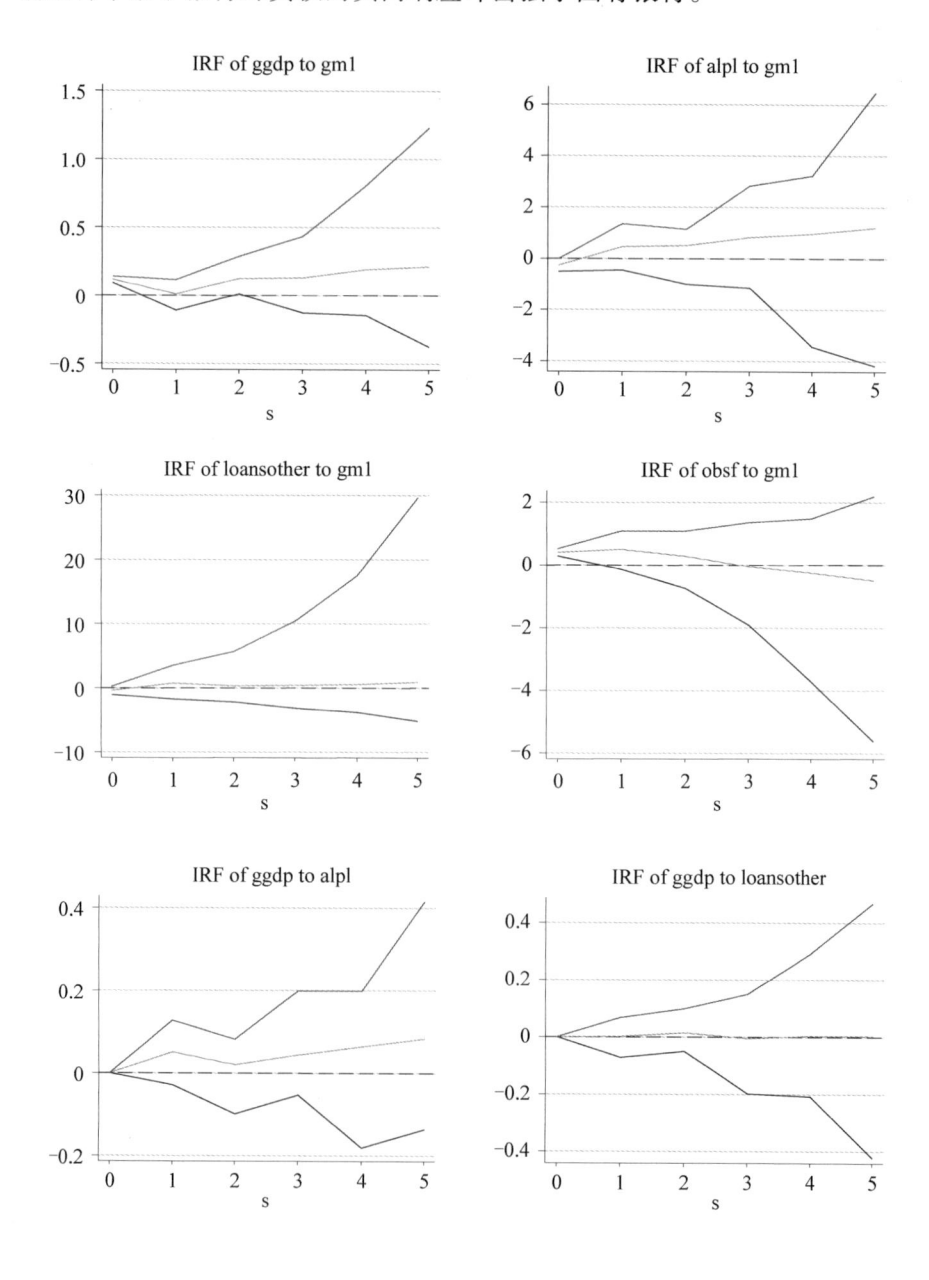

第六章 影子银行冲击货币政策传导的微观机制：实证检验 115

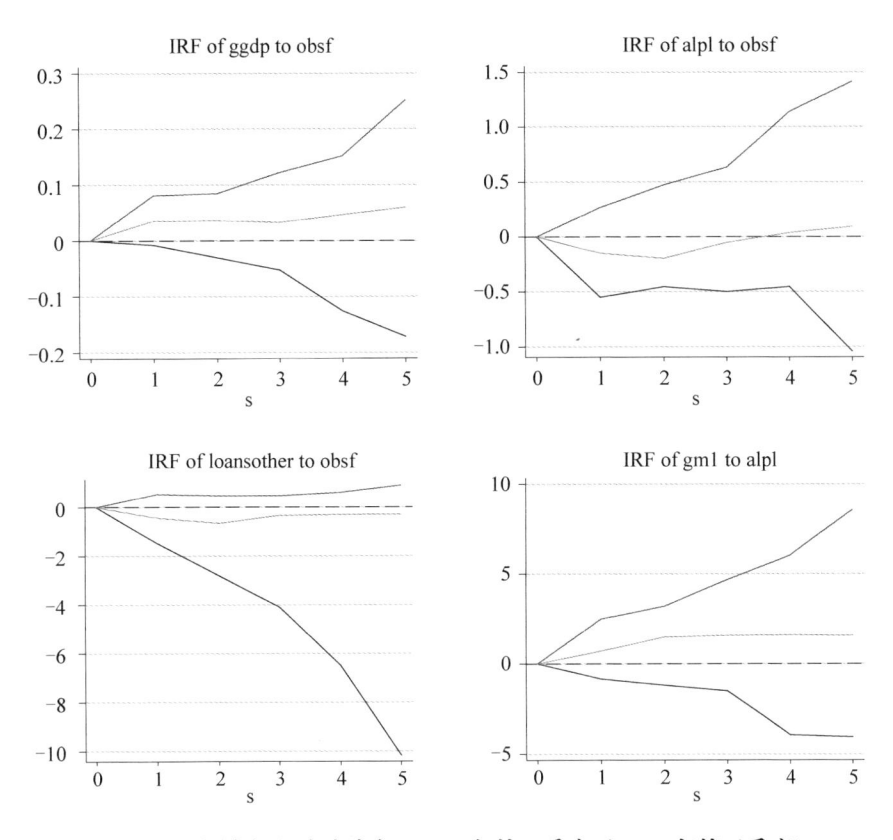

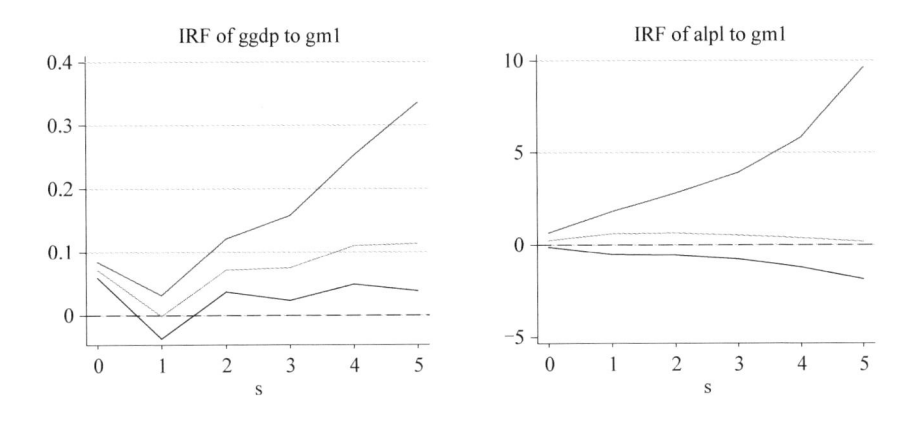

图 6-11 国有银行脉冲响应（2013 年第二季度至 2015 年第三季度）

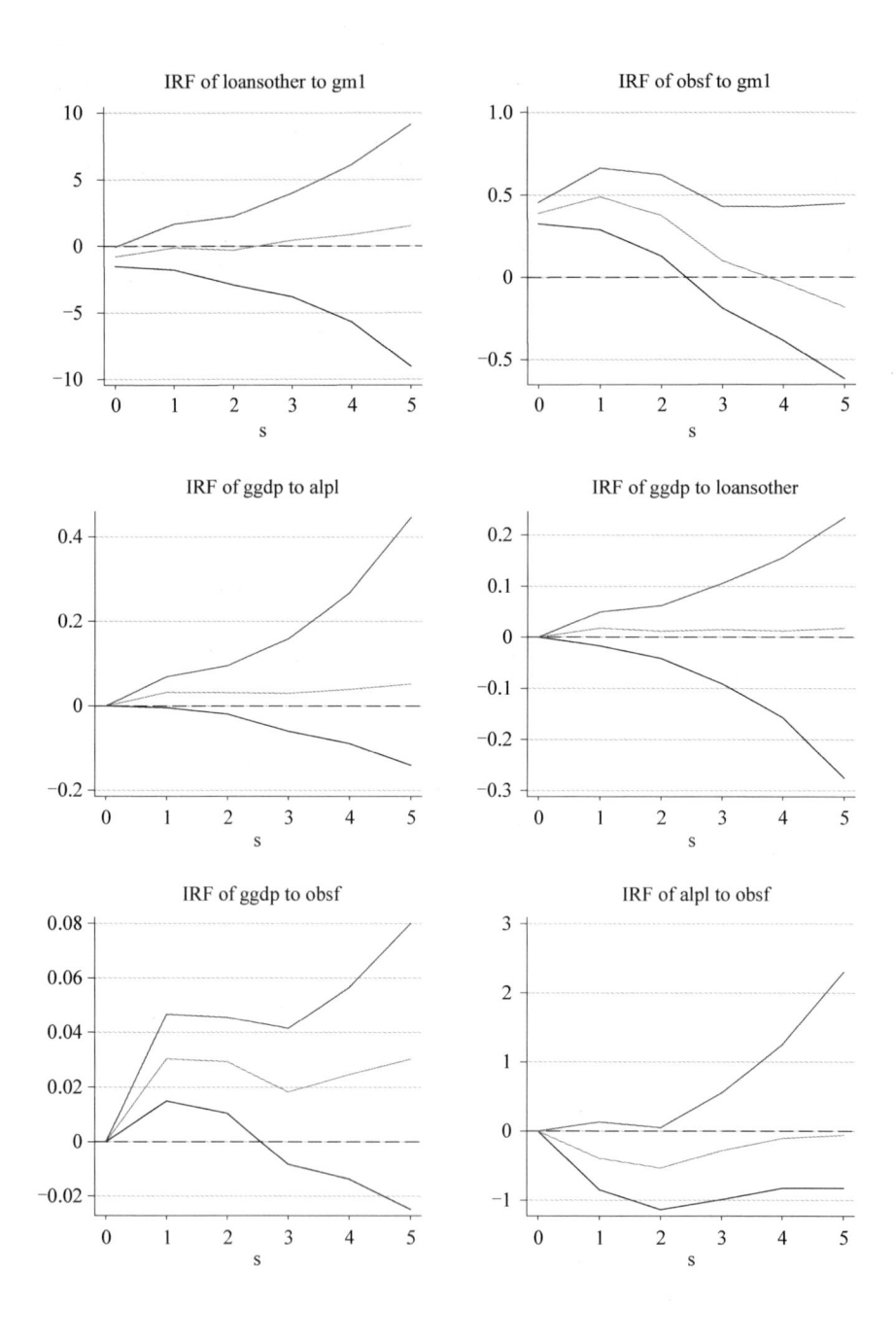

第六章 影子银行冲击货币政策传导的微观机制：实证检验 117

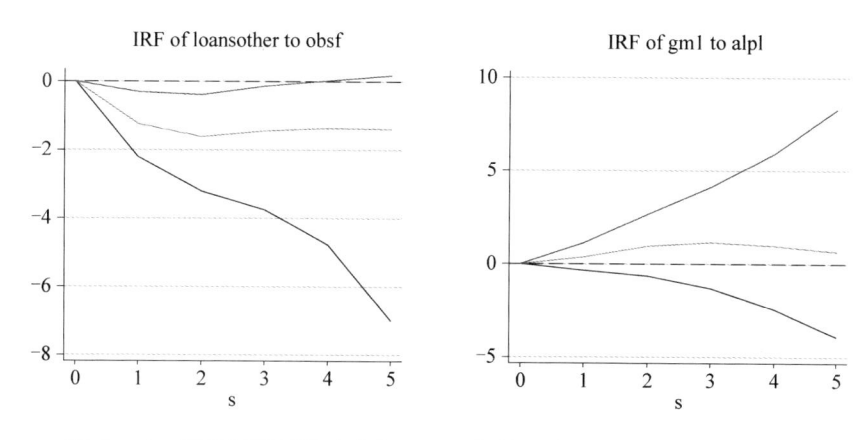

图 6-12 股份制银行脉冲响应（2013 年第二季度至 2015 年第三季度）

为了进一步检验各个变量之间的关系，对 gM1、gGDP、alpl、loansother 和 obsf 进行了格兰杰因果检验，结果如表 6-16 所示。总体来说，货币政策和影子银行是 GDP 变化的原因。对国有银行而言，主动负债与被动负债比率、贷款和影子银行是货币政策变化的格兰杰原因，主动负债与被动负债比率是 GDP 变化的原因，贷款比率又是主动负债与被动负债比率变化的原因，货币政策和 GDP 是影子银行变化的原因。对股份制银行而言，GDP 和影子银行是货币政策变化的原因，而货币政策和影子银行是 GDP 和贷款变化的原因，此外，货币政策和 GDP 是影子银行变化的原因。

表 6-16 格兰杰因果检验（2013 年第二季度至 2015 年第三季度）

Null Hypothesis	所有银行		国有银行		股份制商业银行	
	Chi squared	Prob.	Chi squared	Prob.	Chi squared	Prob.
gGDP 不是 gM1 的格兰杰原因	3.315	0.191	3.141	0.208	10.44	0.005
Alpl 不是 gM1 的格兰杰原因	0.516	0.773	7.939	0.019	3.951	0.139
Loansother 不是 gM1 的格兰杰原因	3.562	0.168	5.689	0.058	0.893	0.640
OBSF 不是 gM1 的格兰杰原因	1.741	0.419	12.899	0.002	37.417	0.000

续表

Null Hypothesis	所有银行 Chi squared	所有银行 Prob.	国有银行 Chi squared	国有银行 Prob.	股份制商业银行 Chi squared	股份制商业银行 Prob.
gM1 不是 gGDP 的格兰杰原因	8.526	0.014	3.808	0.149	11.575	0.003
Alpl 不是 gGDP 的格兰杰原因	0.311	0.856	5.280	0.071	4.763	0.092
Loansother 不是 gGDP 的格兰杰原因	2.733	0.255	4.368	0.113	1.561	0.458
OBSF 不是 gGDP 的格兰杰原因	4.990	0.082	1.560	0.458	24.295	0.000
gM1 不是 Alpl 的格兰杰原因	0.891	0.640	1.906	0.386	2.453	0.293
gGDP 不是 Alpl 的格兰杰原因	1.431	0.489	0.973	0.615	0.670	0.715
Loansother 不是 Alpl 的格兰杰原因	0.352	0.839	7.622	0.022	1.245	0.537
OBSF 不是 Alpl 的格兰杰原因	0.551	0.759	1.603	0.449	5.140	0.077
gM1 不是 Loansother 的格兰杰原因	0.979	0.613	0.414	0.813	12.321	0.002
gGDP 不是 Loansother 的格兰杰原因	2.352	0.309	0.222	0.859	3.191	0.203
Alpl 不是 Loansother 的格兰杰原因	1.268	0.530	1.178	0.555	6.577	0.037
OBSF 不是 Loansother 的格兰杰原因	1.518	0.468	0.962	0.618	11.008	0.004
gM1 不是 OBSF 的格兰杰原因	2.846	0.241	8.893	0.012	21.574	0.000
gGDP 不是 OBSF 的格兰杰原因	2.458	0.293	4.963	0.084	15.819	0.000
Alpl 不是 OBSF 的格兰杰原因	0.327	0.849	1.227	0.541	0.413	0.814
Loansother 不是 OBSF 的格兰杰原因	3.227	0.199	1.132	0.568	2.131	0.345

最后，为了更精确地确定加强监管后，银行资产负债结构和影子银行对货币政策的敏感性，以及货币政策对实体经济传导的有效性，本研究通过方差分解的方式进行研究，得到的具体结果如表6-17所示。

对银行贷款来说，除了自身贷款是最主要的影响因素外，货币政策和影子银行是一个重要原因，但监管加强后，货币政策和影子银行对贷款的影响有所下降；对GDP来说，主动负债对其影响下降，贷款是最主要的解释因素。具体来看，货币政策通过股份制银行对GDP的解释力高于国有银行，此外，股份制银行中主动负债对GDP的解释力也明显高于国有银行；对影子银行来说，除自身原因外，主动负债和货币政策是最主要的解释因素，GDP的影响基本消失。具体来看，国有银行中主动负债对影子银行的解释力远大于股份银行，而对国有银行来说，GDP的变动也是影响影子银行的一个主要因素。

本部分的实证结果表明：第一，加强监管后，货币政策和GDP对影子银行的影响，以及影子银行对银行主动负债的影响均减弱；第二，货币政策对GDP的影响减弱；第三，对股份制银行和城商行而言，货币政策对主动负债的影响不显著，对国有银行而言，货币政策对贷款的影响力度下降。

三 研究结论

该部分实证选取影子银行规模（obsf）、贷款/除贷款以外其他资产（loansother）、主动负债/被动负债（alpl）、货币供应量增速（gM1）和国民生产总值增速（gGDP）5个变量，采用2008年第三季度至2015年第三季度的季度数据构建Panel-VAR模型，实证分析得出以下结论。

第一，单位根检验实证分析表明，影子银行规模、贷款/除贷款以外其他资产、主动负债/被动负债、货币供应量增速和国民生产总值增速这五个时间序列都属于平稳时间序列，所以可以避免出现伪回归问题，即这五个变量可以构建VAR模型。

第二，由Johansen协整检验的实证结果可以看出，当临界值为5%时，这五个时间序列变量至少存在一个协整关系，说明影子银行、贷款/除贷款以外其他资产、主动负债/被动负债、货币供应量增速和国民生产总值增速这五个时间序列数据存在一种长期稳定关系。

第三，实证结果表明，商业银行贷款占比与GDP之间具有正向关系，贷款的增长能引起GDP和M1的增长。商业银行被动负债和主动负债的变化与GDP和M1也存在相关关系，但被动负债对GDP的影响是负向关系，

120 影子银行冲击货币政策传导的机制与效应研究

表6-17 方差分解（2013年第二季度至2015年第三季度）

	时期	所有银行 gM1	gGDP	Alpl	Loansother	OBSF	国有银行 gM1	gGDP	Alpl	Loansother	OBSF	股份制商业银行 gM1	gGDP	Alpl	Loansother	OBSF
gM1	1	1.000	0.000	0.000	0.000	0.000	1.000	0.000	0.000	0.000	0.000	1.000	0.000	0.000	0.000	0.000
gM1	5	0.599	0.006	0.000	0.389	0.006	0.844	0.008	0.110	0.002	0.035	0.843	0.027	0.104	0.011	0.014
gM1	10	0.441	0.013	0.005	0.534	0.006	0.770	0.008	0.174	0.002	0.045	0.794	0.067	0.096	0.024	0.018
gGDP	1	0.903	0.213	0.001	0.000	0.000	0.734	0.367	0.001	0.002	0.000	0.317	0.483	0.001	0.000	0.000
gGDP	5	0.638	0.066	0.001	0.295	0.001	0.697	0.174	0.078	0.002	0.049	0.515	0.339	0.081	0.015	0.050
gGDP	10	0.526	0.032	0.001	0.439	0.003	0.746	0.055	0.138	0.000	0.061	0.626	0.152	0.163	0.011	0.048
Alpl	1	0.115	0.004	0.881	0.000	0.000	0.050	0.002	0.948	0.000	0.000	0.008	0.000	0.992	0.000	0.000
Alpl	5	0.076	0.029	0.722	0.167	0.007	0.048	0.007	0.473	0.025	0.015	0.045	0.019	0.782	0.136	0.019
Alpl	10	0.252	0.031	0.390	0.320	0.007	0.675	0.004	0.283	0.020	0.019	0.042	0.034	0.536	0.382	0.006
Loansother	1	0.154	0.021	0.016	0.810	0.000	0.018	0.000	0.000	0.982	0.000	0.021	0.006	0.023	0.950	0.000
Loansother	5	0.382	0.036	0.016	0.565	0.001	0.055	0.007	0.078	0.825	0.035	0.009	0.006	0.270	0.674	0.042
Loansother	10	0.495	0.030	0.003	0.468	0.003	0.317	0.021	0.059	0.580	0.023	0.021	0.002	0.323	0.631	0.024
OBSF	1	0.992	0.003	0.000	0.000	0.005	0.381	0.006	0.026	0.066	0.521	0.431	0.004	0.000	0.024	0.541
OBSF	5	0.561	0.013	0.000	0.422	0.004	0.409	0.051	0.030	0.195	0.316	0.621	0.034	0.013	0.018	0.314
OBSF	10	0.462	0.019	0.004	0.510	0.005	0.695	0.021	0.079	0.115	0.090	0.667	0.027	0.022	0.076	0.209

短期内对 M1 的影响具有正向关系。

第四，由稳健性检验可以得出，股份制银行贷款对货币政策的敏感性显著强于国有银行；而当影子银行出现后，由于不同银行受到监管约束的不同，行为出现改变。其中股份制银行贷款对货币政策完全失去敏感性，但影子银行对货币政策的敏感性较高。此外，无论国有银行还是股份制银行，影子银行对 GDP 的影响均大于银行贷款，其中，国有银行中影子银行对 GDP 的影响大于股份制银行；进一步考虑监管政策的变化，可以发现加强监管后，影子银行对经济产出的影响及其对银行贷款结构的影响均消失，而且货币政策对 GDP 的影响继续减弱。

综上可知，影子银行的发展会降低货币政策中介目标的可控性与可测性，银行资产结构的变化尤其是贷款的替代在一定程度上削弱了货币政策的信贷传导渠道。

第四节　本章小结

本章利用 16 家上市商业银行 2008 年第三季度至 2015 年第三季度的面板数据，实证研究了影子银行对商业银行资产负债结构的影响，以及商业银行资产负债结构的变化如何影响货币政策有效性。

第一，在影子银行的发展变化下，商业银行资产负债结构发生改变。在资产端，影子银行促使贷款比重下降，同业业务快速增长；在负债端，影子银行促使商业银行由被动负债转向主动负债，同业存单发行量剧增，且同业理财占表外理财的份额增加。同时，通过实证表明，影子银行的发展对存贷款比率呈现显著稳定负相关性，存贷款占比连年下降，影子银行对于商业银行存贷款活动产生挤压，但该影响对于大型银行的作用并不显著，主要作用于股份银行和城商行。

第二，对货币政策的中介目标而言，影子银行通过影响商业银行资产负债结构，对货币供应量产生持续且较强的干扰。研究表明，影子银行对货币供应量具有正向放大作用，但影子银行的信用创造功能，降低了我国货币供应量的稳定性，增加中国人民银行对货币供应量的控制难度。

第三，对货币政策传导渠道效果而言，影子银行会削弱信贷传导渠道有效性。受影子银行影响，商业银行近年来同业业务增长迅速，无论是同业资产还是同业负债业务，其规模或占比的提高均会增强商业银行信贷能力，但也会降低商业银行信贷增速对货币政策反应的敏感度，银行资产结构的变化尤其是贷款的替代在一定程度上削弱了货币政策的信贷传导渠道，不利于经济稳健运行。

第四，影子银行会增加货币供应量与经济发展的不稳定性。无论国有银行还是股份制银行，影子银行对 GDP 的影响均大于银行贷款，其中，国有银行中影子银行对 GDP 的影响大于股份制银行。总体来看，影子银行对经济发展（GDP）和货币供应量具有正向冲击作用，影子银行使得市场上的货币供应量难以把控，而这种冲击在一定程度上会导致经济发展的波动。

第五，从银行异质性视角而言，股份制银行及城商行资产负债结构的改变对货币政策敏感性显著强于国有银行，且国家监管政策具有一定的有效性。股份制银行贷款对货币政策的敏感性显著强于国有银行；而当影子银行出现后，由于不同银行受到监管约束的不同，行为出现改变。其中股份制银行贷款对货币政策完全失去敏感性，但影子银行对货币政策的敏感性较高。

第七章 影子银行冲击货币政策传导的宏观效应：理论分析

第一节 考虑产权异质性影响

中国的银行业产权结构具有特殊性，出于研究需要，本书将国内商业银行粗线条划分为国有银行和非国有银行。国有银行体系以工、农、中、建、交为代表，银行数量少但资产规模大；非国有银行体系以全国性股份制银行为代表，包括城商行和农商行，银行数量多但资产规模相对小。国有银行占据金融市场要位，对货币政策调控效果具有关键性的影响，是货币政策传导机制的重要枢纽。在经营管理中，国有银行更为关注贷款的安全性，贷款投向偏好国有企业，对风险容忍度相对较低，对中小微企业贷款比较慎重，形成事实上的国有银行信贷隐形双轨制。产权所有制在制度和经济层面骨肉相连，导致国有银行体系的信贷资金主要流向国有企业，这种贷款投向和结构的长期固化降低了对金融市场变化的敏感度，对金融市场变动的反应"慢半拍"，因此，货币政策调控在国有银行的传导效应有所弱化。相比之下股份制银行按照市场化经营，更为关注金融风险的控制，在国有企业与国有银行资金的联合垄断中，股份制银行贷款更多投向非国有企业，由于非国有企业普遍规模较小且较为脆弱，迫使股份制银行紧盯经济形势变化和货币政策调控可能产生的影响，造就了其对市场的高度敏锐。

2010年后，伴随经济增长的逐年减速，货币政策调控事实上进入了相对宽松期，但结果未能扭转国内经济增速的颓势，却滋养了影子银行的快速扩张，浇灌出房地产市场的欣欣向荣。与此同时，金融市场收益的"快钱"效应使得资金的"脱实向虚"愈演愈烈，上演了一幕实体经济经营艰辛与金融机构账面利润丰厚的悲欢剧。应该承认，货币政策调控的边际效用递减未能达到预期目标，在东部和中西部的区域经济中差异性更为显著。为此，中央政府对国内宏观经济发展趋势的判断从"稳中向好"改为

"稳中有进";2018年10月底,中央对国内经济发展趋势敲响警钟:"稳中有变"。基于此,我们从银行产权异质性和影子银行影响的视角,对货币政策调控的效应进行透视,解读货币政策调控效应弱化的制度缺陷,为激活金融市场和促进经济发展提供参考。

已有研究中,货币政策传导的信用渠道突出了银行的作用。一方面,当银行面临货币政策变化时,由于准备金要求,银行的可供给贷款规模会发生变化,进而影响到银行的贷款利率、投资水平和总产出[①];另一方面,货币政策的变化会影响企业的资产负债表结构,导致银行存贷款规模的变化[②]。此外,随着1999年《新巴塞尔资本协议》的提出,资本充足率成为银行监管的主要工具。货币政策调整时,资本充足率高的银行受约束较少,而资本充足率较低的银行选择余地较小,信贷规模会受到资本充足率监管要求的限制[③]。

目前,虽有研究表明中国货币政策传导机制与发达国家类似[④],但实际上,中国金融市场具有明显的特殊性。首先,资本市场和信贷市场发展不平衡,银行业占据了金融行业的绝对重要地位;其次,银行业除了准备金和资本充足率等外部监管要求外,长期受存贷比监管指标的控制,抑制了银行贷款规模扩张,弱化了货币政策传导效果[⑤];最后,也是最重要的,中国银行业产权性质异于西方国家,五大国有银行毫无争议归国家控制,其金融资产占据金融行业半壁江山,国有银行"三长"领导由中央政府直接委派,其内部垂直领导亦从上至下直接任命,事实上是商业经营与行政管理的混合体。

研究表明,产权性质不同的银行在行为模式上具有较大差异。Bertay等[⑥]研究发现,私有银行比国有银行的贷款行为具有更弱的顺周期性,特

---

① Bernanke, B. S. and A. S. Blinder, "Money, Credit and Aggregate Demand", *American Economic Review*, 1988, 78 (2), pp. 435–439.
② Bernanke, B. S. and M. Gertler, "Inside the Black Box: the Credit Channel of Monetary Policy", *Journal Economics Perspectives*, 1995, 9 (4), pp. 27–48.
③ Kishan, R. P. and T. P. Opiela, "Bank Size, Bank Capital, and the Bank Lending Channel", *Journal of Money Credit and Banking*, 2000, 32 (1), pp. 121–141.
④ Fernald, J. G., Spiegel, M. M. and E. T. Swanson, "Monetary Policy Effectiveness in China: Evidence from a FAVAR Model", *Journal of International Money and Finance*, 2014, 49 (PA), pp. 83–103.
⑤ 马骏、王红林:《政策利率传导机制的理论模型》,《金融研究》2014年第12期。
⑥ Bertay, A. C., Demirguc-Kunt, A. and A. Huizinga, "Bank Ownership and Credit over the Business Cycle: Is Lending by State Banks Less Procyclical?", *Journal of Banking and Finance*, 2012, 50 (1), pp. 326–339.

别是公司治理结构良好的市场中,表现得更为突出,表明国有银行能在金融波动中起到稳定经济的作用。Morck 等[1]基于跨国面板数据的研究发现,国有银行的贷款与货币政策联系更紧密。当大银行主要受国家控制时,货币政策与贷款总供给增长率和总固定资本投资增长率相关性更高,尤其是在宽松货币政策阶段。Ferri 等[2]利用欧洲银行面板数据,研究不同产权性质银行在面临货币政策变动时的反应,结果表明,利润最大化的股份制银行(Shareholder Bank)和非利润最大化的利益相关型银行(Stakeholder Bank)对货币政策具有不同反应,后者在紧缩性货币政策时,贷款总额减少的程度小于前者,表现出很好的政策缓冲效果。

与已有研究相反,中国虽存在五大国有银行,但货币政策传导效果不尽人意。对此,江春[3]认为,这种现象与我国产权制度缺陷相关。我国金融业主体是国有银行,其金融市场垄断使得信贷资金集中于国有企业,特别是主要流向国有大型企业[4]。近年来,刚性信贷资金配置结构有所改变,国有银行对低效益的国有企业出现慎贷现象,但规避向民营企业增加贷款的偏好未有根本性改变。因此,造成货币当局即使采取不断放松银根的调控措施,实体经济中的非国有企业仍然较难获得新增贷款,特别是在经济下行阶段,信贷萎缩局面难有改观。

相对而言,股份制银行的利润与领导及员工的个人收益挂钩,经营利润对个人收益影响大,银行领导及员工有动力拓展业务和承担市场风险;此外,股份制银行资产规模相比国有银行较低,无法完全满足国有企业贷款需求,因此,对民营企业的贷款更多一些。与此同时,股份制银行虽然也关注风险问题,但相比国有银行来说,对风险的容忍度较高。总之,不同的激励考核机制导致不同所有制银行对利润和风险具有不同的关注度,继而产生不同的行为,使其对货币政策的反应也完全不同。

资产证券化作为美国影子银行的代表,会降低货币政策对银行信贷供给的影响[5]。在中国,影子银行包括银行通过资产负债手段创造货币

---

[1] Morck, R., Yavuz, M. D. and B. Y. Yeung, "State-Controlled Banks and the Effectiveness of Monetary Policy", *SSRN Electronic Journal*, 2013, 51 (3), pp. 1–15.
[2] Ferri, G., Kalmi, P. and E. Kerola, "Does Bank Ownership Affect Lending Behavior? Evidence from the Euro Area", *Journal of Banking and Finance*, 2014, 48, pp. 194–209.
[3] 江春:《中国货币政策中的产权问题》,《经济体制改革》2002 年第 6 期。
[4] 谢平:《新世纪中国货币政策的挑战》,《金融研究》2000 年第 1 期。
[5] Loutskina, E., "The Role of Securitization in Bank Liquidity and Funding Management", *Journal of Financial Economics*, 2011 (100), pp. 663–684.

的银行影子和非银行金融机构通过货币转移途径扩张信用的传统影子银行[1]。一方面,金融市场中影子银行改变了传统货币创造机制,弱化了货币乘数存在基础[2],导致新增货币供应量远高于中央银行设定的信贷规模上限[3],对货币政策调控目标形成挑战[4];另一方面,影子银行具有逆周期特征,在对传统间接融资提供有益补充的同时,削弱货币政策的有效性[5]。

已有文献主要集中在关于银行产权对货币政策传导效果,以及影子银行对货币政策传导效果两方面,其学术研究贡献显著,且为本研究的推进奠定了基础。但是,关于银行产权异质性条件下,影子银行的存在与否对货币政策有效性影响的研究,在我们有限的学术阅读视野中,还罕见酣畅淋漓的论述。鉴于此,本章通过构建模型,加入银行产权及影子银行变量,研究影子银行对不同产权银行贷款行为的影响,并进行实证检验。为后续研究影子银行冲击货币政策的微观机制奠定基础。

第二节 金融市场中不存在影子银行影响的理论模型

货币政策变动时,银行贷款行为受到法定准备金率、资本充足率、存贷比率、银行产权异质性等因素影响。其中,法定准备金率、资本充足率和存贷比率体现在银行资产负债表中,因此,理论研究从银行资产负债表切入。

假设金融市场中不存在影子银行影响时,银行资产负债表简化为:

$$R + B + L = D + K \qquad (7-1)$$

其中,R 为商业银行在中央银行的储备资产,B 为商业银行持有的无

---

[1] 孙国峰、贾君怡:《中国影子银行界定及其规模测算——基于信用货币创造的视角》,《中国社会科学》2015 年第 11 期。

[2] 周莉萍:《影子银行体系的顺周期性:事实、原理及应对策略》,《财贸经济》2013 年第 3 期。

[3] 王增武:《影子银行体系对我国货币供应量的影响——以银行理财产品市场为例》,《中国金融》2010 年第 23 期。

[4] 李波、伍戈:《影子银行的信用创造功能及其对货币政策的挑战》,《金融研究》2011 年第 1 期。

[5] 裘翔、周强龙:《影子银行与货币政策传导》,《经济研究》2014 年第 5 期;Chen, K. J., Ren, J. and T. Zha, "The Nexus of Monetary Policy and Shadow Banking in China", *American Economy Review*, 2018, 108 (12), pp. 3891-3936。

风险资产①，L 为商业银行对企业和个人的所有贷款；D 为在商业银行的各种存款；K 为商业银行自有资本。

现实中，我国商业银行有三方面约束：其一，法定准备金率约束。即商业银行储备资产规模与存款规模有一定比例要求。表示为：

$$R \geqslant hD \qquad (7-2)$$

其中，h 表示最低要求存款准备金比率，$1 > h > 0$。

其二，资本充足率约束。即银行加权风险资产比率不低于资本充足率要求。表示为：

$$K \geqslant kL \qquad (7-3)$$

其中，k 表示资本充足率最低要求，$1 > k > 0$。

其三，存贷款比率要求②。即商业银行贷款规模占存款规模比例，要符合金融监管要求。表示为：

$$L \leqslant gD \qquad (7-4)$$

其中，g 表示存贷比最低要求，$1 > g > 0$。

目前，由于利率市场化，不同银行在浮动范围内可自主确定存款利率；但各银行贷款利率差异较小，且与国家贷款基准利率一致③。为了分析简便，我们不区分金融产品在利率上的差异。在假设条件不变情况下，银行存款函数为④：

$$D = \varphi_0 + \varphi_1 r_{\triangle D} - \varphi_2 r_{\triangledown D} - \varphi_3 r_D + \varphi_M M \qquad (7-5)$$

其中，$\varphi_1 > \varphi_2 > \varphi_3$。下标"$\triangle$"和"$\triangledown$"分别表示决策银行和其他银行；$r_D$、$r_{\triangle D}$、$r_{\triangledown D}$ 和 M 分别代表存款基准利率、决策银行的存款利率、其他银行存款利率的加权平均水平（或其预测值）和货币总供给数量⑤。存款函数中，所有常数与系数均为正值。

贷款函数为⑥：

$$L = \psi_0 - \psi_1 r_L \qquad (7-6)$$

---

① 现实中，银行既持有固定收益无风险资产，也持有基本无风险资产，如债券。为研究方便，假设有固定收益率的单一品种无风险资产（不含储备金）。
② 存贷比虽已取消，鉴于事实的存在，仍考虑在内（按75%计）。
③ 单笔贷款通常大于单笔存款规模，贷款对利率更敏感，即贷款利率弹性较大，银行为了避免过度竞争贷款业务，形成了一致贷款利率。
④ 现实中，银行存款利率弹性大于存款利率弹性，所以 $\varphi_1 > \varphi_3$。存款函数建立在储户行为基础上，即便函数形式为 $D = \eta_0 + \eta_1 r_{\triangle D} - \eta_2 r_{\triangledown D} + \eta_3 (r_{\triangle D} + r_D) + \eta_M M$ 或者 $D = \eta_0 + \eta_1 (r_{\triangle D} - R_D) - \eta_2 r_{\triangledown D} + \eta_3 r_D + \eta_M M$，通过合并同类项得方程（7-5）。
⑤ M 可以为 M_1，也可是 M_2，使用 M_2 时，参数比 M_1 时较小。
⑥ 行业贷款利率调幅为 ξ，$L = \rho_0 - \Psi_1 (r_L + \xi)$，(6-6) 依成立，因为设定 $\rho_0 - \Psi_1 \xi = \Psi_0$。

决策银行的目标方程为[①]：

$$\pi = Br_B + pLr_L - Dr_{\triangle D} \quad (7-7)$$

其中，r_B 为无风险资产收益率，r_L 为贷款利率。目标方程为无风险资产收益与贷款业务预期收益之和，扣除需支付的存款利息。由于银行贷款存在风险，为了刻画风险，假设存在两种情形：其一，决策银行能收回贷款本息，概率为 p；其二，投资者投资失败，只能还本不能还息，概率为 $1-p$[②]。

决策银行自有资本确定，可视为常数。(7-6) 式表示，在给定贷款基准利率 r_L 下，决策银行的贷款规模确定。因此，无风险资产规模 B 为 D 的函数，即 $B = (1-h)D + K - L > 0$[③]。

由于贷款需求旺盛，银行贷款额或受资本充足率限制，或受存贷比率限制，资本充足率是更严格的约束条件。

分两种状态讨论：

状态1：当 $L = \dfrac{1}{k}K \leqslant gD$ 时，银行贷款规模受资本充足率限制，此时，$B = (1-h)D + \left(1-\dfrac{1}{k}\right)K$。

银行目标方程为：

$$\pi = \left(1 - \frac{1}{k}\right)Kr_B + p\frac{1}{k}Kr_L + (\varphi_0 + \varphi_1 r_{\triangle D} - \varphi_2 r_{\triangledown D} - \varphi_3 r_D + \varphi_M M)$$
$$[(1-h)r_B - r_{\triangle D}] \quad (7-8)$$

根据目标方程的一阶条件得到存款利率最优解为：

$$r_{\triangle D}^* = \frac{\varphi_1(1-h)r_B + \varphi_2 r_{\triangledown D} + \varphi_3 r_D - \varphi_M M - \varphi_0}{2\varphi_1} \quad (7-9)$$

此时，决策银行吸收存款规模为：

$$D^* = \frac{\varphi_0 + \varphi_1(1-h)r_B - \varphi_2 r_{\triangledown D} - \varphi_3 r_D + \varphi_M M}{2} \quad (7-10)$$

[①] 由于项目多（$n \to \infty$，假设不同项目风险彼此不相关），单个项目平均收益风险（方差或标准差）很小，可忽略。因此，高层决策目标方程不计风险因素。

[②] 假设要么还本付息，要么本息都无法偿还，此时目标方程变为 $\pi = Br_B + pLr_L - (1-p)L - Dr_{\triangle D}$。不同假设不影响理论分析结论。

[③] 银行为了充分利用资产获取收益，其存款准备金率会接近最低的法定比率，因此现实中，可以把式 (7-2) 近似地处理为等式。根据银行业现实，设定 $r_L > r_B$，否则购买无风险资产成为银行首选。因为 $L \leqslant gD$，所以 $B = (1-h)D + K - L \geqslant B = (1-h-g)D + K$，现实中 $0 < h + g < 1$，因此 $B > 0$。由于存贷比（或资本充足率）的限制，加之自有资本的存在，即便无风险资产收益率较低，银行也会选择投资无风险资产。

贷款额度受资本充足率的限制：

$$L^* = \frac{1}{k}K \qquad (7-11)$$

由此可知，

$$\frac{\partial D^*}{\partial M} > 0, \ \frac{\partial L^*}{\partial M} = 0 \qquad (7-12)$$

状态2：当 $L = gD \leq \frac{1}{k}K$ 时，银行贷款规模受存贷比率限制，此时，$B = (1 - h - g)D + K$。

银行目标方程为：

$$\pi = Kr_B + (\varphi_0 + \varphi_1 r_{\triangle D} - \varphi_2 r_{\triangledown D} - \varphi_3 r_D + \varphi_M M) \\ [(1-h-g)r_B + pgr_L - r_{\triangle D}] \qquad (7-13)$$

根据目标方程的一阶条件得到存款利率最优解为：

$$r^*_{\triangle D} = \frac{\varphi_1(1-h-g)r_B + \varphi_2 r_{\triangledown D} + \varphi_3 r_D - \varphi_M M - \varphi_0 + \varphi_1 pgr_L}{2\varphi_1} \qquad (7-14)$$

此时，决策银行吸收存款规模为：

$$D^* = \frac{\varphi_0 + \varphi_1(1-h-g)r_B - \varphi_2 r_{\triangledown D} - \varphi_3 r_D + \varphi_M M + \varphi_1 pgr_L}{2} \qquad (7-15)$$

贷款额度受存贷比要求的限制：

$$L^* = gD^* \qquad (7-16)$$

由此可知，

$$\frac{\partial D^*}{\partial M} > 0, \ \frac{\partial L^*}{\partial M} > 0 \qquad (7-17)$$

推论1：影子银行出现前，银行更多受存贷比限制，此时，当货币供给上升，银行存款和贷款均增加。相比受资本充足率限制，货币供给上升对贷款的刺激力度更大。

第三节 金融市场中存在影子银行影响的理论模型

当银行有贷款意愿，但受到存贷比率或资本充足率约束时，可以通过"影子银行"规避监管约束，利用"通道"业务向实体需求方提供资金。

此时，银行资产负债表为：

$$R + B + L + S = D + K + F \qquad (7-18)$$

其中，S 表示影子银行资产规模，F 表示影子银行负债规模，可视为理财产品规模。

假设银行表外业务的约束条件为：
$$S = F \tag{7-19}$$

影子银行的存在改变了银行的存款函数和目标方程：
$$D = \varphi_0 + \varphi_1 r_{\triangle D} - \varphi_2 r_{\triangledown D} - \varphi_3 r_D - \varphi_4 r_{\triangle F} + \varphi_M M \tag{7-20}$$
$$F = \kappa_0 + \kappa_1 r_{\triangle F} - \kappa_2 r_{\triangledown F} - \kappa_3 r_D - \kappa_4 r_{\triangle D} + \kappa_M M \tag{7-21}$$
$$\pi = Br_B + pLr_L - Dr_{\triangle D} + pSr_L - Fr_{\triangle F} \tag{7-22}$$

假设 φ_1 与 κ_1 远大于 φ_0、φ_M、κ_0 和 κ_M 之外的其他参数①。同时，假设影子银行的资金收益率为 r_L。

仍然假设银行贷款受资本充足率或存贷比率两种限制。

状态1：当 $L = \dfrac{1}{k}K \leqslant gD$ 时，贷款规模增长受到资本充足率限制。《巴塞尔协议Ⅲ》对资本充足率要求更严格②，因此，银行贷款规模增长受到资本充足率的限制。

此时，决策银行的目标方程为：
$$\begin{aligned}\pi = &\left(1 - \dfrac{1}{k}\right)Kr_B + p\dfrac{1}{k}Kr_L + (\varphi_0 + \varphi_1 r_{\triangle D} - \varphi_2 r_{\triangledown D} - \varphi_3 r_D - \varphi_4 r_{\triangle F} + \varphi_M M)\\& [(1-h)r_B - r_{\triangle D}] + (\kappa_0 + \kappa_1 r_{\triangle F} - \kappa_2 r_{\triangledown F} - \kappa_3 r_D - \kappa_4 r_{\triangle D} + \kappa_M M)\\&(pr_L - r_{\triangle F})\end{aligned} \tag{7-23}$$

根据目标方程一阶条件得到最优解 $r^*_{\triangle D}$ 和 $r^*_{\triangle F}$ 为：
$$r^*_{\triangle D} = \dfrac{-2\varphi_0 \kappa_1 - (\varphi_4 + \kappa_4)\kappa_0 + [2\varphi_1 \kappa_1 - (\varphi_4 + \kappa_4)\varphi_4](1-h)r_B + 2\varphi_2 \kappa_1 r_{\triangledown D} + (\varphi_4 + \kappa_4)\kappa_2 r_{\triangledown F}}{4\varphi_1 \kappa_1 - (\varphi_4 + \kappa_4)^2} +$$
$$\dfrac{[2\varphi_3 \kappa_1 + (\varphi_4 + \kappa_4)\kappa_3]r_D + (\varphi_4 - \kappa_4)\kappa_1 pr_L - [2\varphi_M \kappa_1 + (\varphi_4 + \kappa_4)\kappa_M]M}{4\varphi_1 \kappa_1 - (\varphi_4 + \kappa_4)^2}$$
$$\tag{7-24}$$

$$r^*_{\triangle F} = \dfrac{-2\varphi_1 \kappa_0 - (\varphi_4 + \kappa_4)\varphi_0 + (\kappa_4 - \varphi_4)\varphi_1(1-h)r_B + (\varphi_4 + \kappa_4)\varphi_2 r_{\triangledown D} + 2\varphi_1 \kappa_2 r_{\triangledown F}}{4\varphi_1 \kappa_1 - (\varphi_4 + \kappa_4)^2} +$$
$$\dfrac{[2\varphi_1 \kappa_3 + (\varphi_4 + \kappa_4)\varphi_3]r_D + [2\varphi_1 \kappa_1 - (\varphi_4 + \kappa_4)\kappa_4]pr_L}{4\varphi_1 \kappa_1 - (\varphi_4 + \kappa_4)^2} - \dfrac{[2\varphi_1 \kappa_M + (\varphi_4 + \kappa_4)\varphi_M]M}{4\varphi_1 \kappa_1 - (\varphi_4 + \kappa_4)^2}$$
$$\tag{7-25}$$

---

① 银行存款对存款利率变动弹性远大于对银行业存、贷款基准利率和理财产品收益率的变动弹性。类似地，银行理财产品销售额对收益率变动弹性大。

② 2010年《巴塞尔协议》强化了银行资本充足率监管标准，总资本充足率仍保持8%不变，但商业银行的核心资本充足率由4%上调到6%，同时，计提2.5%的防护缓冲资本和不高于2.5%的反周期准备资本，核心资本充足率达到8.5%—11%。中国多数银行资本充足率或核心资本充足率非常接近《巴塞尔协议》标准上限。

将式(7-24)和式(7-25)代入式(7-20),可以得到:

$$D^* = \frac{2\varphi_0\varphi_1\kappa_1 - \varphi_0\kappa_4(\varphi_4+\kappa_4) + \varphi_1\kappa_0(\varphi_4-\kappa_4) + 2\varphi_1(\varphi_1\kappa_1-\varphi_4\kappa_4)(1-h)r_B}{4\varphi_1\kappa_1-(\varphi_4+\kappa_4)^2} -$$

$$\frac{\varphi_2[2\varphi_1\kappa_1-\kappa_4(\varphi_4+\kappa_4)]r_{\nabla D} - \varphi_1\kappa_2(\kappa_4-\varphi_4)r_{\nabla F}}{4\varphi_1\kappa_1-(\varphi_4+\kappa_4)^2} -$$

$$\frac{[2\varphi_1(\varphi_3\kappa_1-\kappa_3\kappa_4)+(\varphi_4+\kappa_4)(\varphi_1\kappa_3-\varphi_3\kappa_4)]r_D + (\varphi_4+\kappa_4)(\varphi_1\kappa_1-\varphi_4\kappa_4)pr_L}{4\varphi_1\kappa_1-(\varphi_4+\kappa_4)^2} +$$

$$\frac{[2\varphi_1\varphi_M\kappa_1-\varphi_M\kappa_4(\varphi_4+\kappa_4)+\varphi_1\kappa_M(\varphi_4-\kappa_4)]M}{4\varphi_1\kappa_1-(\varphi_4+\kappa_4)^2}$$

$$(7-26)$$

将式(7-24)和式(7-25)代入式(7-21),并结合式(7-19),可以得到:

$$S^* = F^* = \frac{2\varphi_1\kappa_0\kappa_1-\varphi_4\kappa_0(\varphi_4+\kappa_4)-\varphi_0\kappa_1(\varphi_4-\kappa_4)-(\varphi_4+\kappa_4)(\varphi_1\kappa_1-\varphi_4\kappa_4)(1-h)r_B}{4\varphi_1\kappa_1-(\varphi_4+\kappa_4)^2} +$$

$$\frac{\varphi_2(\varphi_4-\kappa_4)\kappa_1 r_{\nabla D} - \kappa_2[2\varphi_1\kappa_1-\varphi_4(\varphi_4+\kappa_4)]r_{\nabla F}}{4\varphi_1\kappa_1-(\varphi_4+\kappa_4)^2} -$$

$$\frac{[2\kappa_1(\varphi_1\kappa_3-\varphi_3\varphi_4)+(\varphi_4+\kappa_4)(\varphi_3\kappa_1-\varphi_4\kappa_3)]r_D - 2\kappa_1(\varphi_1\kappa_1-\varphi_4\kappa_4)pr_L}{4\varphi_1\kappa_1-(\varphi_4+\kappa_4)^2} +$$

$$\frac{[2\varphi_1\kappa_1\kappa_M-\varphi_4\kappa_M(\varphi_4+\kappa_4)-\varphi_M\kappa_1(\varphi_4-\kappa_4)]M}{4\varphi_1\kappa_1-(\varphi_4+\kappa_4)^2}$$

$$(7-27)$$

贷款额度受资本充足率的限制:

$$L^* = \frac{1}{k}K \quad (7-28)$$

由此可知①,

$$\frac{\partial D^*}{\partial M} > 0, \quad \frac{\partial F^*}{\partial M} > 0, \quad \frac{\partial L^*}{\partial M} = 0, \quad \frac{\partial S^*}{\partial M} > 0 \quad (7-29)$$

状态 2：当 $L = gD \leq \frac{1}{k}K$ 时,若银行自有资本相对充足,《巴塞尔协议Ⅲ》无影响,贷款规模主要受存贷比率约束。

决策银行的目标方程为:

---

① $\frac{\partial D^*}{\partial M} > 0$ 是基于 $2\varphi_1\varphi_M\kappa_1 - \varphi_M\kappa_4(\varphi_4+\kappa_4) + \varphi_1\kappa_M(\varphi_4+\kappa_4) > 0$, $4\varphi_1K_1-(\varphi_4+K_4)^2 > 0$,因为,认知 φ_1 与 K_1 远大于 φ_0、φ_M、K_0 和 K_M 之外的其他参数,且 φ_M 和 K_M 处于类似的数量级。$\frac{\partial F^*}{\partial M} = \frac{\partial S^*}{\partial M} > 0$ 是基于同样的认知。

$$\pi = Kr_B + (\varphi_0 + \varphi_1 r_{\triangle D} - \varphi_2 r_{\triangledown D} - \varphi_3 r_D - \varphi_4 r_{\triangle F} + \varphi_M M)[(1-h-g)r_B + pgr_L - r_{\triangle D}] + (\kappa_0 + \kappa_1 r_{\triangle F} - \kappa_2 r_{\triangledown F} - \kappa_3 r_D - \kappa_4 r_{\triangle D} + \kappa_M M)(pr_L - r_{\triangle F}) \tag{7-30}$$

根据目标方程的一阶条件得到最优解 $r_{\triangle D}^*$ 和 $r_{\triangle F}^*$ 为:

$$r_{\triangle D}^* = \frac{-2\varphi_0 \kappa_1 - (\varphi_4 + \kappa_4)\kappa_0 + [2\varphi_1 \kappa_1 - (\varphi_4 + \kappa_4)\varphi_4](1-h-g)r_B + 2\varphi_2 \kappa_1 r_{\triangledown D} + (\varphi_4 + \kappa_4)\kappa_2 r_{\triangledown F}}{4\varphi_1 \kappa_1 - (\varphi_4 + \kappa_4)^2} + \frac{[2\varphi_3 \kappa_1 + (\varphi_4 + \kappa_4)\kappa_3]r_D + [(\varphi_4 - \kappa_4)\kappa_1 - (\varphi_4 + \kappa_4)\varphi_4 g]pr_L}{4\varphi_1 \kappa_1 - (\varphi_4 + \kappa_4)^2} - \frac{[2\varphi_M \kappa_1 + (\varphi_4 + \kappa_4)\kappa_M]M}{4\varphi_1 \kappa_1 - (\varphi_4 + \kappa_4)^2} \tag{7-31}$$

$$r_{\triangle F}^* = \frac{-2\varphi_1 \kappa_0 - (\varphi_4 + \kappa_4)\varphi_0 + (\kappa_4 - \varphi_4)\varphi_1(1-h-g)r_B + (\varphi_4 + \kappa_4)\varphi_2 r_{\triangledown D} + 2\varphi_1 \kappa_2 r_{\triangledown F}}{4\varphi_1 \kappa_1 - (\varphi_4 + \kappa_4)^2} + \frac{[2\varphi_1 \kappa_3 + (\varphi_4 + \kappa_4)\varphi_3]r_D + [2\varphi_1 \kappa_1 - 2\varphi_1 \varphi_4 g - (\varphi_4 + \kappa_4)\kappa_4]pr_L}{4\varphi_1 \kappa_1 - (\varphi_4 + \kappa_4)^2} - \frac{[2\varphi_1 \kappa_M + (\varphi_4 + \kappa_4)\varphi_M]M}{4\varphi_1 \kappa_1 - (\varphi_4 + \kappa_4)^2} \tag{7-32}$$

进一步得到:

$$D^* = \frac{2\varphi_0 \varphi_1 \kappa_1 - \varphi_0 \kappa_4(\varphi_4 + \kappa_4) + \varphi_1 \kappa_0(\varphi_4 - \kappa_4) + 2\varphi_1(\varphi_1 \kappa_1 - \varphi_4 \kappa_4)(1-h-g)r_B}{4\varphi_1 \kappa_1 - (\varphi_4 + \kappa_4)^2} - \frac{\varphi_2[2\varphi_1 \kappa_1 - \kappa_4(\varphi_4 + \kappa_4)]r_{\triangledown D} - \varphi_1 \kappa_2(\kappa_4 - \varphi_4)r_{\triangledown F}}{4\varphi_1 \kappa_1 - (\varphi_4 + \kappa_4)^2} - \frac{[2\varphi_1(\varphi_3 \kappa_1 - \kappa_3 \kappa_4) + (\varphi_4 + \kappa_4)(\varphi_1 \kappa_3 - \varphi_3 \kappa_4)]r_D}{4\varphi_1 \kappa_1 - (\varphi_4 + \kappa_4)^2} - \frac{[(\varphi_4 + \kappa_4)(\varphi_1 \kappa_1 - \varphi_4 \kappa_4) - \varphi_1 \varphi_4(\varphi_4 - \kappa_4)g]pr_L}{4\varphi_1 \kappa_1 - (\varphi_4 + \kappa_4)^2} + \frac{[2\varphi_1 \varphi_M \kappa_1 - \varphi_M \kappa_4(\varphi_4 + \kappa_4) + \varphi_1 \kappa_M(\varphi_4 - \kappa_4)]M}{4\varphi_1 \kappa_1 - (\varphi_4 + \kappa_4)^2} \tag{7-33}$$

$$S^* = F^* = \frac{2\varphi_1 \kappa_0 \kappa_1 - \varphi_4 \kappa_0(\varphi_4 + \kappa_4) - \varphi_0 \kappa_1(\varphi_4 - \kappa_4) - (\varphi_4 + \kappa_4)(\varphi_1 \kappa_1 - \varphi_4 \kappa_4)(1-h-g)r_B}{4\varphi_1 \kappa_1 - (\varphi_4 + \kappa_4)^2} + \frac{\varphi_2(\varphi_4 - \kappa_4)\kappa_1 r_{\triangledown D} - \kappa_2[2\varphi_1 \kappa_1 - \varphi_4(\varphi_4 + \kappa_4)]r_{\triangledown F}}{4\varphi_1 \kappa_1 - (\varphi_4 + \kappa_4)^2} - \frac{[2\kappa_1(\varphi_1 \kappa_3 - \varphi_3 \varphi_4) + (\varphi_4 + \kappa_4)(\varphi_3 \kappa_1 - \varphi_4 \kappa_3)]r_D}{4\varphi_1 \kappa_1 - (\varphi_4 + \kappa_4)^2} + \frac{[2\varphi_1 \kappa_1^2 - 2\varphi_4 \kappa_1 \kappa_4 - 2\varphi_1 \varphi_4 \kappa_1 g + (\varphi_4 + \kappa_4)\varphi_4 \kappa_4 g]pr_L}{4\varphi_1 \kappa_1 - (\varphi_4 + \kappa_4)^2} + \frac{[2\varphi_1 \kappa_1 \kappa_M - \varphi_4 \kappa_M(\varphi_4 + \kappa_4) - \varphi_M \kappa_1(\varphi_4 - \kappa_4)]M}{4\varphi_1 \kappa_1 - (\varphi_4 + \kappa_4)^2} \tag{7-34}$$

贷款额度受存贷比率要求的约束：
$$L^* = gD^* \tag{7-35}$$
由此可知，
$$\frac{\partial D^*}{\partial M} > 0, \ \frac{\partial F^*}{\partial M} > 0, \ \frac{\partial L^*}{\partial M} > 0, \ \frac{\partial S^*}{\partial M} > 0 \tag{7-36}$$

推论2：影子银行出现后，银行更多受资本充足率限制，当货币供给上升，银行存款和影子银行规模增加，但贷款规模变化缺乏弹性，致使货币政策有效性下降。

第四节 银行产权异质性对风险偏好影响的理论模型

国有银行的绩效考核中，风险防范重视程度远高于股份制银行。为体现这一差别，我们在目标方程风险资产预期收益前增加风险偏好参数 e（$e<1$）。由于国有银行厌恶风险，其 e 值较低。

当金融市场不存在影子银行影响时，银行目标方程为：
$$\pi = y_1 - c_1 + ey_2 - c_2 = Br_B + epLr_L - Dr_{\triangle D} \tag{7-37}$$
其中，y_1 和 y_2 分别代表投资无风险资产收益和风险资产预期收益，c_1 和 c_2 为相应成本，$c_1 + c_2 = Dr_{\triangle D}$[①]。

当金融市场存在影子银行影响时，银行目标方程为：
$$\pi = y_1 - c_1 + ey_2 - c_2 = Br_B + epLr_L - Dr_{\triangle D} + epSr_S - Fr_{\triangle F} \tag{7-38}$$
此时，$c_1 + c_2 = Dr_{\triangle D} + Fr_{\triangle F}$。在最优解 p 值前添加 e，得到均衡解。可推导出如下结论：

表7-1　　　　　　　　不同产权银行对影子银行偏好

	金融市场不存在影子银行影响	金融市场存在影子银行影响
受资本充足率限制	$\frac{\partial D^*}{\partial e} = 0$, $\frac{\partial L^*}{\partial e} = 0$	$\frac{\partial D^*}{\partial e} < 0$, $\frac{\partial L^*}{\partial e} = 0$, $\frac{\partial S^*}{\partial e} = \frac{\partial F^*}{\partial e} > 0$
受存贷比率限制	$\frac{\partial D^*}{\partial e} > 0$, $\frac{\partial L^*}{\partial e} > 0$	$\frac{\partial D^*}{\partial e} < 0$, $\frac{\partial L^*}{\partial e} < 0$, $\frac{\partial S^*}{\partial e} = \frac{\partial F^*}{\partial e} > 0$

推论3：影子银行出现后，国有银行相较于股份制银行更偏好传统表

[①] 此处依然不包含自有资本的成本，因为其不影响银行决策。

内业务，而股份制银行更偏好"影子银行"业务。

假设决策银行存款额度和理财产品规模与货币供给数量存在近似等比关系①，当金融市场不存在影子银行影响时，存款规模函数表示为：

$$D = (\varphi_0 + \varphi_1 r_{\triangle D} - \varphi_2 r_{\triangledown D} - \varphi_3 r_D) M \qquad (7-39)$$

当金融市场存在影子银行影响时，存款与理财产品规模函数表示为：

$$D = (\varphi_0 + \varphi_1 r_{\triangle D} - \varphi_2 r_{\triangledown D} - \varphi_3 r_D - \varphi_4 r_{\triangle F}) M \qquad (7-40)$$

$$F = (\kappa_0 + \kappa_1 r_{\triangle F} - \kappa_2 r_{\triangledown F} - \kappa_3 r_D - \kappa_4 r_{\triangle D}) M \qquad (7-41)$$

可推导出如下结论：

表7-2　　　　　　　不同产权银行对货币政策弹性

	金融市场不存在影子银行影响	金融市场存在影子银行影响
受资本充足率限制	$\frac{\partial^2 D^*}{\partial M \partial e} = 0$，$\frac{\partial^2 L^*}{\partial M \partial e} = 0$	$\frac{\partial^2 D^*}{\partial M \partial e} < 0$，$\frac{\partial^2 L^*}{\partial M \partial e} = 0$，$\frac{\partial^2 S^*}{\partial M \partial e} = \frac{\partial^2 F^*}{\partial M \partial e} > 0$
受存贷比率限制	$\frac{\partial^2 D^*}{\partial M \partial e} > 0$，$\frac{\partial^2 L^*}{\partial M \partial e} > 0$	$\frac{\partial^2 D^*}{\partial M \partial e} < 0$，$\frac{\partial^2 L^*}{\partial M \partial e} < 0$，$\frac{\partial^2 S^*}{\partial M \partial e} = \frac{\partial^2 F^*}{\partial M \partial e} > 0$

推论4：影子银行出现前，股份制银行存贷款对货币政策弹性较大。影子银行出现后，货币政策对国有银行存款的影响较大，但对国有银行中影子银行的解释力弱于股份制银行。

第五节　本章小结

本章基于银行产权异质性导致的市场风险偏好差异，通过构建理论模型，揭示货币政策调控在银行产权异质性环境下，对影子银行存在与否两种情形的传导效应。本章理论模型得到四个研究推论。

推论1：影子银行出现前，银行更多受存贷比限制，此时，当货币供给上升，银行存款和贷款均增加。相比受资本充足率限制，货币供给上升

---

① 本研究之前采用了简化式的线性模型，刻画货币供给数量和其他变量对决策银行的存款额度和理财产品规模的影响。虽然现实中，决策银行的存款额度和理财产品的规模与货币供给数量存在近似等比的关系，当其他变量变化较少时，可以通过泰勒展开得到简化式模型。如果模型采用近似等比关系刻画货币供给数量对存款与理财产品规模的影响，之前的基本结论依然成立，而且可以反映风险偏好对货币弹性的影响。

对贷款的刺激力度更大。

推论2：影子银行出现后，银行更多受资本充足率限制，当货币供给上升，银行存款和影子银行规模增加，但贷款规模变化缺乏弹性，致使货币政策有效性下降。

推论3：影子银行出现后，国有银行相较于股份制银行更偏好传统表内业务，而股份制银行更偏好"影子银行"业务。

推论4：影子银行出现前，股份制银行存贷款对货币政策弹性较大。影子银行出现后，货币政策对国有银行存款的影响较大，但对国有银行中影子银行的解释力弱于股份制银行。

通过分析上述推论，我们发现：第一，影子银行降低货币政策有效性。影子银行虽规避了存贷比监管约束，但仍受资本充足率限制，为了规避资本过多消耗，当货币供给上升时，银行存款和影子银行规模增加，但贷款规模变化缺乏弹性，致使货币政策有效性下降。从理论上揭示了影子银行导致货币政策有效性下降的原因所在。

第二，影子银行在不同产权银行间存在较大差异。股份制银行由于风险偏好较高，而且由于前期贷款扩张过快，存贷比和资本充足率等指标已接近或超过监管上限，因此其存在更大动力发展影子银行。而这也从理论上解释了为什么影子银行在股份制银行发展得较快。

第三，影子银行的出现导致不同产权银行贷款对货币政策的敏感性发生变化。影子银行出现前，股份制银行贷款对货币政策反应较为敏感，但影子银行出现后，受到监管指标约束影响，股份制银行无法通过正常贷款开展业务，只能通过影子银行通道业务进行。因此，股份制银行贷款对货币政策的敏感性降低，取而代之的是影子银行对货币政策的敏感性。这也从理论上解释了为什么2010年信贷业务断崖式下跌并没有导致经济崩溃。

第八章 影子银行冲击货币政策传导的宏观效应：实证检验

第一节 实证模型构建

一 模型构建与变量分析

针对理论模型推导结果，本研究选择基于面板数据的向量自回归（panel-VAR）模型进行实证检验。为了检验银行产权异质性对货币政策有效性的影响，在将整体金融机构作为 VAR 系统的基础上，对国有银行和股份制银行分别建立 VAR 模型，比较其对货币政策的不同反应。本研究变量为银行存款（DEPO）、贷款（LOAN）、货币政策（M）和国民生产总值（GDP）。一般认为，当货币政策变化后，银行存款和贷款均发生变化，同时，银行存款会引起银行贷款的变化；而银行存款和贷款的变化将影响居民和企业的消费、投资行为，继而影响国民生产总值变化。因此，如果在国有银行的 VAR 模型检验中，贷款对货币政策的反应强于股份制银行，则认为国有银行对货币政策较敏感，反之亦然；如果国有银行贷款对国民生产总值的影响大于股份制银行，则认为国有银行货币政策执行更有效，反之，则认为货币政策对股份制银行更有效。

根据 panel-VAR 模型的定义，模型设定为：

$$Y_{it} = \alpha_i + \beta_t + \lambda_1 Y_{it-1} + \lambda_2 Y_{it-2} + \cdots + \lambda_n Y_{it-n} + \xi_{it}$$

其中，$Y_{it} = \{D_{it}, L_{it}, M_{it}, GDP_{it}\}$，$i$ 代表不同银行，t 代表不同季度，$\{\lambda_1, \lambda_2, \cdots, \lambda_n\}$ 均是 n×n 维的系数矩阵，α_i、β_t 分别是 n×1 维的个体效应向量和时间效应向量，$Y_{it-1}, Y_{it-2}, \cdots, Y_{it-n}$ 是 Y_{it} 的滞后项，ξ_{it} 是随机误差项，第 m 个方程的误差项 ξ_{it}^m 满足 $E(\xi_{it}^m \mid \alpha_i^n, \beta_t^n, Y_{it-1}, Y_{it-2}, \cdots, Y_{it-n}) = 0$。

VAR 模型各变量的排序可能会影响到度量效应。本研究变量进入 VAR

模型的顺序类似于 Bernanke 和 Blinder[①]，依次为 M、GDP、DEPO 和 LOAN。

其中 M 为货币供应量，本研究分别使用 M1 和 M2 进行实证，两者结果类似，但使用 M1 的实证结果更为显著。其他变量中，GDP 为国民生产总值，可度量货币政策的最终执行效果；银行存款（DEPO）和银行贷款（LOAN）作为银行运营两个主要指标，体现了银行对货币政策反应的敏感程度。

具体估计中，首先，本研究剔除了模型中的时间效应和个体效应，其中对时间效应的剔除运用了横截面的均值差分方法，对个体效应的剔除运用了向前均值差分方法；其次，利用 GMM 方法对系数进行有效估计；最后，在此基础上，进行脉冲响应分析、格兰杰因果关系检定和模型预测误差的方差分解。

二 样本选择与数据处理

首先，在样本选择上，挑选关键变量 DEPO 和 LOAN 有数据的银行，结果发现，2010 年前（包括2010 年）上市的 16 家上市银行数据较全，具有完整的季度 DEPO 和 LOAN 数据；比较之下，其他银行仅有年度 DEPO 和 LOAN 数据。因此，本研究选择上市银行为样本。

其次，样本区间选择 2008 年第三季度至 2015 年第三季度。主要是因为 2008 年第三季度被认为是全球经济危机爆发的时点，且多数银行有数据。之所以选择截至 2015 年第三季度，是因为自 2015 年 10 月始，对银行存贷比的限制取消。考虑到银行监管制度的重大改革可能带来的结构性变化，所以将样本区间的截止时间选择为 2015 年第三季度。

再次，为了研究银行产权异质性对货币政策的影响，将 16 家上市银行分为两组[②]。

最后，所有数据均来源于 Wind 数据库。其中 DEPO 和 LOAN 为季末余额值，GDP 和 M1 为现值绝对量，分别计算 M1、GDP、DEPO 和 LOAN 四个变量的同比增速值，标记为 gM1、gGDP、gDEPO 和 gLOAN。

[①] Bernanke, B. S. and A. S. Blinder, "The Federal Funds Rate and the Channels of Monetary Transmission", *American Economy Review*, 1992, 82 (4), pp. 901–921.

[②] 中国银行、中国工商银行、中国建设银行、中国农业银行和交通银行划分为国有商业银行，其余 11 家银行划分为股份制商业银行。

三 平稳性检验

为了防止伪回归，保证实证结果的可靠性，本研究在实证检验前对四个变量进行了单位根检验。对于贷款增速和存款增速两个变量，考虑到长面板数据特征，选择 LLC 检验①方法，结果显示，除了国有银行组的存款增速，其他变量均为平稳序列，对国有银行组的存款增速变量进行一阶差分后，也成为平稳序列。对 GDP 增速和 M1 增速两个变量，考虑到在面板格式中，两个变量即非标准面板数据，也非传统宏观时间序列数据，因此，选择 ADF-Fisher 检验②法进行单位根检验，结果表明，GDP 增速和 M1 增速两个变量均为平稳序列。

表 8-1 单位根检验结果

银行结构特征变量	所有银行 LLC 检验	国有银行 LLC 检验	股份制商业银行 LLC 检验	宏观环境变量	ADF-Fisher 检验			
					P	Z	L	Pm
贷款同比	-4.77***	-1.59*	-4.62***	GDP 同比增速	149.60***	-9.70***	-11.09***	16.25***
存款同比	-1.85**	-1.21	-1.41*	M1 同比增速	85.70***	-6.27***	-6.26***	7.71***

注：* $p<0.1$；** $p<0.05$；*** $p<0.01$。

第二节 实证结果与稳健性检验

一 银行产权异质性与货币政策有效性

本研究计量软件采用 STATA14 版本。首先，对全体银行进行检验，通过 AIC、BIC 及 HQIC 等信息准则，确定模型的滞后阶数为 3。在对全部样本的 Panel-VAR 数据进行 GMM 估计后，得到各个变量之间的脉冲响应函数，再通过蒙特卡洛模拟得到脉冲响应的置信区间，从而绘制出相应的脉冲响应图。

结果如图 8-1 所示：货币供应量增加 1 个百分点，贷款同期增加 2.2

---

① Levin, A., Lin, C. F. and C. S. J. Chu, "Unit Root Tests in Panel Data: Asymptotic and Finite-sample Properties", *Journal of Econometrics*, 2002, 108 (1), pp. 1–24.

② Maddala, G. S. and S. Wu, "A Comparative Study of Unit Root Tests with Panel Data and a New Simple Test", *Oxford Bulletin of Economics and Statistics*, 1999, 61 (S1), pp. 631–652.

个百分点，存款增加 2.3 个百分点。由于贷款变动并非同时带动 GDP 变动，因此，货币供应量变动后，GDP 同期仅增加 0.2 个百分点。其中，贷款对货币政策的正向冲击响应的最大值出现在第一期，接近 3.5 个百分点，随后出现深幅调整，从第五期开始有所回调，达到新的平衡水平。与贷款类似，存款对货币政策正向冲击响应的最大值也出现在第一期，为 2.4 个百分点，之后下降，在第五期达到基本稳定。GDP 对货币政策正向冲击响应的最大值出现在第三期，为 0.73 个百分点，与存款和贷款相比，响应有所滞后，之后有所下降，在较远期后不再显著。GDP 对贷款变动正向冲击响应从第一期开始缓慢增加，第四期为最大值 0.3 个百分点，虽然之后有所回落，但幅度非常微小。结果表明，货币政策正向冲击对银行存款和贷款的变动有较强影响，但贷款投放对经济增长的刺激效果较弱，影响了货币政策的有效性。

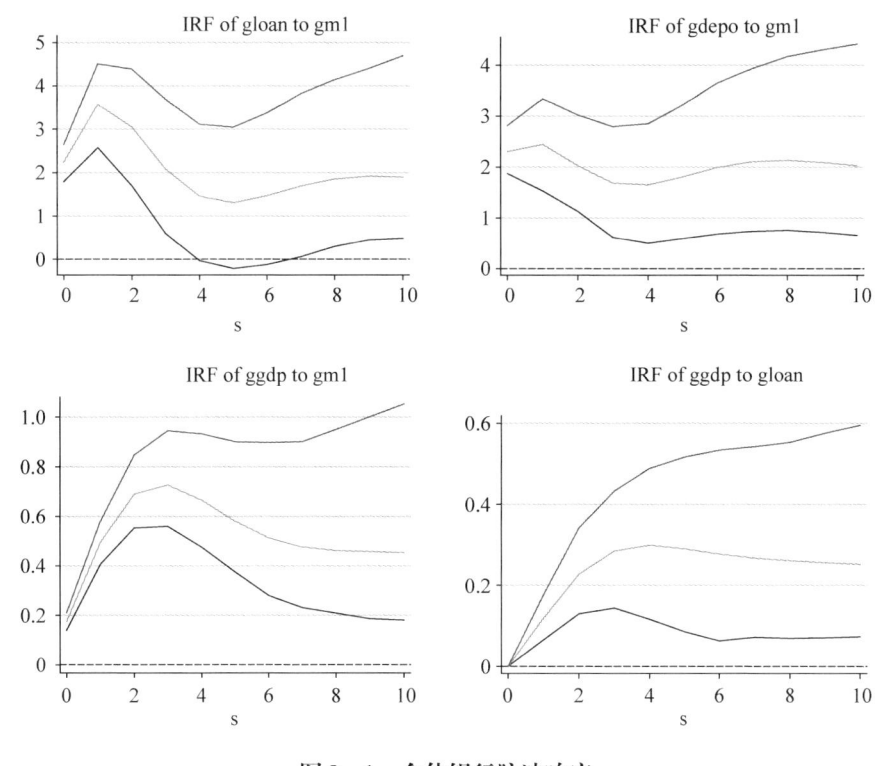

图 8-1 全体银行脉冲响应

采用与全体银行相同的分析方法，分别对国有银行和股份制银行进行脉冲响应分析，可以看出，国有银行贷款和存款对货币政策的正向冲击反应均明显弱于股份制银行，且国有银行贷款投放对经济增长的刺激效果不及股份制银行。因此，货币政策通过国有银行信贷渠道实施的效果差于通过股份制银行信贷渠道。初步证明了本研究之前提出的银行产权异质性会影响货币政策实施效果的结论，如图 8-2 和图 8-3 所示[①]。

为了进一步检验各个变量之间的关系，对 gM1、gGDP、gDEPO、gLOAN 四个变量进行了格兰杰因果检验，结果如表 8-2 所示：货币政策变化是 GDP 和贷款变化的原因；贷款变化会引起存款和 GDP 的变动；反之，GDP 变化影响贷款的变化，但存款不是贷款变化的原因。此外，国有银行和股份制银行之间最显著的差异是：股份制银行存款变化是 GDP 变化的原因，而国有银行则不同。

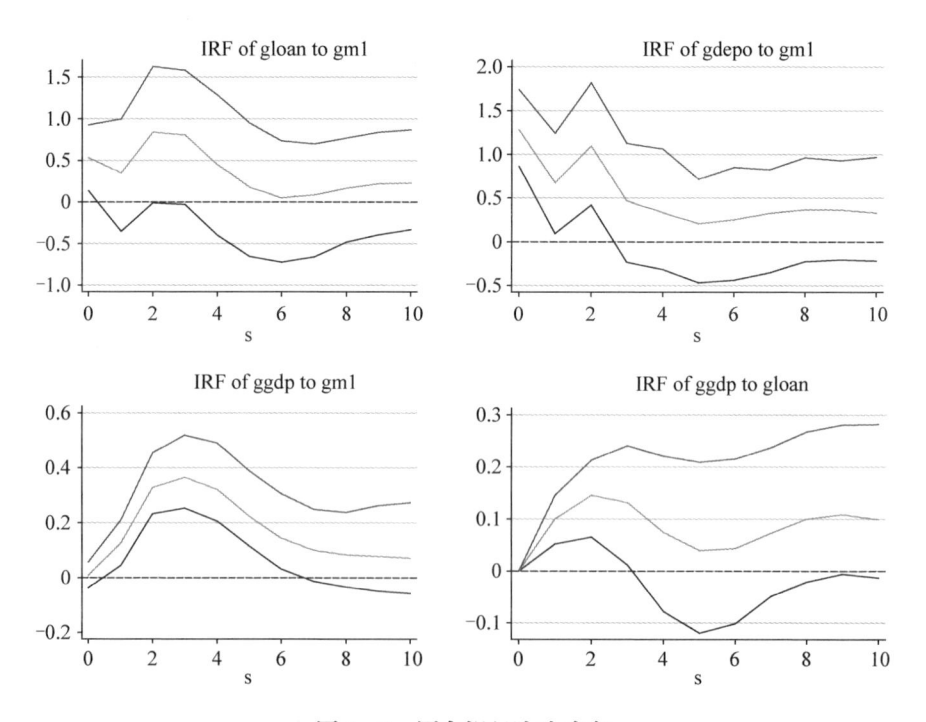

图 8-2　国有银行脉冲响应

---

① 本研究利用《中国金融统计（1949—2005）》中 2000 年 1 月至 2005 年 12 月宏观数据，采用 VAR 模型实证结果也表明其他商业银行比国有银行对货币政策的变化更为敏感。

第八章 影子银行冲击货币政策传导的宏观效应：实证检验

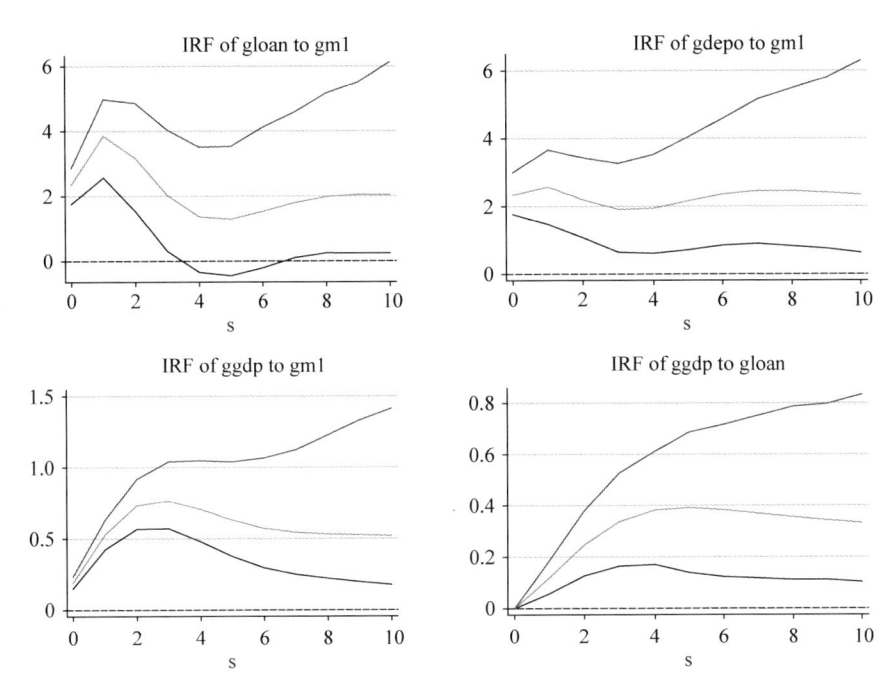

图 8-3 股份制银行脉冲响应

表 8-2 格兰杰因果检验

Null Hypothesis	所有银行		国有银行		股份制商业银行	
	Chi squared	Prob.	Chi squared	Prob.	Chi squared	Prob.
gGDP 不是 gM1 的格兰杰原因	8.42	0.02	65.92	0.00	6.62	0.04
gDEPO 不是 gM1 的格兰杰原因	0.72	0.70	4.77	0.19	0.57	0.75
gLOAN 不是 gM1 的格兰杰原因	30.37	0.00	12.33	0.01	26.68	0.00
gM1 不是 gGDP 的格兰杰原因	36.82	0.00	53.26	0.00	31.51	0.00
gDEPO 不是 gGDP 的格兰杰原因	7.91	0.02	0.37	0.95	5.25	0.07

续表

Null Hypothesis	所有银行 Chi squared	Prob.	国有银行 Chi squared	Prob.	股份制商业银行 Chi squared	Prob.
gLOAN 不是 gGDP 的格兰杰原因	17.90	0.00	12.96	0.01	13.88	0.00
gM1 不是 gDEPO 的格兰杰原因	2.52	0.28	9.97	0.02	3.17	0.21
gGDP 不是 gDEPO 的格兰杰原因	34.39	0.00	28.50	0.00	24.06	0.00
gLOAN 不是 gDEPO 的格兰杰原因	22.25	0.00	8.11	0.04	20.56	0.00
gM1 不是 gLOAN 的格兰杰原因	5.88	0.05	8.80	0.03	7.10	0.03
gGDP 不是 gLOAN 的格兰杰原因	24.89	0.00	23.06	0.00	21.16	0.00
gDEPO 不是 gLOAN 的格兰杰原因	1.59	0.45	2.95	0.40	1.34	0.51

最后，为了更精确地确定不同产权结构银行对货币政策的敏感性，以及不同变量之间的相互影响程度，本研究以方差分解的方式得到不同方程中的冲击变量对内生变量波动的贡献程度，具体结果如表 8-3 所示[①]，表明货币政策对股份制银行贷款变化的解释力除第一期外，均显著高于对国有银行贷款变化的解释力。

本部分的实证结果表明：第一，股份制银行贷款对货币政策的敏感性显著强于国有银行；第二，股份制银行贷款对 GDP 的影响大于国有银行。

二 银行产权异质性、影子银行影响与货币政策有效性

（一）影子银行存在的影响

2007 年美国次贷危机的爆发波及全球经济，为减小危机对我国经济的负面冲击，2008 年 11 月至 2010 年年底，我国实施了一揽子经济刺激计

---

① 考虑数据量较多，本研究方差分解所汇报结果只选择了第 1、5、10 期，但不影响所得结论。

第八章 影子银行冲击货币政策传导的宏观效应：实证检验 143

表8-3 方差分解

	时期	所有银行				国有银行				股份制商业银行			
		gM1	gGDP	gDEPO	gLOAN	gM1	gGDP	gDEPO	gLOAN	gM1	gGDP	gDEPO	gLOAN
gM1	1	1.00	0.00	0.00	0.00	1.00	0.00	0.00	0.00	1.00	0.00	0.00	0.00
gM1	5	0.76	0.03	0.07	0.14	0.71	0.22	0.05	0.02	0.75	0.01	0.04	0.20
gM1	10	0.67	0.02	0.12	0.20	0.49	0.35	0.13	0.03	0.64	0.01	0.08	0.27
gGDP	1	0.16	0.84	0.00	0.00	0.00	1.00	0.00	0.00	0.19	0.81	0.00	0.00
gGDP	5	0.57	0.19	0.16	0.08	0.50	0.39	0.04	0.07	0.59	0.18	0.13	0.10
gGDP	10	0.56	0.11	0.22	0.11	0.44	0.30	0.18	0.08	0.56	0.12	0.16	0.16
gDEPO	1	0.16	0.00	0.84	0.00	0.21	0.00	0.79	0.00	0.13	0.00	0.87	0.00
gDEPO	5	0.23	0.01	0.66	0.11	0.19	0.01	0.71	0.08	0.22	0.01	0.63	0.14
gDEPO	10	0.30	0.03	0.54	0.12	0.19	0.02	0.68	0.11	0.31	0.04	0.49	0.16
gLOAN	1	0.18	0.01	0.20	0.61	0.05	0.01	0.17	0.77	0.17	0.02	0.21	0.60
gLOAN	5	0.24	0.01	0.26	0.49	0.09	0.05	0.15	0.72	0.22	0.01	0.25	0.52
gLOAN	10	0.26	0.04	0.28	0.42	0.08	0.05	0.20	0.66	0.25	0.05	0.25	0.45

划，并暂时取消了对商业银行的信贷额度控制，导致 2009 年人民币贷款增量高达 9.6 万亿元，同比增长 131%。虽然 2010 年货币政策转向稳健，但之前强刺激方案带来的影响却没有消失。商业银行为了维持老客户、吸引新客户，在保持利润率增长的同时防止不良贷款率上升，需要继续对原有客户提供资金。但在严格监管下，银行无法通过正常渠道开展业务。为了规避监管，以银行理财产品和各种通道业务为特征的影子银行体系大量涌现，导致货币政策传导出现结构性变化。

因此，本节将对 2010 年影子银行出现后的样本区间进行检验，以观测影子银行出现对不同产权性质银行货币政策敏感性的影响，以及货币政策通过信贷渠道传递的有效性。首先，对全体银行进行检验，通过 AIC、BIC 及 HQIC 等信息准则，确定模型的滞后阶数为 3；其次，对全部样本的 Panel-VAR 数据进行 GMM 估计，得到各变量间的脉冲响应函数；最后，通过蒙特卡洛模拟得到脉冲响应的置信区间，绘制出脉冲响应图。

令人惊讶的是，从 2011 年开始，货币政策对贷款的影响与之前相比，基本不显著，而存款对货币政策的正向冲击响应也只在第一期存在，同时，贷款对 GDP 的影响基本消失，导致货币政策对 GDP 的正向影响只在第二期前后较短时间内出现，且最大响应只有 0.12 左右，如图 8-4 所示。

分析国有银行和股份制银行的脉冲响应结果，发现在这一阶段中，国有银行贷款对货币政策正向冲击响应在第一期内仍然微弱，最大值为货币供应量增加的同期值，为 0.6；股份制银行贷款对货币政策正向冲击响应完全不显著。此外，货币政策通过国有银行信贷渠道传导效果的时间维度，长于通过股份制银行信贷渠道传导；且国有银行存款对货币政策正向冲击响应的最大值为 1.6，大于股份制银行存款对货币政策正向冲击响应的最大值 1.05，如图 8-5 和图 8-6 所示。

为了进一步检验各个变量之间的关系，对 gM1、gGDP、gDEPO、gLOAN 四个变量进行了格兰杰因果检验，发现货币政策变化是 GDP 变化的原因，贷款变化是存款变化的原因。此外，对国有银行而言，存款变化是货币政策变化的原因；对股份制银行而言，货币政策变化和 GDP 变化是其存款变化的原因。但货币政策变化与贷款变化，以及贷款变化与 GDP 变化之间的关系在这一阶段完全消失，如表 8-4 所示。

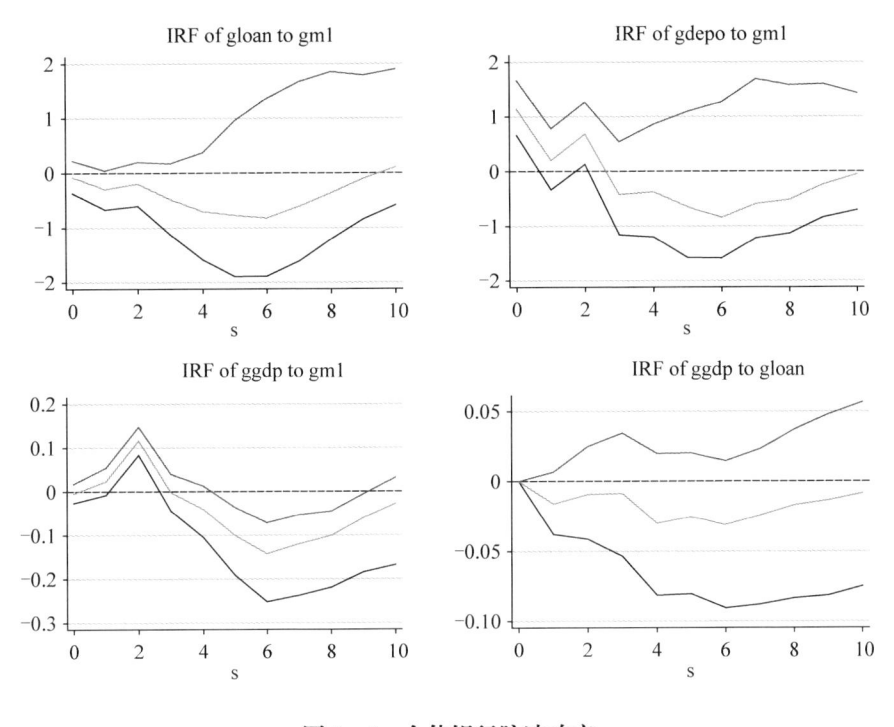

图 8-4　全体银行脉冲响应

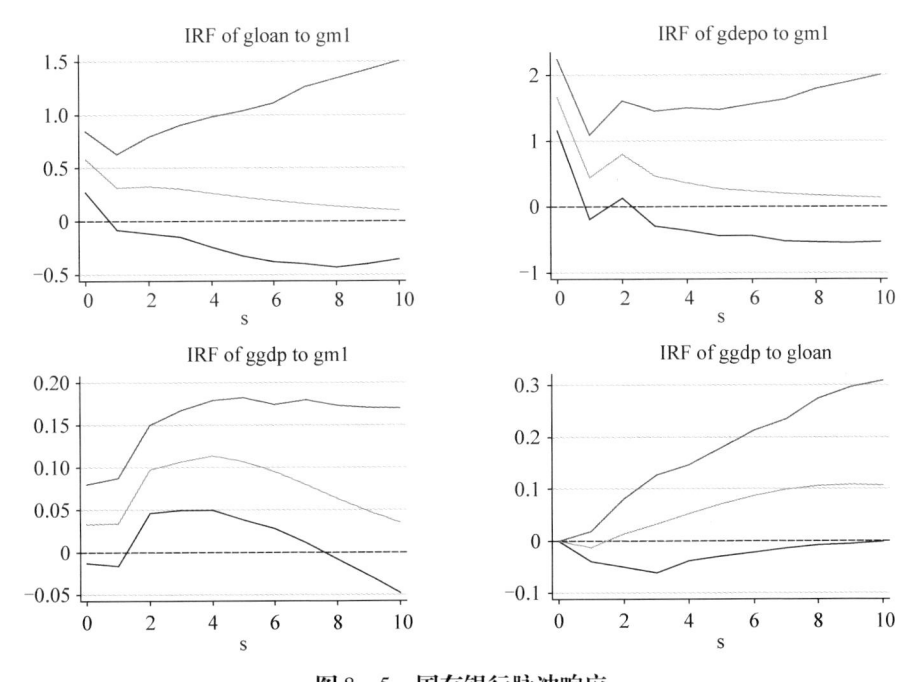

图 8-5　国有银行脉冲响应

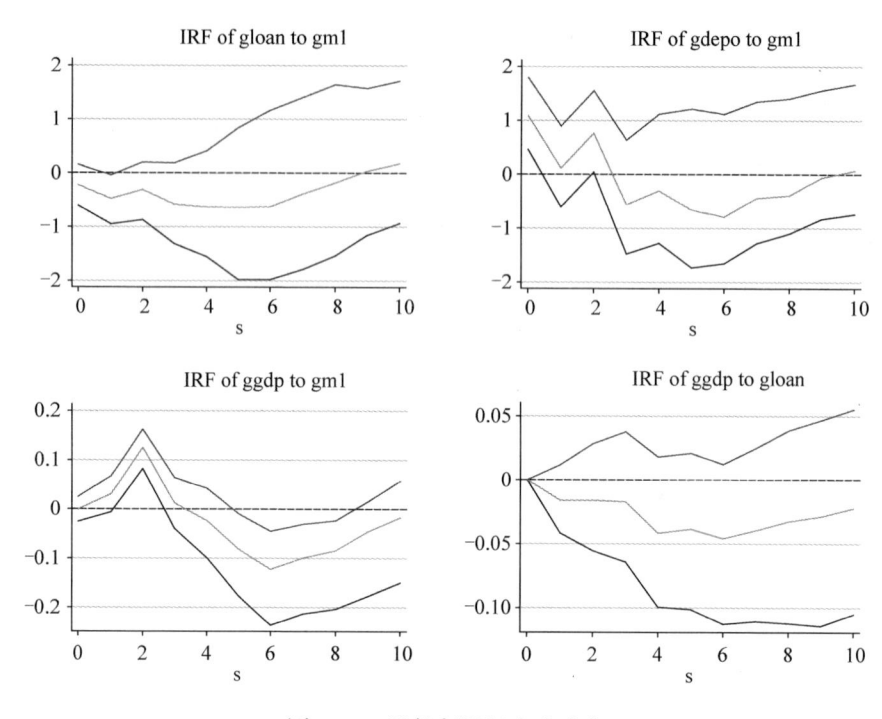

图 8-6　股份制银行脉冲响应

表 8-4　　　　　　　　　格兰杰因果检验

Null Hypothesis	所有银行		国有银行		股份制商业银行	
	Chi squared	Prob.	Chi squared	Prob.	Chi squared	Prob.
gGDP 不是 gM1 的格兰杰原因	113.47	0.00	20.18	0.00	78.93	0.00
gDEPO 不是 gM1 的格兰杰原因	5.97	0.11	5.89	0.05	5.43	0.14
gLOAN 不是 gM1 的格兰杰原因	3.33	0.34	0.35	0.84	4.05	0.26
gM1 不是 gGDP 的格兰杰原因	234.77	0.00	4.04	0.13	172.40	0.00
gDEPO 不是 gGDP 的格兰杰原因	1.47	0.69	0.61	0.74	1.23	0.75

续表

Null Hypothesis	所有银行		国有银行		股份制商业银行	
	Chi squared	Prob.	Chi squared	Prob.	Chi squared	Prob.
gLOAN 不是 gGDP 的格兰杰原因	2.36	0.50	1.26	0.53	1.76	0.62
gM1 不是 gDEPO 的格兰杰原因	8.46	0.04	3.50	0.17	8.51	0.04
gGDP 不是 gDEPO 的格兰杰原因	7.18	0.07	1.79	0.41	7.99	0.05
gLOAN 不是 gDEPO 的格兰杰原因	7.19	0.07	7.89	0.02	7.96	0.05
gM1 不是 gLOAN 的格兰杰原因	5.24	0.16	1.35	0.51	4.81	0.19
gGDP 不是 gLOAN 的格兰杰原因	3.10	0.38	3.92	0.14	1.65	0.65
gDEPO 不是 gLOAN 的格兰杰原因	0.98	0.81	0.08	0.96	0.75	0.86

最后，为了更精确地确定银行对货币政策的敏感性，货币政策通过信贷渠道传递的有效性，以及不同变量之间的相互影响程度，本研究以方差分解的方式得到不同的方程中的冲击变量对于内生变量波动的贡献程度，具体结果如表 8-5 所示。货币政策对国有银行贷款变化的解释力除第一期外，均显著高于对股份制银行贷款变化的解释力。对股份制银行的贷款而言，仅有其自身的贷款能够进行解释。对国有银行的贷款而言，自身贷款和存款是主要解释因素，货币政策的解释力最弱。

实证结果表明：第一，影子银行产生后时间段的实证结果与全部时间段的实证结果出现较大差异，即股份制银行贷款对货币政策的变化完全失去敏感性，国有银行贷款对货币政策的敏感性仅在第一期存在；第二，国有银行和股份制银行中贷款对 GDP 的影响均不显著；第三，货币政策对 GDP 的影响与全部时间段相比，出现大幅下降。

（二）影子银行规模增长的影响

2010 年后，影子银行在中国快速发展。截至 2016 年年底，中国人民银行公布的表外理财规模达 26 万亿元人民币[1]，穆迪则认为中国影子银行总

---

[1] 数据来自 Wind 数据库。

表 8-5　方差分解

	时期	所有银行					国有银行					股份制商业银行			
		gM1	gGDP	gDEPO	gLOAN	gM1	gGDP	gDEPO	gLOAN	gM1	gGDP	gDEPO	gLOAN
gM1	1	1.00	0.00	0.00	0.00	1.00	0.00	0.00	0.00	1.00	0.00	0.00	0.00
gM1	5	0.91	0.08	0.01	0.01	0.79	0.11	0.09	0.02	0.91	0.07	0.02	0.01
gM1	10	0.89	0.07	0.03	0.01	0.61	0.13	0.11	0.15	0.88	0.07	0.04	0.02
gGDP	1	0.00	1.00	0.00	0.00	0.02	0.98	0.00	0.00	0.00	1.00	0.00	0.00
gGDP	5	0.13	0.85	0.00	0.01	0.26	0.65	0.05	0.03	0.16	0.80	0.02	0.02
gGDP	10	0.38	0.59	0.02	0.02	0.29	0.39	0.12	0.21	0.33	0.57	0.04	0.06
gDEPO	1	0.06	0.01	0.93	0.00	0.35	0.07	0.58	0.00	0.05	0.03	0.93	0.00
gDEPO	5	0.07	0.06	0.85	0.02	0.22	0.13	0.45	0.20	0.06	0.06	0.86	0.03
gDEPO	10	0.12	0.07	0.76	0.05	0.17	0.10	0.36	0.36	0.09	0.07	0.77	0.08
gLOAN	1	0.00	0.00	0.32	0.68	0.16	0.00	0.11	0.73	0.01	0.01	0.31	0.68
gLOAN	5	0.05	0.07	0.23	0.65	0.11	0.01	0.12	0.75	0.06	0.03	0.24	0.67
gLOAN	10	0.14	0.07	0.22	0.58	0.10	0.01	0.11	0.78	0.10	0.03	0.24	0.63

规模达 64.5 万亿元人民币①,与名义 GDP 的比值超过 80%,与银行资产的比值超过 50%。但在不同产权性质银行中,影子银行发展不尽相同。其中,中小银行由于规模小、网点少,存款来源不足,更倾向于发行理财产品作为存款的有效补充;同时,中小银行由于资本充足率不足,存贷比率较高,需要"通道"业务规避金融监管。而大银行资金充裕,发展影子银行业务更多是为了规避监管对贷款流向的限制。

影子银行的出现改变了传统的货币政策传导途径,随着其规模的增长,货币政策有效性被削弱。影子银行具有明显的信贷供给作用,对传统间接融资形成补充和替代,弱化货币传导的信贷渠道;且资金流入以房地产、股票市场为代表的金融市场获取高收益,加剧了金融"脱实向虚",在推高资产价格的同时,影响金融市场的稳定。因此,本节在 gM1、gGDP、gDEPO 和 gLOAN 变量外,加入代表影子银行的新变量 gCHAN,以研究影子银行如何通过影响不同产权银行的行为影响货币政策调控。

通常认为,影子银行在 2013 年之前主要表现为以银信合作、银证合作和银保合作为代表的通道业务,之后影子银行形式出现变化,同业创新导致影子银行中的买入返售、委托投资业务占比大幅提高。但无论在何种阶段,影子银行规模都缺乏准确数据,因此,本研究对影子银行的规模进行了大致估算。借鉴孙国锋和贾君怡②的做法,基于"有借必有贷,借贷必相等"的会计原理,银行影子资产扩张和随之创造的存款规模应该大致相等。因此,从银行的负债方入手,用可能负债减去所有"非影子资产"(包括贷款、外汇、企业债券等传统资产)的扣除法,推算银行影子的规模。影子银行/贷款与影子银行/存款的比值在 2009 年年初期基本相同,之后随着影子银行规模不断扩张以及银行贷款规模增速下降,影子银行/贷款与影子银行/存款比值的差距越来越大,在 2014 年达到峰值,如图8-7所示。

实证过程同前,首先,对全体银行进行检验,通过 AIC、BIC 及 HQIC 等信息准则,确定模型的滞后阶数为 3;其次,对全部样本的 Panel-VAR 数据进行 GMM 估计,得到各个变量之间的脉冲响应函数;最后,通过蒙特卡洛模拟得到脉冲响应的置信区间,绘制出相应的脉冲响应图。

结果表明:货币政策对贷款的影响仍然不显著,存款对货币政策的正向冲击响应只在第一期存在,最大响应为 1.5;相反,影子银行对货币政

---

① 穆迪:《2016 中国影子银行季度监测报告》。
② 孙国锋、贾君怡:《中国影子银行界定及其规模测算——基于信用货币创造的视角》,《中国社会科学》2015 年第 11 期。

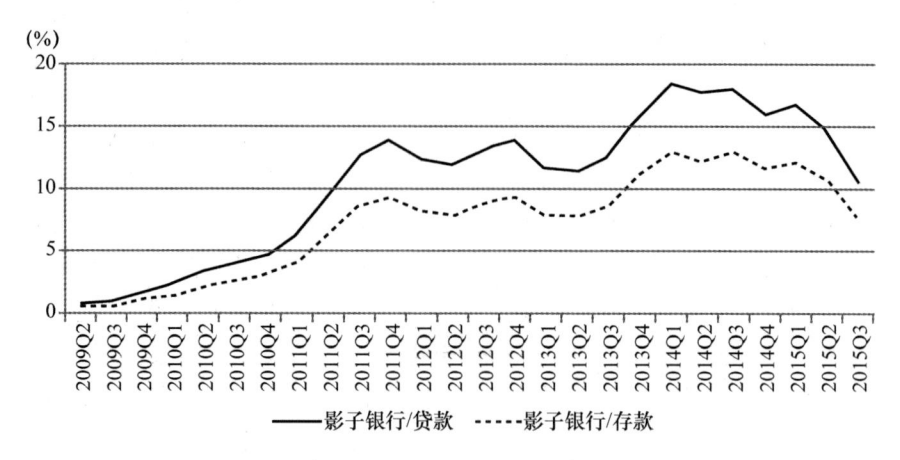

图 8-7 影子银行规模测算

资料来源：Wind 数据库，笔者整理。

策的正向冲击响应在第一期最大可以达到 7。贷款对 GDP 基本没有影响，但影子银行对 GDP 的影响长期存在，因此，在考虑影子银行变量后，货币政策对 GDP 的影响可持续 7 期。此外，影子银行对贷款的影响在前两期显著为负，但贷款对影子银行的影响不显著，如图 8-8 所示。

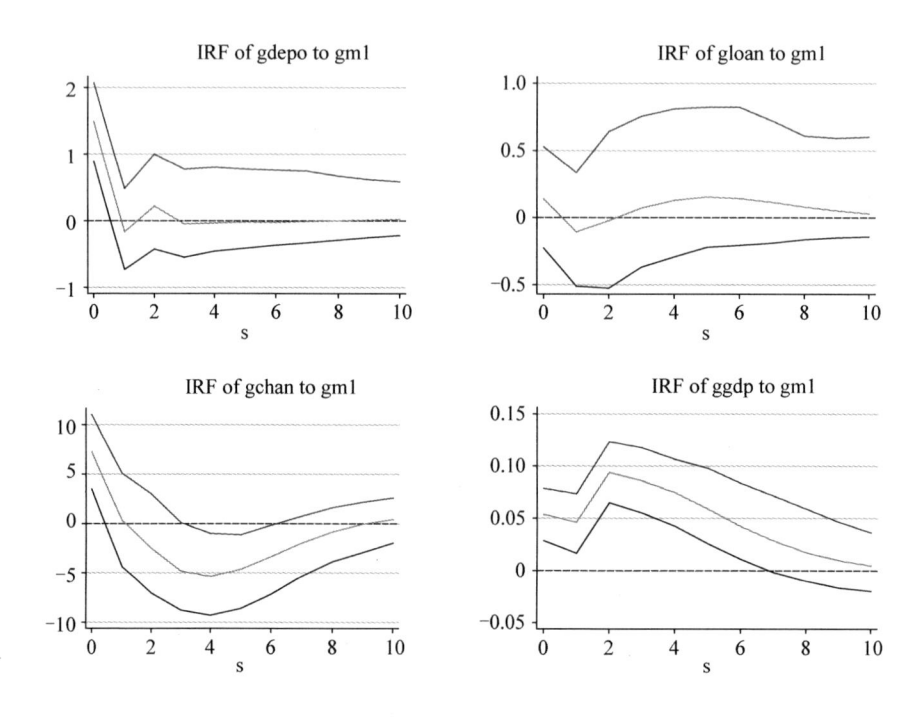

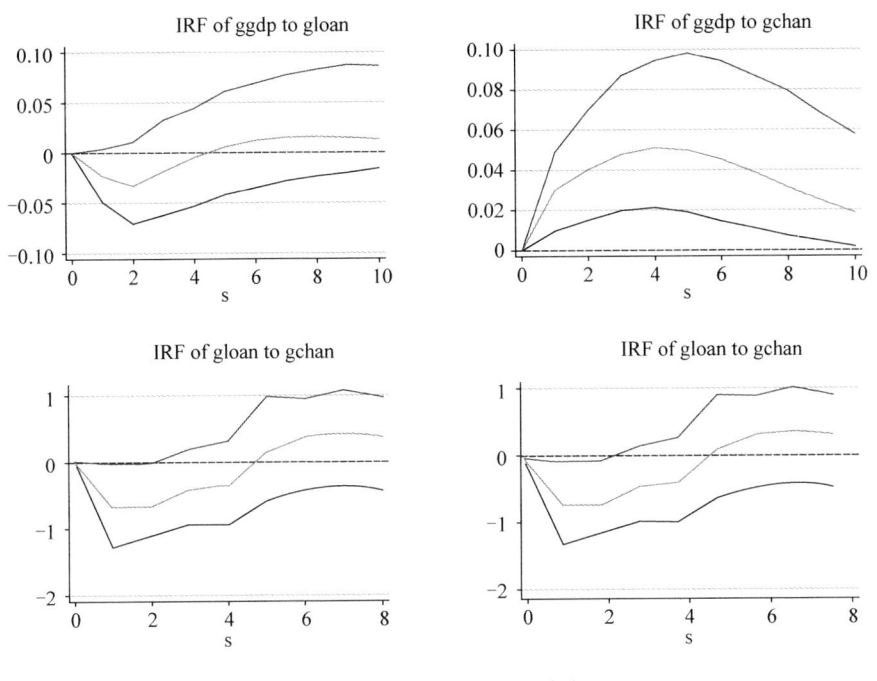

图 8-8　全体银行脉冲响应

在总体分析的基础上，分别对国有银行和股份制银行的脉冲响应结果进行研究，发现考虑影子银行变量后，国有银行贷款对货币政策正向冲击响应仅在第一期内存在，最大为 0.5，但存款和影子银行对货币政策正向冲击响应第一期分别达到 1.5 和 6；对股份制银行而言，贷款对货币政策正向冲击响应完全不显著，但存款和影子银行对货币政策正向冲击响应均大于国有银行，分别为 1.6 和 8；国有银行和股份制银行中贷款对 GDP 的影响均不显著，但影子银行对 GDP 的影响均存在，其中，股份制银行中，影子银行对 GDP 的影响可持续 10 期，最大响应为 0.55，国有银行中，影子银行对 GDP 的影响为 3—8 期，但最大响应为 0.8。因此，股份制银行中，货币政策对 GDP 的影响相应持续时间较长，可达 6 期，最大响应为 0.6，国有银行中，货币政策对 GDP 的影响持续 2—6 期，最大响应为 0.1。最后，在国有银行中，影子银行与贷款互不影响，而在股份制银行中，影子银行对贷款的影响长期显著为负，但贷款对影子银行的影响完全不显著，如图 8-9 和图 8-10 所示。

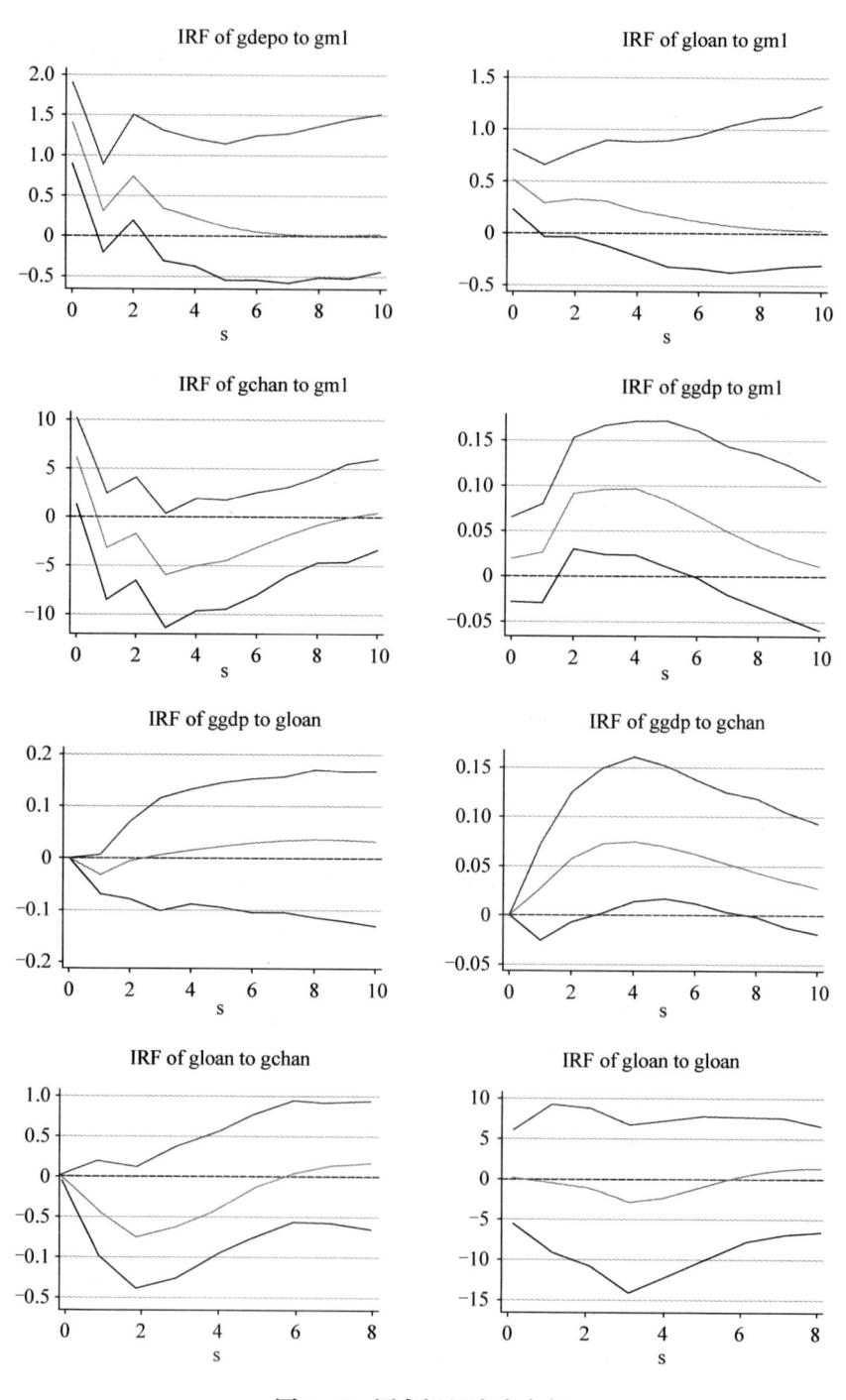

图 8-9 国有银行脉冲响应

第八章 影子银行冲击货币政策传导的宏观效应：实证检验

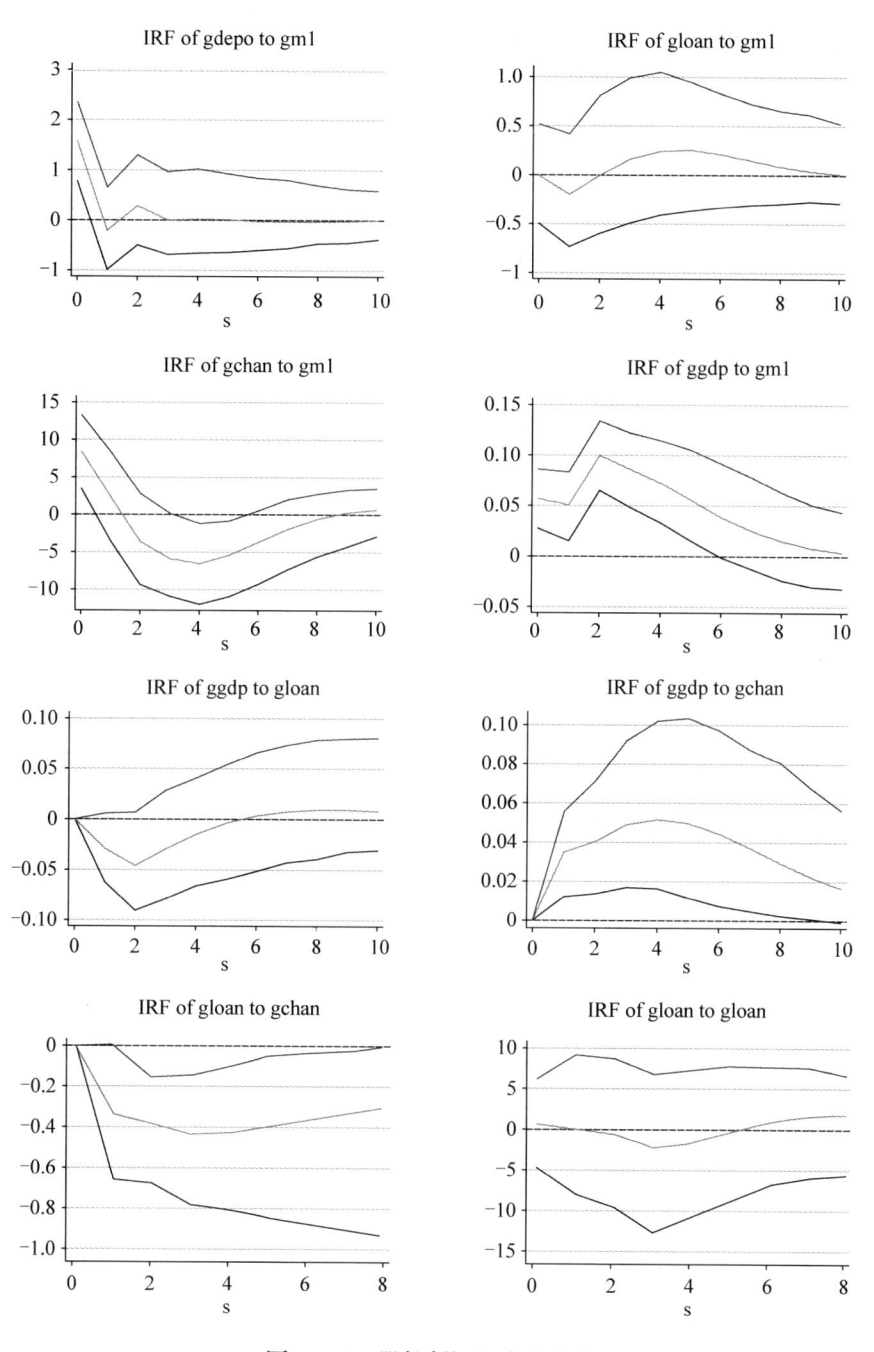

图 8-10 股份制银行脉冲响应

为了进一步检验各个变量之间的关系，对 gM1、gGDP、gDEPO、gLOAN 和 gCHAN 进行了格兰杰因果检验。总体上，货币政策和影子银行变化是 GDP 变化的原因；货币政策变化还是存款和影子银行变化的原因；贷款变化是影子银行变化的原因。对国有银行而言，GDP 变化是贷款和影子银行变化的原因，同时，影子银行变化也是贷款变化的原因。对股份制银行而言，货币政策和影子银行变化是 GDP 变化的原因。此外，货币政策变化还是存款和影子银行变化的原因；贷款变化是影子银行变化的原因，如表 8-6 所示。

表 8-6 格兰杰因果检验

Null Hypothesis	所有银行 Chi squared	Prob.	国有银行 Chi squared	Prob.	股份制商业银行 Chi squared	Prob.
gGDP 不是 gM1 的格兰杰原因	71.76	0.00	18.63	0.00	46.66	0.00
gDEPO 不是 gM1 的格兰杰原因	1.21	0.55	5.30	0.07	0.30	0.86
gLOAN 不是 gM1 的格兰杰原因	0.59	0.75	0.18	0.91	0.84	0.66
gCHAN 不是 gM1 的格兰杰原因	11.59	0.00	0.66	0.72	12.54	0.00
gM1 不是 gGDP 的格兰杰原因	9.35	0.01	4.37	0.11	6.81	0.03
gDEPO 不是 gGDP 的格兰杰原因	4.37	0.11	0.19	0.91	4.97	0.08
gLOAN 不是 gGDP 的格兰杰原因	1.42	0.49	2.45	0.29	1.25	0.53
gCHAN 不是 gGDP 的格兰杰原因	7.41	0.03	3.01	0.22	7.90	0.02
gM1 不是 gDEPO 的格兰杰原因	9.84	0.01	3.46	0.18	5.46	0.07
gGDP 不是 gDEPO 的格兰杰原因	3.07	0.22	0.83	0.66	2.73	0.26

续表

Null Hypothesis	所有银行		国有银行		股份制商业银行	
	Chi squared	Prob.	Chi squared	Prob.	Chi squared	Prob.
gLOAN 不是 gDEPO 的格兰杰原因	1.60	0.45	10.69	0.01	2.45	0.29
gCHAN 不是 gDEPO 的格兰杰原因	5.56	0.06	3.83	0.15	3.56	0.17
gM1 不是 gLOAN 的格兰杰原因	3.57	0.17	1.09	0.58	1.57	0.46
gGDP 不是 gLOAN 的格兰杰原因	0.90	0.64	5.01	0.08	0.58	0.75
gDEPO 不是 gLOAN 的格兰杰原因	0.05	0.97	0.23	0.89	0.05	0.98
gCHAN 不是 gLOAN 的格兰杰原因	0.65	0.72	5.63	0.06	1.09	0.58
gM1 不是 gCHAN 的格兰杰原因	7.25	0.03	4.38	0.11	7.01	0.03
gGDP 不是 gCHAN 的格兰杰原因	0.56	0.76	13.04	0.00	0.61	0.74
gDEPO 不是 gCHAN 的格兰杰原因	0.07	0.97	0.07	0.97	0.22	0.90
gLOAN 不是 gCHAN 的格兰杰原因	10.90	0.00	0.06	0.97	11.62	0.00

最后，为了更精确地确定银行贷款和影子银行对货币政策的敏感性，货币政策对实体经济传导的有效性，以及不同变量之间的相互影响程度，本研究以方差分解的方式得到不同方程中的冲击变量对内生变量波动的贡献程度，具体结果如表8-7所示。对银行贷款来说，除了自身贷款原因外，影子银行是最主要的解释因素，货币政策的解释力最弱。对影子银行来说，GDP和货币政策是除自身原因之外的主要解释因素。对GDP来说，除自身原因外，货币政策仍是最主要解释因素。具体来看，货币政策通过国有银行对GDP的解释力高于股份制银行，此外，国有银行中影子银行对

156　影子银行冲击货币政策传导的机制与效应研究

表 8-7　方差分解

<table>
<tr><th rowspan="2"></th><th rowspan="2">时期</th><th colspan="5">所有银行</th><th colspan="5">国有银行</th><th colspan="5">股份制商业银行</th></tr>
<tr><th>gM1</th><th>gGDP</th><th>gDEPO</th><th>gLOAN</th><th>gCHAN</th><th>gM1</th><th>gGDP</th><th>gDEPO</th><th>gLOAN</th><th>gCHAN</th><th>gM1</th><th>gGDP</th><th>gDEPO</th><th>gLOAN</th><th>gCHAN</th></tr>
<tr><td rowspan="3">gM1</td><td>1</td><td>1.00</td><td>0.00</td><td>0.00</td><td>0.00</td><td>0.00</td><td>1.00</td><td>0.00</td><td>0.00</td><td>0.00</td><td>0.00</td><td>1.00</td><td>0.00</td><td>0.00</td><td>0.00</td><td>0.00</td></tr>
<tr><td>5</td><td>0.79</td><td>0.08</td><td>0.08</td><td>0.00</td><td>0.05</td><td>0.77</td><td>0.13</td><td>0.06</td><td>0.00</td><td>0.03</td><td>0.78</td><td>0.09</td><td>0.07</td><td>0.01</td><td>0.06</td></tr>
<tr><td>10</td><td>0.75</td><td>0.08</td><td>0.10</td><td>0.01</td><td>0.05</td><td>0.65</td><td>0.18</td><td>0.07</td><td>0.05</td><td>0.05</td><td>0.74</td><td>0.09</td><td>0.09</td><td>0.02</td><td>0.06</td></tr>
<tr><td rowspan="3">gGDP</td><td>1</td><td>0.05</td><td>0.95</td><td>0.00</td><td>0.00</td><td>0.00</td><td>0.01</td><td>0.99</td><td>0.00</td><td>0.00</td><td>0.00</td><td>0.06</td><td>0.94</td><td>0.00</td><td>0.00</td><td>0.00</td></tr>
<tr><td>5</td><td>0.18</td><td>0.64</td><td>0.13</td><td>0.01</td><td>0.05</td><td>0.20</td><td>0.66</td><td>0.02</td><td>0.01</td><td>0.11</td><td>0.18</td><td>0.59</td><td>0.15</td><td>0.03</td><td>0.05</td></tr>
<tr><td>10</td><td>0.17</td><td>0.52</td><td>0.22</td><td>0.02</td><td>0.08</td><td>0.23</td><td>0.52</td><td>0.05</td><td>0.04</td><td>0.16</td><td>0.17</td><td>0.49</td><td>0.24</td><td>0.02</td><td>0.08</td></tr>
<tr><td rowspan="3">gDEPO</td><td>1</td><td>0.08</td><td>0.01</td><td>0.91</td><td>0.00</td><td>0.00</td><td>0.30</td><td>0.10</td><td>0.60</td><td>0.00</td><td>0.00</td><td>0.07</td><td>0.01</td><td>0.92</td><td>0.00</td><td>0.00</td></tr>
<tr><td>5</td><td>0.06</td><td>0.01</td><td>0.91</td><td>0.01</td><td>0.02</td><td>0.19</td><td>0.16</td><td>0.42</td><td>0.17</td><td>0.07</td><td>0.05</td><td>0.01</td><td>0.91</td><td>0.01</td><td>0.01</td></tr>
<tr><td>10</td><td>0.06</td><td>0.02</td><td>0.90</td><td>0.01</td><td>0.02</td><td>0.16</td><td>0.14</td><td>0.36</td><td>0.24</td><td>0.10</td><td>0.05</td><td>0.02</td><td>0.90</td><td>0.02</td><td>0.02</td></tr>
<tr><td rowspan="3">gLOAN</td><td>1</td><td>0.00</td><td>0.01</td><td>0.44</td><td>0.56</td><td>0.00</td><td>0.14</td><td>0.00</td><td>0.10</td><td>0.76</td><td>0.00</td><td>0.00</td><td>0.01</td><td>0.46</td><td>0.53</td><td>0.00</td></tr>
<tr><td>5</td><td>0.00</td><td>0.03</td><td>0.45</td><td>0.53</td><td>0.00</td><td>0.11</td><td>0.01</td><td>0.09</td><td>0.68</td><td>0.11</td><td>0.00</td><td>0.01</td><td>0.47</td><td>0.51</td><td>0.00</td></tr>
<tr><td>10</td><td>0.01</td><td>0.03</td><td>0.44</td><td>0.52</td><td>0.01</td><td>0.10</td><td>0.01</td><td>0.08</td><td>0.66</td><td>0.14</td><td>0.01</td><td>0.01</td><td>0.47</td><td>0.50</td><td>0.01</td></tr>
<tr><td rowspan="3">gCHAN</td><td>1</td><td>0.04</td><td>0.00</td><td>0.05</td><td>0.02</td><td>0.89</td><td>0.08</td><td>0.05</td><td>0.07</td><td>0.01</td><td>0.79</td><td>0.05</td><td>0.01</td><td>0.07</td><td>0.02</td><td>0.85</td></tr>
<tr><td>5</td><td>0.05</td><td>0.01</td><td>0.06</td><td>0.08</td><td>0.81</td><td>0.13</td><td>0.22</td><td>0.06</td><td>0.01</td><td>0.59</td><td>0.06</td><td>0.01</td><td>0.08</td><td>0.09</td><td>0.76</td></tr>
<tr><td>10</td><td>0.06</td><td>0.01</td><td>0.07</td><td>0.10</td><td>0.75</td><td>0.15</td><td>0.25</td><td>0.07</td><td>0.03</td><td>0.51</td><td>0.07</td><td>0.02</td><td>0.10</td><td>0.11</td><td>0.71</td></tr>
</table>

GDP 的解释力也显著高于股份制银行。货币政策对国有银行贷款的解释力高于股份制银行，但国有银行中影子银行对贷款的解释力弱于股份制银行。货币政策对国有银行中影子银行的解释力弱于股份制银行，但国有银行中贷款对影子银行的解释力显著高于股份制银行。

实证结果表明：第一，影子银行对货币政策变化的敏感性显著高于银行贷款对货币政策的敏感性，对股份制银行来说尤为突出；第二，影子银行对 GDP 的影响大于银行贷款，其中，国有银行中影子银行对 GDP 的影响大于股份制银行。

（三）金融监管政策变化的影响

自 2010 年影子银行快速发展以来，学术界对影子银行一直存在大量质疑。一方面，影子银行的出现冲击货币政策的传导效果[1]；另一方面，影子银行影响金融稳定[2]，导致影子银行内、外均存在脆弱性[3]。因此，完善对影子银行的金融监管成为迫切任务[4]。

中国银行业监督管理委员会自 2013 年开始先后出台了一系列监管措施，最为严格的是 2013 年《关于规范商业银行理财业务投资运作有关问题的通知》，业内俗称"8 号文"[5]。而且此文件的推出被认为是影子银行发展的转折点，即从"通道业务"转向"同业业务"。因此，本小节主要研究"8 号文"出台后，不同产权性质银行的行为如何变化，以及对货币政策有效性的影响。实证研究的样本区间为 2013 年第二季度至 2015 年第三季度。

实证过程同前，首先，对全体银行进行检验，通过 AIC、BIC 及 HQIC 等信息准则，确定模型的滞后阶数为 2；其次，在对全部样本的 Panel-VAR 数据进行 GMM 估计后，得到各个变量之间的脉冲响应函数；最后，通过蒙特卡洛模拟得到脉冲响应的置信区间，绘制出相应的脉冲响应图。

结果表明：与影子银行发展的整体阶段相比，加强金融监管后，货币政策对贷款的影响继续不显著，与此同时，对影子银行的影响消失，但对存款影响的持续性变长。贷款对 GDP 的影响仍然不显著，且影子银行对 GDP 的影响消失。因此，货币政策对 GDP 影响下降，甚至在第一期出现

---

[1] 李波、伍戈：《影子银行的信用创造功能及其对货币政策的挑战》，《金融研究》2011 年第 1 期；裘翔、周强龙：《影子银行与货币政策传导》，《经济研究》2014 年第 5 期。
[2] 何德旭、郑联盛：《影子银行体系与金融体系稳定性》，《经济管理》2009 年第 11 期。
[3] 钟伟、谢婷：《影子银行系统的风险及监管改革》，《中国金融》2011 年第 12 期。
[4] 黄益平、常健、杨灵修：《中国的影子银行会成为另一个次债》，《国际经济评论》2012 年第 2 期。
[5] 文件规定商业银行应控制理财资金投资非标准化债权资产的余额，以理财产品余额的 35% 与商业银行上一年度审计报告披露总资产的 4% 之间低者为上限。

负影响。此外，影子银行对贷款的影响消失，贷款对影子银行的影响仍不显著，如图8-11所示。

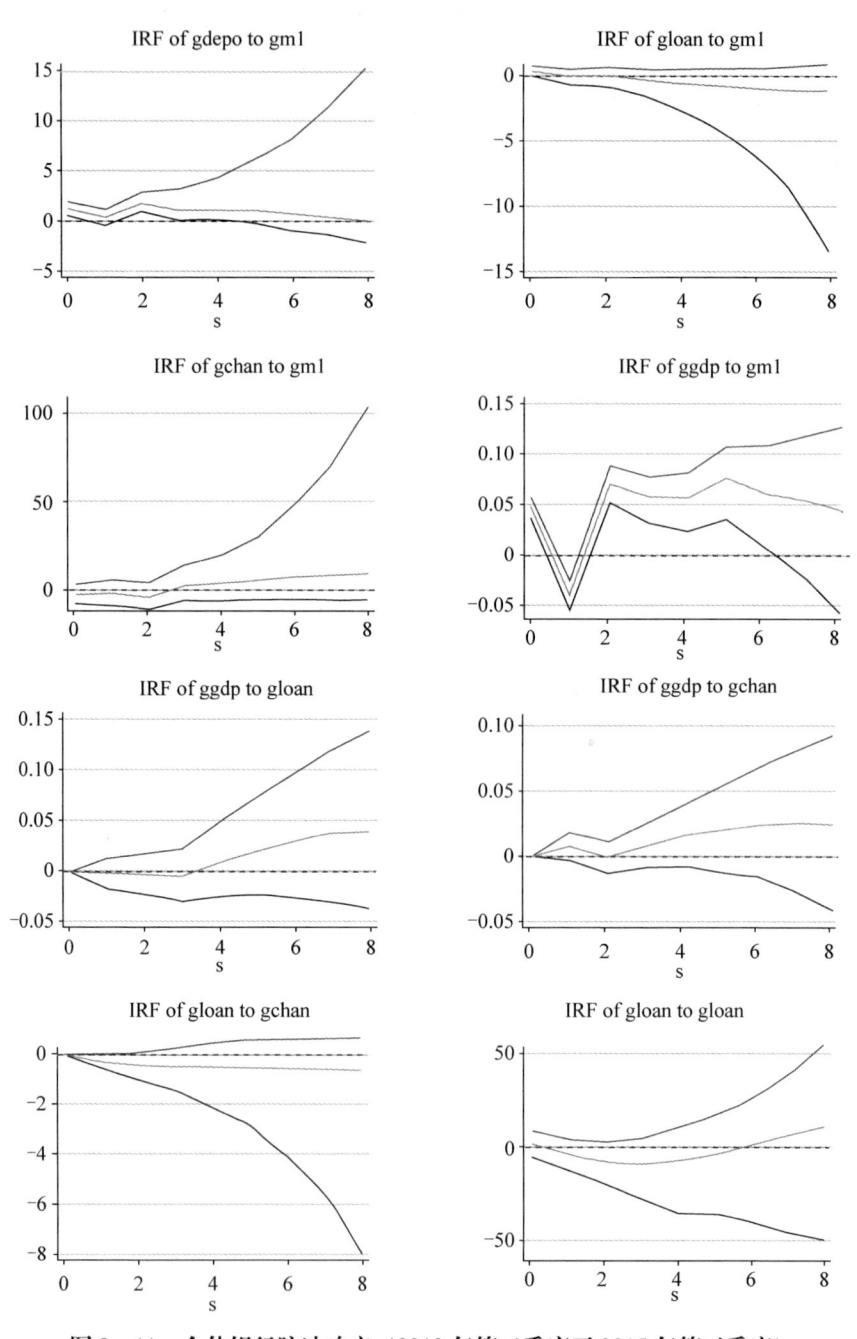

图8-11 全体银行脉冲响应（2013年第二季度至2015年第三季度）

在总体分析的基础上,分别对国有银行和股份制银行的脉冲响应结果进行研究,发现金融监管加强后,国有银行存款和贷款对货币政策的正向冲击响应时间变长,但响应力度减弱,股份制银行存款对货币政策的正向冲击响应滞后为二期左右,但货币政策对贷款的影响仍然不显著。国有银行和股份制银行贷款对 GDP 的影响均不显著;同样,货币政策对影子银行的影响以及影子银行对 GDP 的影响均消失。因此,货币政策对 GDP 的影响力度有所下降。此外,国有银行中,贷款和影子银行互不影响;股份制银行中,影子银行对贷款的影响消失,贷款对影子银行的影响不显著,如图 8-12 和图 8-13 所示。

为了进一步检验各个变量之间的关系,对 gM1、gGDP、gDEPO、gLOAN 和 gCHAN 进行了格兰杰因果检验。总体上,货币政策和 GDP 互为变化原因,且货币政策还是存款变化的原因。对国有银行而言,货币政策是 GDP 变化的原因,也是存款和贷款变化的原因。对股份制银行而言,货币政策是 GDP 变化的原因,GDP 和贷款是货币政策变化的原因,此外,货币政策也是存款变化的原因,如表 8-8 所示。

最后,为了更精确地确定加强监管后,银行贷款和影子银行对货币政策的敏感性,货币政策对实体经济传导的有效性,以及不同变量之间的相互影响程度,本研究以方差分解的方式得到不同的方程中的冲击变量对于内生变量波动的贡献程度,具体结果如表 8-9 所示。对银行贷款来说,除了自身贷款是最主要的影响因素外,自身存款也是一个重要原因,但监管加强后,货币政策和影子银行对贷款的影响有所下降;对 GDP 来说,除自身原因外,货币政策仍是最主要的解释因素,此外,存款在长期中也是一个重要解释因素。具体来看,货币政策通过股份制银行对 GDP 的解释力高于国有银行,此外,股份制银行中存款对 GDP 的解释力也明显高于国有银行;对影子银行来说,除自身原因外,存款是最主要的解释因素,影子银行的影响基本消失。具体来看,股份制银行中存款对影子银行的解释力远大于国有银行,而对国有银行来说,GDP 的变动也是影响影子银行的一个主要因素。

本部分实证结果表明:第一,金融监管加强后,货币政策对影子银行的影响,影子银行对 GDP 的影响,以及影子银行对银行贷款的影响均消失;第二,货币政策对 GDP 的影响减弱;第三,股份制银行中,货币政策对贷款影响不显著,国有银行中,货币政策对贷款的影响力度下降。

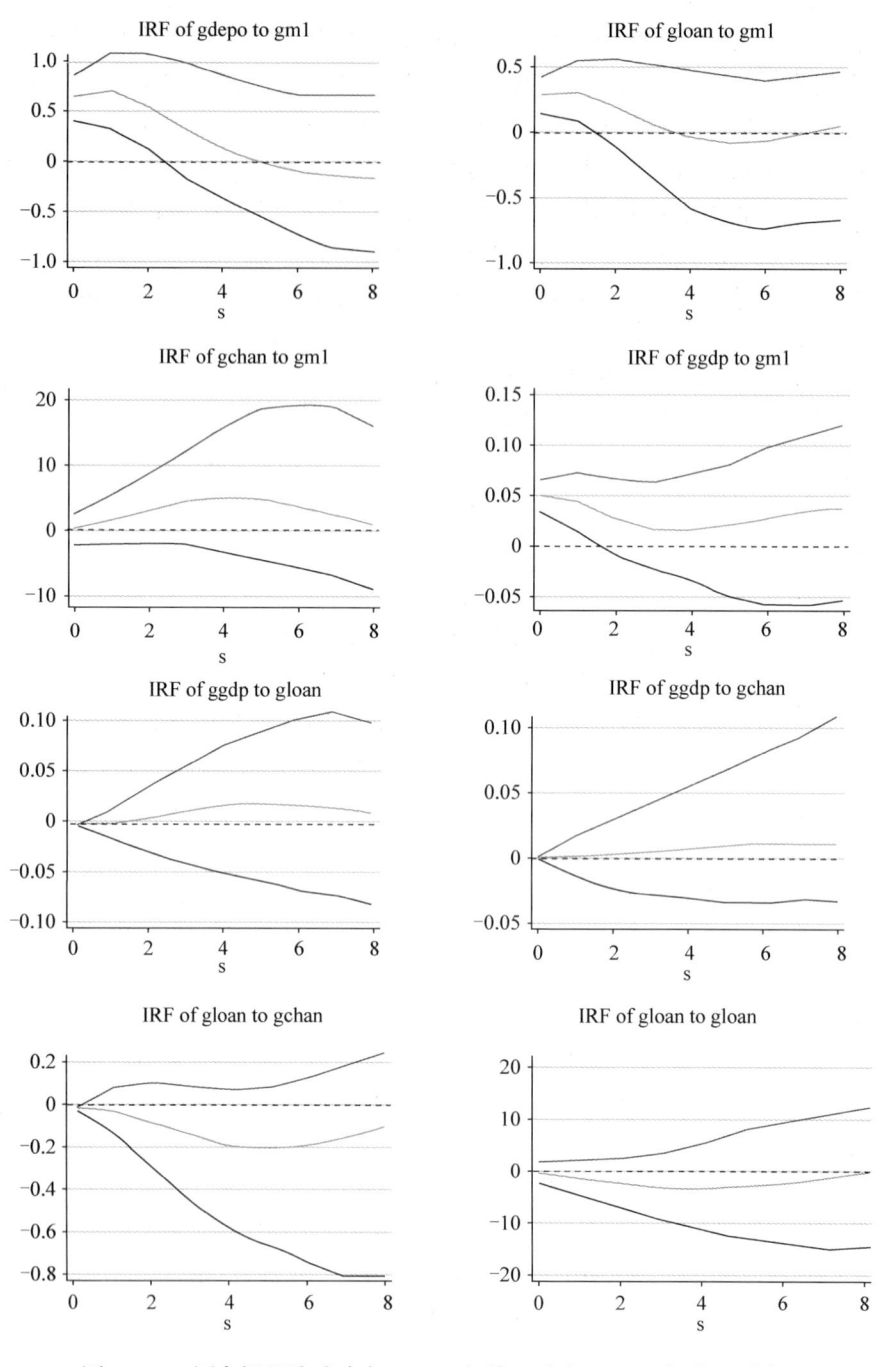

图 8-12　国有银行脉冲响应（2013 年第二季度至 2015 年第三季度）

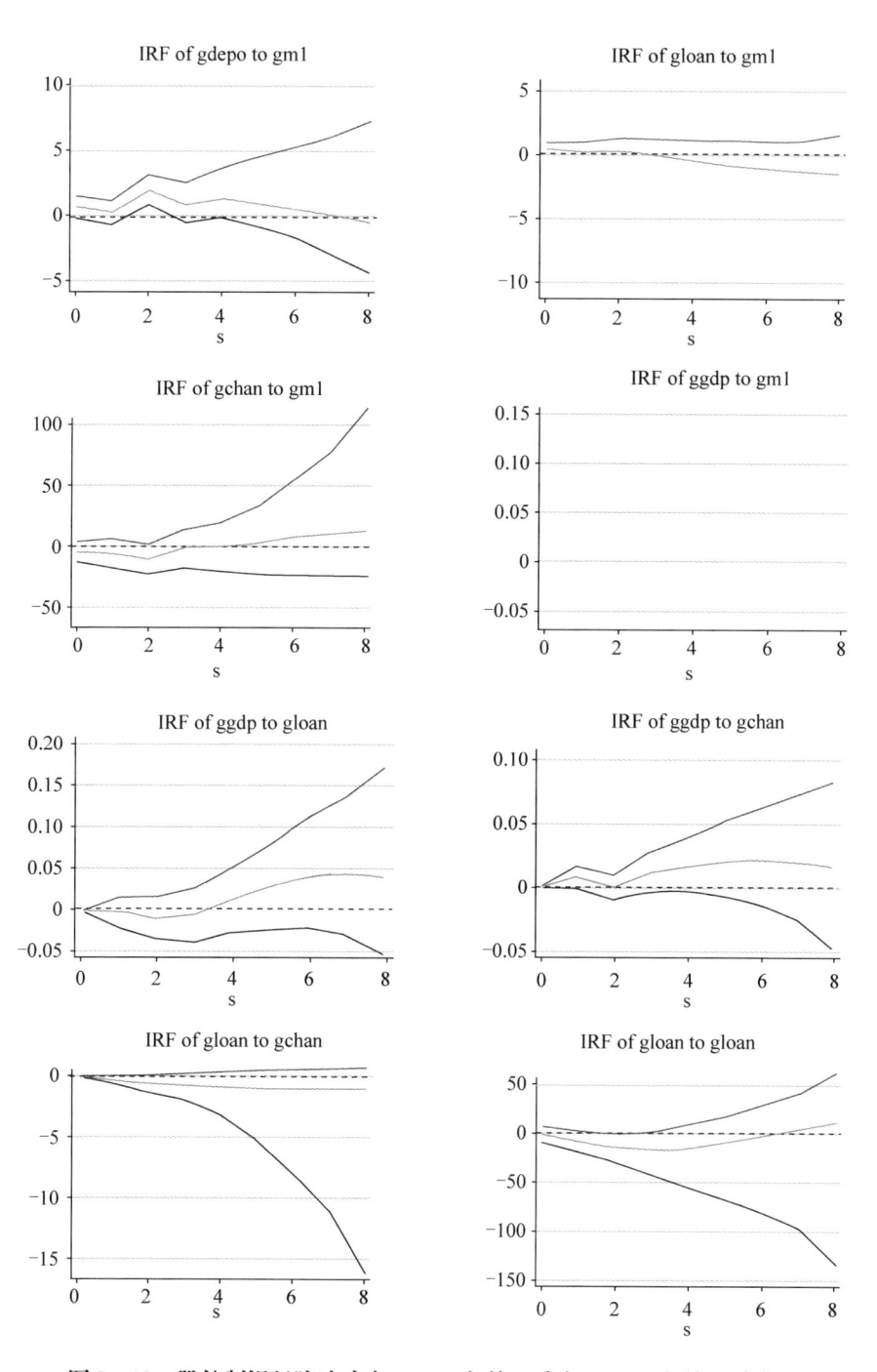

图 8-13　股份制银行脉冲响应（2013 年第二季度至 2015 年第三季度）

表 8-8　格兰杰因果检验（2013 年第二季度至 2015 年第三季度）

Null Hypothesis	所有银行 Chi squared	所有银行 Prob.	国有银行 Chi squared	国有银行 Prob.	股份制商业银行 Chi squared	股份制商业银行 Prob.
gGDP 不是 gM1 的格兰杰原因	33.19	0.00	0.80	0.67	19.00	0.00
gDEPO 不是 gM1 的格兰杰原因	0.61	0.74	0.13	0.94	1.93	0.38
gLOAN 不是 gM1 的格兰杰原因	4.47	0.11	1.11	0.58	5.73	0.06
gCHAN 不是 gM1 的格兰杰原因	11.59	2.99	1.05	0.59	3.86	0.15
gM1 不是 gGDP 的格兰杰原因	250.9	0.00	5.15	0.08	186.61	0.00
gDEPO 不是 gGDP 的格兰杰原因	0.99	0.61	0.12	0.94	1.63	0.44
gLOAN 不是 gGDP 的格兰杰原因	0.34	0.84	0.09	0.96	0.33	0.85
gCHAN 不是 gGDP 的格兰杰原因	1.51	0.47	0.10	0.95	2.62	0.27
gM1 不是 gDEPO 的格兰杰原因	7.95	0.02	7.10	0.05	7.41	0.03
gGDP 不是 gDEPO 的格兰杰原因	4.39	0.11	1.34	0.51	6.89	0.03
gLOAN 不是 gDEPO 的格兰杰原因	2.88	0.24	1.80	0.41	4.21	0.12
gCHAN 不是 gDEPO 的格兰杰原因	2.37	0.31	6.05	0.05	0.81	0.67
gM1 不是 gLOAN 的格兰杰原因	2.48	0.29	2.94	0.08	1.07	0.59
gGDP 不是 gLOAN 的格兰杰原因	0.63	0.73	2.26	0.32	0.50	0.78
gDEPO 不是 gLOAN 的格兰杰原因	2.12	0.35	0.08	0.96	2.53	0.28
gCHAN 不是 gLOAN 的格兰杰原因	2.78	0.25	2.54	0.28	2.05	0.36
gM1 不是 gCHAN 的格兰杰原因	1.14	0.56	1.36	0.51	1.95	0.38
gGDP 不是 gCHAN 的格兰杰原因	2.18	0.34	0.12	0.94	2.26	0.32
gDEPO 不是 gCHAN 的格兰杰原因	0.72	0.70	0.45	0.80	0.85	0.65
gLOAN 不是 gCHAN 的格兰杰原因	2.58	0.28	1.97	0.37	3.69	0.16

表8-9　方差分解（2013年第二季度至2015年第三季度）

时期		所有银行					国有银行					股份制商业银行				
		gM1	gGDP	gDEPO	gLOAN	gCHAN	gM1	gGDP	gDEPO	gLOAN	gCHAN	gM1	gGDP	gDEPO	gLOAN	gCHAN
gM1	1	1.00	0.00	0.00	0.00	0.00	1.00	0.00	0.00	0.00	0.00	1.00	0.00	0.00	0.00	0.00
gM1	5	0.72	0.00	0.17	0.06	0.05	0.92	0.01	0.04	0.04	0.00	0.48	0.01	0.42	0.06	0.03
gM1	10	0.37	0.00	0.54	0.05	0.03	0.87	0.01	0.06	0.04	0.02	0.26	0.00	0.65	0.07	0.02
gGDP	1	0.49	0.51	0.00	0.00	0.00	0.32	0.68	0.00	0.00	0.00	0.39	0.61	0.00	0.00	0.00
gGDP	5	0.77	0.19	0.02	0.01	0.02	0.13	0.84	0.01	0.02	0.01	0.67	0.23	0.05	0.01	0.04
gGDP	10	0.57	0.07	0.22	0.09	0.05	0.19	0.74	0.03	0.04	0.00	0.37	0.07	0.42	0.09	0.05
gDEPO	1	0.09	0.01	0.90	0.00	0.00	0.33	0.01	0.67	0.00	0.00	0.04	0.00	0.96	0.00	0.00
gDEPO	5	0.16	0.02	0.57	0.25	0.00	0.29	0.11	0.51	0.05	0.04	0.15	0.04	0.48	0.33	0.00
gDEPO	10	0.11	0.02	0.66	0.22	0.00	0.21	0.17	0.37	0.09	0.16	0.09	0.02	0.69	0.20	0.00
gLOAN	1	0.01	0.02	0.01	0.97	0.00	0.18	0.00	0.19	0.63	0.00	0.02	0.07	0.04	0.86	0.00
gLOAN	5	0.02	0.01	0.55	0.41	0.02	0.08	0.11	0.18	0.61	0.02	0.01	0.04	0.58	0.35	0.03
gLOAN	10	0.08	0.02	0.58	0.30	0.03	0.07	0.21	0.15	0.53	0.05	0.07	0.03	0.55	0.29	0.06
gCHAN	1	0.00	0.02	0.00	0.00	0.98	0.00	0.12	0.08	0.01	0.79	0.01	0.08	0.00	0.00	0.91
gCHAN	5	0.01	0.02	0.22	0.04	0.71	0.05	0.10	0.07	0.01	0.77	0.02	0.07	0.36	0.05	0.51
gCHAN	10	0.05	0.02	0.42	0.06	0.45	0.07	0.09	0.10	0.02	0.72	0.04	0.03	0.55	0.06	0.32

第三节　进一步的讨论

根据前文分析，股份制银行贷款对货币政策的变化更为敏感。货币政策对国有银行和股份制银行具有不同效应的原因，可能与五家国有银行的垄断格局及无强制利润约束目标有关①。近些年，受到股份制银行和其他区域性商业银行快速扩张的影响，国有商业银行资产和负债在银行业的占比虽有所下降，但仍徘徊在50%上下。因此，中国货币政策调控效应很大程度上受国有银行决策行为的影响。作为完全的市场主体，银行信贷行为的决定因素是增量贷款的可行性和存量贷款的偿还率，货币政策利率变动和货币供应量的调控，往往不是银行贷款变化的最重要因素②。作为市场微观个体的商业银行及其客户的行为，对货币政策效用的影响最大。实际上，即使在市场经济发达国家，中央银行的货币政策能否左右商业银行的信贷行为，也受到怀疑。

国有企业作为国有银行的主要客户，由于资产负债率较高，国有银行通常不倾向于再追加贷款，但国有银行更不愿向非国有企业增加贷款。股份制银行的客户主要是民营企业，其融资渠道狭窄，对银行贷款有刚性需求，货币政策变动难以从根本影响其经营性贷款需求。同时，股份制银行追求利润的内在驱动需要贷款规模的持续扩大，对客户贷款需求会给予响应，因此，也就不难理解股份制银行贷款对货币政策比较敏感的原因。

但2010—2015年的实证结果相反，货币政策有效性大幅下降，且股份制银行贷款对货币政策完全失去敏感性。特别是加入影子银行变量后的实证结果表明，影子银行对货币政策敏感性高于银行贷款，其中股份制银行更为突出。具体表现在，影子银行对GDP的边际影响大于银行贷款，国有银行中影子银行对GDP的影响大于股份制银行，表明影子银行的存在确实影响了国有银行和股份制银行的贷款行为，对货币政策调控效应形成一定冲击。

2010年后，股份制银行贷款对货币政策不敏感与其存贷比率和资本充足率指标受监管限制有关。受到国家"四万亿"投资规模的影响，上市银

---

① 谢平：《新世纪中国货币政策的挑战》，《金融研究》2000年第1期。
② Ariccia, G. D. and P. Garibaldi, "Bank Lending and Interest Rate Changes in a Dynamic Matching Model", IMF Working Paper No. 98/93, 1998.

第八章　影子银行冲击货币政策传导的宏观效应：实证检验　165

行贷款规模在 2008 年年底至 2009 年年底一年时间中出现大幅增加，其中，中信银行、宁波银行和南京银行增幅均超 60%；与此同时，11 家银行资本充足率下降①，除南京银行和北京银行外，股份制银行资本充足率均在 10% 左右，不超过 11%；存贷比率上升至 70% 左右，其中，民生银行、光大银行和中信银行甚至超过 75%。相对而言，国有银行资本充足率均在 11% 之上，普遍高于股份制银行；银行存贷比率水平较低，除交通银行和中国银行刚超过 70% 外，其余三家银行存贷比率低于 60%（见图 8-14 和图 8-15）。因此，受资本充足率和存贷比率监管约束，股份制银行在 2010 年后无法扩张贷款规模，被迫改道影子银行业务，贷款对货币政策失去敏感性，相应地，影子银行对贷款具有显著的负向替代关系。

影子银行业务作为贷款业务的补充，本身具有信用创造功能，当银行贷款对货币政策变动敏感性降低时，影子银行对货币政策的敏感性则提升。股份制银行由于受到资本充足率等金融监管的约束，开拓影子银行市场更为激进。2010—2015 年，股份制银行理财产品规模占其资产比重约 12%，而国有银行理财产品规模占比仅为 4%，折射出股份制银行理财产品对货币政策的高度敏感性。

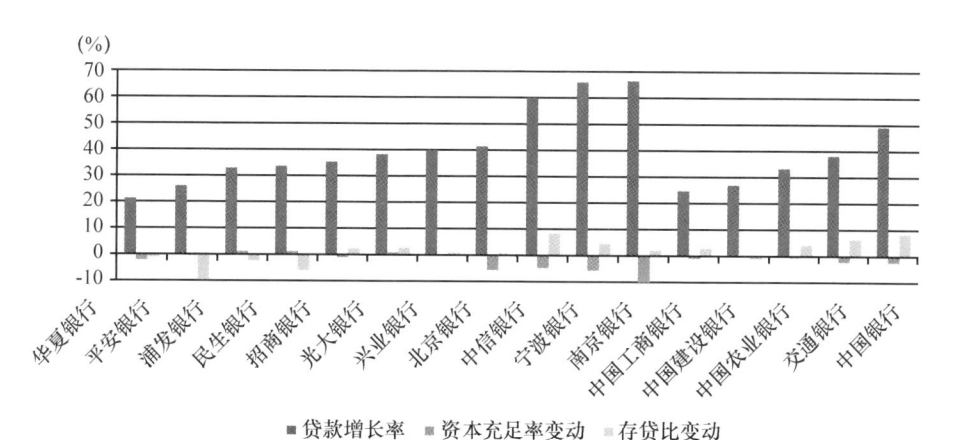

图 8-14　16 家银行贷款增长率、资本充足率、存贷比变动情况

资料来源：Wind 数据库。

---

① 其余 5 家银行由于上市、配股原因资本充足率上升，其中民生银行 2009 年 H 股发行，平安银行 2009 年配股成功，浦发银行 2010 年发行股票，中国农业银行和光大银行分别在 2010 年 7 月和 8 月成功上市。

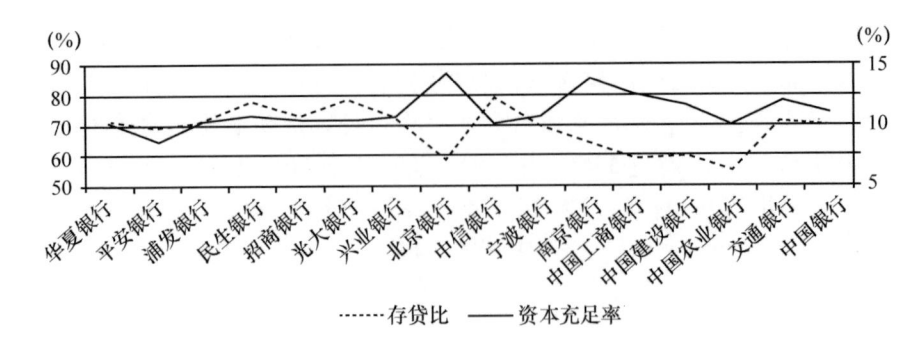

图 8 - 15　16 家银行资本充足率、存贷比水平

资料来源：Wind 数据库。

影子银行虽然带来了一些市场风险，但应当承认，影子银行发展初期对经济增长发挥了积极作用，突出表现在业务的灵活性、市场的敏锐性和创新的积极性。如图 8 - 16 所示，2009—2015 年贷款增速从 31.7% 一路下滑至 15% 左右，但以理财产品为代表的影子银行发展迅速，超过 60% 的资金投资于实体经济[①]，银行贷款减少的紧缩性影响部分被影子银行业务扩大所对冲，减缓了经济快速下滑的趋势，但影子银行的正向效应未被充分肯定。

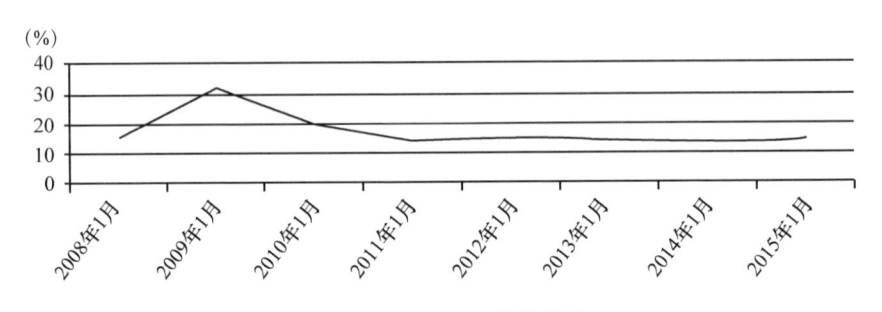

图 8 - 16　商业银行贷款增速

资料来源：Wind 数据库。

进一步考察金融强监管的影响，发现货币政策有效性继续下降。对此，我们认为与影子银行的发展模式从"通道"向"同业"的转变有关。金融监管加强使得银行一方面受到资本充足率和存贷比率约束，很难大幅提升贷款规模；另一方面无法通过银信合作、银证合作和银保合作等通道

---

① 中国理财网数据。

业务投向非标信贷资产。但实际上，影子银行规模并未收缩，相反，继续加速前行。2013—2015年理财产品规模分别为10.21万亿、15.02万亿和23.50万亿元，连续三年保持了超过40%的高速增长，且从2013年开始，转而通过同业渠道和委外投资链条投资于包括股票、债券在内的标准化资产。此间快速增长的影子银行已然不是对贷款的拾遗补阙，很大部分在金融市场内循环，形成资金"脱实向虚"，导致资产价格大幅波动，金融风险快速积聚。银行贷款与影子银行对货币政策均失去敏感，货币政策传导的有效性再度下降。

第四节 研究结论

货币政策有效传导至实体经济是经济体系稳定运转的前提，尤其对于以间接融资为主导的中国而言，银行在货币政策传导中发挥着重要作用。但由于不同产权银行考核机制的差异，其目标函数有所区别。其中，国有银行虽成功股改上市，按照市场规则运营，但隐性行政管理职能仍然存在，其高层领导由中央政府任命，导致决策机制固化。领导个人政治生涯与银行经营状况密切相关，因此，国有银行在关注利润的同时，更重视银行经营的安全性。相比之下，股份制银行的经营则更为灵活，完全按照市场规则运营，受股东利益最大化和银行管理人员收益最大化影响，比较看重短期的经营利润。因此，不同产权银行对货币政策的反应有所差异，股份制银行对货币政策的敏感性要高于国有银行。

2009年，受"四万亿"财政投资计划的影响，银行贷款规模大幅增加，其中股份制银行贷款增速普遍高于国有银行。2010年货币政策收紧后，股份制银行资本充足率和存贷比率等指标接近监管上限，贷款业务的手脚受困。因此，选择通道类影子银行业务，既维护原有客户，又抹平不良贷款率，成为股份制银行更偏好影子银行的动因。影子银行作为贷款业务的补充，本身具有信用创造能力。当银行资本充足率和存贷比率等指标约束贷款规模增加时，贷款对货币政策变动敏感性的消失，实际则转化为影子银行对货币政策的敏感。由此可以看出，当资金需求高于资金供给，金融结构无法满足经济结构发展需要时，更为灵活的资金供给方式便会应运而生，这是市场经济的内在规律。

影子银行发展初期，大部分资金投资于实体经济，对经济发展发挥了积极的推动作用。特别是当银行贷款普遍压缩时，影子银行灵活便捷的融资方式对于缓解经济下滑具有潜移默化的影响。但当影子银行发展进入同业阶段，影响到金融资产价格的短期大幅波动，相应地，在金融市场积聚的风险也会暗潮涌动。因此，对于影子银行的发展不可因噎废食，既要发挥其对经济发展的积极作用，又要锁住金融风险的缰绳。对此，需要通过金融监管制度的完善引导其稳健发展。金融监管唯一的标准是依法监管，客观均衡的金融监管才能给予金融机构稳定的预期。无论"强监管"还是"弱监管"均带有主观色彩，不利于金融市场的有序运行，金融监管"运动"很容易撕碎资金的蛛网神经，导致整个市场债务绳索断裂。在未设置"红绿灯"道路上拦截罚款，容易造成路网堵塞。不当金融监管非但难以降低风险，反而可能诱发金融风险。

在当前经济减速和金融萎缩的特殊阶段，深入金融制度改革为金融市场松绑是重要任务，鼓励金融机构创新，激活资金市场成为当务之急；中央银行货币政策需要改进，调控机制要适度放权下移，创新货币政策工具，跳出书本上条条框框的束缚；金融监管一定要依法监管，均衡适度，以监管激励相容为目标，动态完善金融监管的制度篱笆，前瞻性引导金融机构合规经营，未雨绸缪防范金融风险。

总之，要以"发展是硬道理"持续深化金融改革，在金融制度上需要进行必要的突破，使资金供需匹配模式更为灵活，更适合中国的国情和现状。优化金融结构以适应经济发展，在金融发展中逐步化解金融风险，在发展中寻觅经济回春之路。

第五节 本章小结

本章利用16家上市商业银行2008年第三季度至2015年第三季度的面板数据，实证研究了影子银行冲击货币政策传导的宏观效应。

第一，当金融市场不存在影子银行时，股份制银行对于货币政策调控的敏感性高于国有银行，主要源于两类银行的股东不同，高管任命和考核机制迥异；当金融市场存在影子银行时，融资渠道多样性和便捷性更加明显，股份制银行由于存贷比率触及金融监管指标上限，影子银行替代贷款快速增加。

第二，影子银行发展初期，大部分资金投资于实体经济，对经济发展发挥了积极的推动作用。特别是当银行贷款普遍压缩时，影子银行灵活便捷的融资方式对于缓解经济下滑具有潜移默化的影响。但当影子银行发展进入同业阶段，影响到金融资产价格的短期大幅波动，相应地，在金融市场积聚的风险也会暗潮涌动。

影子银行作为一种新的金融创新，虽然一直被诟病是金融风险产生的根源，但通过深入研究，可以发现，早期的影子银行对促进实体经济发展发挥了积极作用，在贷款受到监管限制的背景下，避免了经济断崖式下跌。针对影子银行可能带来的潜在风险，多数研究认为对影子银行的监管是重要且必要的，但从监管加强后影子银行的发展脉络可以看出，监管并不是解决风险问题的最佳良药，而且在某种程度上，不当监管不但不能降低风险，反而可能刺激风险加剧。因此，与加强监管相比，我们认为持续深入的金融改革才是彻底化解风险的根本出路。

第九章 结论及政策建议

第一节 主要结论

影子银行是金融深化发展的必然结果,是过去30年中全球最重要的金融创新。毫无疑问,影子银行的出现提高了资本流动性,促进了金融市场的繁荣发展,但同时也改变了传统金融体系的结构和运行规则,冲击了货币政策传导的微观机制和宏观效应。

本书在对比分析国内外影子银行发展的基础上,构建纳入影子银行的货币政策传导理论分析框架,并基于银行资产负债结构和银行产权异质性视角,利用银行微观数据,通过理论分析和实证检验,研究影子银行通过影响银行资产负债结构冲击货币政策传导的微观机制,以及影子银行通过不同产权银行冲击货币政策传导的宏观效应。

本书研究发现:第一,影子银行冲击货币政策传导的微观机制主要通过改变商业银行资产负债结构实现。在资产端,影子银行促使贷款比重下降,同业业务增长快速;在负债端,影子银行促使商业银行由被动负债转向主动负债、同业存单发行量剧增,且同业理财占表外理财的份额增加。影子银行的发展通过影响银行负债结构进而影响银行资产结构,且对资产端的影响更显著。最终,影子银行通过挤压商业银行存贷款活动,弱化货币政策有效性。影子银行对商业银行存贷款活动的影响主要作用于股份制银行和城市商业银行。

第二,影子银行冲击货币政策传导的宏观效应存在异质性。当金融市场不存在影子银行时,股份制银行对于货币政策调控的敏感性高于国有银行,主要源于两类银行的股东不同,高管任命和考核机制迥异;当金融市场存在影子银行时,融资渠道多样性和便捷性降低了银行垄断,特别是股份制银行存贷比率由于触及金融监管指标上限,导致影子银行规模增加迅速，挤出了贷款对货币政策的敏感性。影子银行发展初期，资金超过60%投资于实体经济，对GDP的边际贡献显著；伴随金融监管加强，部分资金转向"同业"，涌入资本市场博取资产"溢价"收益，异化出市场投机效应。

第三，影子银行会增加货币供应量与经济发展的不稳定性。影子银行通过影响商业银行资产负债结构，对货币供应量产生持续且较强的正向影响。加之影子银行自身的信用创造，降低了中国货币供应量的稳定性，增加中国人民银行对货币供应量的控制难度，而这种冲击在一定程度上会加剧经济波动。

第二节 政策建议

本书根据已有研究结论，从中国国情出发，提出多方面政策建议：第一，正确看待影子银行的发展。影子银行是商业银行为了规避监管和追逐利润所进行的金融业务创新，在其发展初期，大部分资金投资于实体经济，对经济发展发挥了积极推动作用；但在后期，影子银行发展进入同业阶段，资金在金融市场循环，对实体经济不但没有起到促进作用，反而影响金融资产价格短期内大幅波动，导致金融市场积聚了大量风险。因此，对于影子银行的发展不可因噎废食，既要发挥其对经济发展的积极作用，又要锁住金融风险的缰绳。

第二，通过金融监管制度的完善引导影子银行的发展。随着影子银行被纳入到审慎监管体系中，监管套利的空间被最大挤压。但影子银行作为一种特殊的金融创新，其行为具有顺周期性的特点。因此，逆周期资本监管政策要求当经济下行时，需同时考虑商业银行信贷情况，以及影子银行信贷情况，适当放松资本要求，缓解金融体系的顺周期性，以实现促进经济发展的目标。

第三，完善影子银行的信息披露制度。为了减少信息不对称产生的影响，需要完善信息披露制度。迄今为止，影子银行的内涵不断丰富，国内尚未对其有一个统一界定，其划分标准及统计方法也不尽相同，这是导致影子银行监管不力的重要因素。此外，影子银行的自身业务开展相对较为"隐蔽"，很多操作是在央行监控范围之外进行，业务的不公开和不透明也造成了其内部信息的不畅通，进一步加剧其数据的统计难度，也成为目前我国影子银行监管的重要障碍。因此，应当建立一套完善的信息披露制度，监管当局应将影子银行纳入征信系统，加强对其运作信息的公开，有利于监管部门更好把控金融动态，及时调整各项经济指标与政策。

第四，动态发展宏观审慎监管制度。为了实现跨部门监管，以更好地识别和监测影子银行带来的风险，设计出宏观审慎监管政策。目前，影子银行虽然已被纳入监管体系，但未来可能随着时间的变化出现新的套利形式。因此，宏观审慎政策绝不是一成不变的，监管部门需考虑各种形式的金融活动，并据此动态调整和拓展宏观审慎监管政策工具体系。

第五，宏观审慎监管与微观结构监管相结合。宏观审慎政策更侧重于重要金融机构以及总体规模的变化对金融稳定的影响，其对金融监管具有重要意义。但宏观审慎监管也存在弊端，在监管过程中具有滞后性。相对来说，商业银行微观结构的变化可以较为及时地反映其业务的变化，可以实现实时监管和穿透监管。因此，应将宏观审慎监管和微观结构监管相结合，最终实现金融稳定。

第六，加强对银行同业业务的监管。同业业务一般指金融机构之间相互往来的业务，在传统监管体系下，同业业务由于消耗资本较少，且对其监管较松，往往成为金融创新的温床，监管的真空地带。但实际上，同业业务将不同金融机构紧密联系在一起，往往是金融风险多米诺骨牌传递的通道。因此，应加强对同业业务的监管，并将其纳入宏观审慎监管的重要一环。

第七，完善货币政策中介目标。影子银行的发展导致对传统货币供应量度量的准确性被颠覆，尤其是其信用创造的存在影响央行对真实货币供应量的控制，造成统计失真。传统意义上用来衡量货币供应量的指标 M1 或 M2 已经不再能覆盖影子银行下的货币变化。货币政策中介工具的偏差将会影响最终目标的实现。且影子银行对商业银行贷款的替代效应在一定程度上降低了货币政策中介指标的可控性与可测性。因此，在传统 M1 或 M2 的基础上加入新的考核指标，构建切实可行的新货币政策中介目标，以便更真实动态地反映货币供应量的变化。

第八，协调宏观审慎政策与货币政策。现有研究发现，由于影子银行游离于监管体系之外，导致货币政策传导有效性被削弱。但随着监管体系中纳入影子银行因素，货币政策对影子银行的影响将有所加强。因此，货币政策可以与宏观审慎政策在包括信息共享、危机管理和工具互补等多方面进行协调，以实现金融稳定和经济稳定。

第九，稳步推进金融改革。金融监管虽有利于加强金融稳定，但不当监管非但难以降低风险，反而可能诱发金融风险。因此，结合影子银行产生的背景，我们认为与强监管相比，持续深入的金融改革才是彻底化解风险的根本出路，例如利率市场化改革。虽然中国利率市场化改革到目前已取得阶段性成果，但依然对商业银行与企业、居民之间的信贷利率进行管制。目前，中国的利率体系属于"管制"与"市场化"并存，因此，提高货币政策有效性的当务之急是进一步深化利率市场化。

为了推进利率市场化，首先，应建立多层次资本市场，以提高金融创新与金融深化能力，完善金融基础设施建设，营造稳定的金融环境；其次不断完善和发展银行间同业拆借市场，发挥利率市场价格作用，促使我国货币政策利率传导渠道更加通畅。

第三节 研究展望

影子银行是过去十年中国最重要的金融创新活动。根据中国银保监会2020年发布的《中国影子银行报告》，中国影子银行被界定为处于银行监管体系之外的、扮演着"类银行"角色的金融信用中介业务，通常以非银行金融机构为载体，对金融资产的信用、流动性和期限等风险因素进行转换。

中国影子银行的作用具有两面性。一方面，影子银行体系作为金融中介体系中的有机组成部分，一定程度上弱化了2010年贷款增速下滑对宏观经济的冲击，弥补了资金供给与需求之间的差距，部分满足了中国实体经济尤其是中小企业的资金需求，是传统信贷渠道的有益补充和替代[①]。但另一方面，中国影子银行体系为金融机构规避监管，进行监管套利提供了通道，增加了金融体系脆弱性和系统性金融风险，助长经济"脱实向虚"，极大地弱化了经济和金融韧性[②]。

为促使金融回归服务实体经济的本源，有效化解系统性金融风险，2018年4月27日，中国人民银行联合中国银行保险监督管理委员会、中国证券监督管理委员会以及国家外汇管理局正式发布《关于规范金融机构资产管理业务的指导意见》（以下简称资管新规）。资管新规的出台遏制了影子银行的野蛮生长。根据穆迪最新《中国影子银行季度监测报告》显

[①] 高蓓、陈晓东、李成：《银行产权异质性、影子银行影响与货币政策有效性》，《经济研究》2020年第4期。

[②] 郑联盛、何德旭：《影子银行体系与金融体系稳定性》，《经济管理》2009年第11期。

示,截至 2021 年 6 月底,中国广义影子银行规模已降至 57.8 万亿元,比 2017 年峰值 65.6 万亿元下降了 12%。而且银行与非银金融机构的关联性下降,宏观经济"脱实向虚"也有所改善[1]。

但由于资管新规没有彻底打通融资渠道,单纯对影子银行的"堵"反而导致对影子银行融资模式较为依赖的中小和民营企业陷入融资困境,但对国有和大型企业影响较小,而且由于资管新规后银行表外业务回归表内,在现有融资体系下,国有和大型企业反而可以获得更多银行贷款。大型企业和中小企业之间资金获取的不平衡导致企业间转贷业务(或称企业影子银行[2])盛行,截至 2021 年 6 月,企业影子银行规模达到 7.12 万亿元,比资管新规出台前的 2017 年年底增加了 70%。

企业影子银行作为广义企业金融化的一种表现形式,改变了企业资产配置行为,企业资产配置行为的变化将阻碍货币政策传导,弱化货币政策传导效果。但目前关于企业资产配置对货币政策传导受阻影响的研究较少。实际上,企业作为实体经济活动的重要参与者,是货币政策作用于实体经济最后也是最关键的一环。因此,基于理论分析和经验证据研究企业金融化和企业影子银行影响货币政策传导的效果及作用机理,对于丰富货币政策传导理论体系有着重要的理论意义;在此基础上提出的政策建议,对于疏通货币政策传导机制,提升货币政策传导效果,有着重要的现实指导意义,而这也是未来我们将努力的方向。

---

[1] 彭俞超、何山:《资管新规、影子银行与经济高质量发展》,《世界经济》2020 年第 1 期。
[2] 参照王永钦等(2015)将企业间转贷定义为企业影子银行。王永钦、刘紫寒、李嫦、杜巨澜:《识别中国非金融企业的影子银行活动》,《管理世界》2015 年第 12 期。

参考文献

巴曙松：《加强对影子银行系统的监管》，《中国金融》2009年第14期。

曹廷求、朱博文：《银行治理影响货币政策传导的银行贷款渠道吗》，《金融研究》2013年第1期。

陈思翀：《中国信托业：特征、风险与监管》，《国际经济评论》2013年第3期。

陈诗一、王祥：《融资成本、房地产价格波动与货币政策传导》，《金融研究》2016年第3期。

陈雄兵：《银行竞争、市场力量与货币政策信贷传导》，《财贸经济》2017年第2期。

陈彦斌、刘哲希、陈伟泽：《经济增速放缓下的资产泡沫研究——基于含有高债务特征的动态一般均衡模型》，《经济研究》2018年第10期。

楚尔鸣、王真：《中国货币政策溢出效应的异质性研究——基于51个国家的面板数据分析》，《国际金融研究》2018年第10期。

戴赜、彭俞超、马思超：《从微观视角理解经济"脱实向虚"》，《外国经济与管理》2018年第11期。

代军勋、戴锋：《银行资本和流动性双重约束下的货币政策传导——基于风险承担渠道的中国实证》，《经济评论》2018年第3期。

董华平：《中国货币政策信贷渠道传导效应研究：基于结构视角分析》，经济管理出版社2014年版。

丁华、丁宁：《经济新常态下货币政策传导信贷渠道的时变效应分析》，《财贸研究》2018年第1期。

范从来、高洁超：《银行资本监管与货币政策的最优配合：基于异质性金融冲击视角》，《管理世界》2018年第1期。

樊纲：《克服信贷萎缩与银行体系改革——1998年宏观经济形势分析与1999年展望》，《经济研究》1999年第1期。

方军雄：《所有制、制度环境与信贷资金配置》，《经济研究》2007年第

12 期。

冯科、王一宇：《中国影子银行对货币政策传导影响研究》，《首都师范大学学报》（社会科学版）2016 年第 3 期。

高蓓、陈晓东、李成：《银行产权异质性、影子银行影响与货币政策有效性》，《经济研究》2020 年第 4 期。

高蓓：《影子银行与商业银行经营稳定性》，中国社会科学出版社 2016 年版。

高蓓、张明、邹晓梅：《资产证券化与商业银行经营稳定性：影响机制、影响阶段与危机冲击》，《南开经济研究》2016 年第 4 期。

高蓓、张明、邹晓梅：《美、日、欧资产证券化比较：历程、产品、模式及监管》，《国际经济评论》2016 年第 4 期。

高蓓、张明、邹晓梅：《影子银行对中国商业银行经营稳定性的影响——以中国 14 家上市银行理财产品为例》，《经济管理》2016 年第 6 期。

高海红、高蓓：《中国影子银行与金融改革：以银证合作为例》，《国际经济评论》2014 年第 2 期。

高然、陈忱、曾辉、龚六堂：《信贷约束、影子银行与货币政策传导》，《经济研究》2018 年第 12 期。

郭豫媚、陈彦斌：《中国潜在经济增长率的估算及其政策含义：1979—2020》，《经济学动态》2017 年第 5 期。

郭凯、孙音、邢天才：《非线性货币政策规则、通胀预期与不确定性》，《管理科学学报》2018 年第 1 期。

韩珣、田光宁、李建军：《非金融企业影子银行化与融资结构——中国上市公司的经验证据》，《国际金融研究》2017 年第 10 期。

何德旭、郑联盛：《影子银行体系与金融体系稳定性》，《经济管理》2009 年第 11 期。

何运信：《中央银行货币政策透明性的作用与边界》，《经济社会体制比较》2014 年第 1 期。

胡利琴、陈锐、班若愚：《货币政策、影子银行发展与风险承担渠道的非对称效应分析》，《金融研究》2016 年第 2 期。

黄益平、常健、杨灵修：《中国的影子银行会成为另一个次债》，《国际经济评论》2012 年第 2 期。

黄志强：《英国金融监管改革新架构及其启示》，《国际金融研究》2012 年第 5 期。

侯成琪、龚六堂：《部门价格粘性的异质性与货币政策的传导》，《世界经济》2014 年第 7 期。

江春：《中国货币政策中的产权问题》，《经济体制改革》2002 年第 6 期。

江春、陈永：《中国利率市场化阶段利率规则探究——基于对泰勒规则的扩展》，《财贸研究》2014 年第 3 期。

姜建清：《商业银行资产证券化——从货币市场走向资本市场》，中国金融出版社 2004 年版。

蒋瑛琨、刘艳武、赵振全：《货币渠道与信贷渠道传导机制有效性的实证分析——兼论货币政策中介目标的选择》，《金融研究》2005 年第 5 期。

李波、伍戈：《影子银行的信用创造功能及其对货币政策的挑战》，《金融研究》2011 年第 1 期。

李丛文：《中国影子银行与货币政策调控——基于时变 Copula 动态相关性分析》，《南开经济研究》2015 年第 5 期。

李丛文、闫世军：《我国影子银行对商业银行的风险溢出效应——基于 GARCH—时变 Copula-CoVaR 模型的分析》，《国际金融研究》2015 年第 10 期。

李建军、薛莹：《中国影子银行部门系统性风险的形成、影响与应对》，《数量经济技术经济研究》2014 年第 8 期。

李向前、孙彤：《影子银行对我国货币政策有效性的影响》，《财经问题研究》2016 年第 1 期。

李新功：《影子银行对我国货币供应量影响的实证分析》，《当代经济研究》2014 年第 1 期。

李扬：《"金融服务实体经济"辨》，《经济研究》2017 年第 6 期。

李冀申：《贷存比监管对商业银行信贷增长影响的实证分析》，《上海金融》2012 年第 12 期。

林建浩、王少林：《中国价格型货币政策的系统性与非系统性时变效应研究》，《统计研究》2016 年第 3 期。

林琳、曹勇：《基于复杂网络的中国影子银行体系风险传染机制研究》，《经济管理》2015 年第 8 期。

刘金全、石睿柯：《利率双轨制与货币政策传导效率：理论阐释和实证检验》，《经济学家》2017 年第 12 期。

刘莉亚、余晶晶、杨金强、朱小能：《竞争之于银行信贷结构调整是双刃剑吗？——中国利率市场化进程的微观证据》，《经济研究》2017 年第 5 期。

卢新生、孙欣欣：《中央银行政策沟通的市场效应：基于人民币汇率的实证研究》,《金融研究》2017 年第 1 期。
陆晓明:《中美影子银行系统比较分析和启示》,《国际金融研究》2014 年第 1 期。
鲁政委:《小微企业融资难的症结是信息不对称》,《中国金融》2012 年第 9 期。
马理、黄宪、代军勋:《银行资本约束下的货币政策传导机制研究》,《金融研究》2013 年第 5 期。
马骏、王红林:《政策利率传导机制的理论模型》,《金融研究》2014 年第 12 期。
毛泽盛、万亚兰:《中国影子银行与银行体系稳定性阈值效应研究》,《国际金融研究》2012 年第 11 期。
毛泽盛、周舒舒:《企业影子银行化与货币政策信贷渠道传导》,《财经问题研究》,2019 第 1 期。
梅冬州、雷文妮、崔小勇:《出口退税的政策效应评估——基于金融加速器模型的研究》,《金融研究》2015 第 4 期。
牛晓健、陶川:《外汇占款对我国货币政策调控影响的实证研究》,《统计研究》2011 年第 4 期。
彭兴韵、胡志浩、王剑锋:《不完全信息中的信贷经济周期与货币政策理论》,《中国社会科学》2014 年第 9 期。
彭俞超、何山:《资管新规、影子银行与经济高质量发展》,《世界经济》2020 年第 1 期。
彭俞超、黄志刚:《经济"脱实向虚"的成因与治理:理解十九大金融体制改革》,《世界经济》2018 年第 9 期。
戚聿东、张任之:《金融资产配置对企业价值影响的实证研究》,《财贸经济》2018 年第 5 期。
齐鹰飞:《货币政策动态传导的微观机制——基于 30 个中国工业两位数行业数据的实证研究》,《经济学动态》2013 年第 3 期。
钱雪松、谢晓芬、杜立:《金融发展、影子银行区域流动和反哺效应——基于中国委托贷款数据的经验分析》,《中国工业经济》2017 年第 6 期。
裘翔、周强龙:《影子银行与货币政策传导》,《经济研究》2014 年第 5 期。
饶品贵、姜国华:《货币政策对银行信贷与商业信用互动关系影响研究》,《财贸经济》2013 年第 1 期。
盛朝辉:《中国货币政策传导渠道效应分析:1994—2004》,《金融研究》

2006年第7期。

盛松成、吴培新：《中国货币政策的二元传导机制——"两中介目标，两调控对象"模式研究》，《经济研究》2008年第10期。

盛松成：《社会融资规模与货币政策传导》，《金融研究》2012年第10期。

孙国峰、贾君怡：《中国影子银行界定及其规模测算——基于信用货币创造的视角》，《中国社会科学》2015年第11期。

谭之博、赵岳：《银行集中度、企业储蓄与经常账户失衡》，《经济研究》2012年第12期。

王爱俭、牛凯龙：《次贷危机与日本金融监管改革：实践与启示》，《国际金融研究》2010年第1期。

王爱俭、王璟怡：《宏观审慎政策效应及其与货币政策关系研究》，《经济研究》2014年第4期。

王达：《论美国影子银行体系的发展、运作、影响及监管》，《国际金融研究》2012年第1期。

王国刚：《金融脱实向虚的内在机理和供给侧结构性改革的深化》，《中国工业经济》2018年第7期。

王红建、李茫茫、汤泰劼：《实体企业跨行业套利的驱动因素及其对创新的影响》，《中国工业经济》2016年第11期。

王胜、郭汝飞：《不完全汇率传递与最优货币政策》，《经济研究》2015年第2期。

王松奇、高广春、史文胜：《结构金融产品系列讲座（摘登）——整体业务证券化（一）》，《银行家》2008年第6期。

王松奇、高广春、史文胜：《结构金融产品系列讲座（摘登）——整体业务证券化（二）》，《银行家》2008年第7期。

王曦、汪玲、彭玉磊、宋晓飞：《中国货币政策规则的比较分析——基于DSGE模型的三规则视角》，《经济研究》2017年第9期。

王义中、陈丽芳、宋敏：《中国信贷供给周期的实际效果：基于公司层面的经验证据》，《经济研究》2015年第1期。

王永钦、刘紫寒、李嫦、杜巨澜：《识别中国非金融企业的影子银行活动》，《管理世界》2015年第12期。

王增武：《影子银行体系对我国货币供应量的影响——以银行理财产品市场为例》，《中国金融》2010年第23期。

王喆、张明、刘士达：《从"通道"到"同业"——中国影子银行体系的演进历程、潜在风险与发展方向》，《国际经济评论》2017年第4期。

温信祥、苏乃芳：《大资管、影子银行与货币政策传导》，《金融研究》2018 年第 10 期。

文春晖、任国良：《虚拟经济与实体经济分离发展研究——来自中国上市公司 2006—2013 年的证据》，《中国工业经济》2015 年第 12 期。

吴立元、龚六堂：《异质性与货币政策传导机制研究进展》，《经济学动态》2016 年第 3 期。

吴晓灵：《金融市场化改革中的商业银行资产负债管理》，《金融研究》2013 年第 2 期。

伍戈、何伟：《商业银行资产负债结构与货币政策调控方式——基于同业业务的分析》，《金融监管研究》2014 年第 7 期。

项后军、郜栋玺、陈昕朋：《基于"渠道识别"的货币政策银行风险承担渠道问题研究》，《管理世界》2018 年第 8 期。

肖崎、赵允宁：《我国金融脱媒对商业银行资产负债业务的影响分析》，《上海金融》2017 年第 1 期。

肖立晟：《人民币理财产品分析》，《国际经济评论》2013 年第 4 期。

谢平：《新世纪中国货币政策的挑战》，《金融研究》2000 年第 1 期。

解维敏：《"脱虚向实"与建设创新型国家：践行十九大报告精神》，《世界经济》2018 年第 8 期。

徐明东、陈学彬：《中国微观银行特征与银行贷款渠道检验》，《经济研究》2011 年第 5 期。

许伟、陈斌开：《银行信贷与中国经济波动：1993—2005》，《经济学》（季刊）2009 年第 3 期。

闫海洲、陈百助：《产业上市公司的金融资产：市场效应与持有动机》，《经济研究》2018 年第 7 期。

颜永嘉：《影子银行体系的微观机理和宏观效应——一个文献综述》，《国际金融研究》2014 年第 7 期。

杨胜刚、阳旸：《资产短缺与实体经济发展——基于中国区域视角》，《中国社会科学》2018 年第 7 期。

杨云：《影子银行体系对流动性的影响——兼议对货币政策中介目标的挑战》，《西安交通大学学报》（社会科学版）2015 年第 5 期。

姚余栋、李宏瑾：《中国货币政策传导信贷渠道的经验研究：总量融资结构的新证据》，《世界经济》2013 第 3 期。

宣昌能、王信：《金融创新与金融稳定：欧美资产证券化模式的比较分析》，《金融研究》2009 年第 5 期。

袁申国、陈平：《资产负债表、金融加速器与企业投资》，《经济学家》2010 年第 4 期。

战明华、应诚炜：《利率市场化改革、企业产权异质与货币政策广义信贷渠道的效应》，《经济研究》2015 年第 9 期。

战明华、张成瑞、沈娟：《互联网金融发展与货币政策的银行信贷渠道传导》，《经济研究》2018 年第 4 期。

战明华、李欢：《金融市场化进程是否改变了中国货币政策不同传导渠道的相对效应》，《金融研究》2018 年第 5 期。

张明：《透视 CDO：类型、构造、评级与市场》，《国际金融研究》2008 年第 6 期。

张明：《中国影子银行：界定、成因、风险与对策》，《国际经济评论》2013 年第 3 期。

张明、邹晓梅、高蓓：《中国资产证券化实践：发展现状与前景展望》，《上海金融》2013 年第 11 期。

张晶：《美国持续低利率政策对中国货币政策的影响分析》，《财贸经济》2013 年第 4 期。

张若雪、全骐：《我国基础货币投放与货币政策中间目标的不一致性研究》，《上海金融》2016 年第 1 期。

张雪莹、何飞平：《央行回购操作对货币市场利率的影响——理论模型与实证检验》，《金融研究》2014 年第 3 期。

张勇、涂雪梅、周浩：《货币政策、时变预期与融资成本》，《统计研究》2015 年第 5 期。

赵进文、高辉：《资产价格波动对中国货币政策的影响——基于 1994—2006 年季度数据的实证分析》，《中国社会科学》2009 年第 2 期。

赵振全、于震、刘淼：《金融加速器效应在中国存在吗》，《经济研究》2007 年第 6 期。

郑国英：《关系型融资对货币政策传导的影响效应探析》，《数量经济技术经济研究》2007 年第 7 期。

郑联盛、何德旭：《影子银行体系与金融体系稳定性》，《经济管理》2009 年第 11 期。

郑联盛、张明：《中国银行同业业务：现状、类型、风险和应对》，《金融市场研究》2014 年第 6 期。

钟伟、谢婷：《影子银行系统的风险及监管改革》，《中国金融》2011 年第 12 期。

周莉萍:《影子银行体系的顺周期性: 事实、原理及应对策略》,《财贸经济》2013 年第 3 期。

周英章、蒋振声:《货币渠道、信用渠道与货币政策有效性——中国 1993—2001 的实证分析和政策含义》,《金融研究》2002 年第 9 期。

邹晓梅、张明、高蓓:《资产证券化的供给与需求: 文献综述》,《金融评论》2014 年第 8 期。

邹晓梅、张明、高蓓:《美国资产证券化实践: 起因、类型、问题与启示》,《国际金融研究》2014 年第 12 期。

邹晓梅、张明、高蓓:《欧洲资产证券化: 发展历程、特色产品及其对中国的启示》,《上海金融》2015 年第 1 期。

邹晓梅、张明、高蓓:《资产证券化与商业银行盈利水平: 相关性、影响路径与危机冲击》,《世界经济》2015 年第 11 期。

Acharya, V. and P. Schabl, "Do Global Banks Spread Global Imbalances? Asset-Backed Commercial Paper during the Financial Crisis of 2007 – 09", *IMF Economic Review*, 2009, 58.

Acharya, V., Schnabl, P. and G. Suarez, "Securitization without Risk Transfer", *Journal of Financial Economics*, 2013, 107.

Altunbas, Y., Gambacorta, L. and D. Marques, "Securitization and the Bank Lending Channel", *European Economic Review*, 2009, 53 (8).

Amidu, M., and S. Wolfe, "The Effect of Banking Market Structure on the Lending Channel: Evidence from Emerging Markets", *Review of Financial Economics*, 2013, 4.

Ariccia, G. D. and P. Garibaldi, "Bank Lending and Interest Rate Changes in a Dynamic Matching Model", IMF working paper No. 98/93, 1998.

Benmelech, E. and J. Dlugosz, "The Alchemy of CDO Credit Ratings", *Journal of Monetary Economics*, 2009, 56.

Bernanke, B. S. and A. S. Blinder, "Money, Credit and Aggregate Demand", *American Economic Review*, 1988, 78 (2).

Bernanke, B. S. and M. Gertler, "Agency Cost, Net Worth and Business Fluctuations", *American Economy Review*, 1989, 79 (1).

Bernanke, B. S. and A. S. Blinder, "The Federal Funds Rate and the Channels of Monetary Transmission", *American Economy Review*, 1992, 82 (4).

Bernanke, B. S. and M. Gertler, "Inside the Black Box: The Credit Channel of

Monetary Policy", *Journal Economics Perspectives*, 1995, 9 (4).

Bernanke, B. S., Gertler, M. and S. Gilchrist, "The Financial Accelerator and the Flight to Quality", *The Review of Economics and Statistics*, 1996, 78 (1).

Bernanke, B. S., Gertler, M. and S. Gilchrist, "Financial Accelerator in Quantitative Business Cycle Framework", in Taylor, J. and Woodford, M. eds., *Handbook of Macroeconomics*, Amsterdam: Elsevier, 1999.

Berger, A. N. and T. H. Hannan, "The Price-concentration Relationship in Banking", *The Review of Economics and Statistics*, 1989, 71.

Bertay, A. C., Demirguc-Kunt, A. and A. Huizinga, "Bank Ownership and Credit over the Business Cycle: Is Lending by State Banks Less Procyclical?", *Journal of Banking and Finance*, 2012, 50 (1).

Black, S. E. and P. E. Strahan, "Entrepreneurship and Bank Credit Availability", *The Journal of Finance*, 2002, 57.

Casu, B., Clare, A., Sarkisyan, A. and S. Thomas, "Does Securitization Reduce Credit Risk Taking? Empirical Evidence from US Bank Holding Companies", *European Journal of Finance*, 2011, 17.

Casu, B., Sarkisyan, A., Clare, A. and S. Thomas, "Securitization and Bank Performance", *Journal of Money, Credit and Banking*, 2013, 45.

Chen, K. J., Ren, J. and T. Zha, "The Nexus of Monetary Policy and Shadow Banking in China", *American Economy Review*, 2018, 108 (12).

Claessens, S., Pozsar, Z., Ratnovski, L., and M. Singh, "Shadow Banking: Economics and Policy", *Social Science Electronic Publishing*, 2012, 12 (12).

Cottarelli, C. and A. Kourelis, "Financial Structure, Bank Lending Rates and the Transmission Mechanism of Monetary Policy", *Staff Papers*, 1994, 4.

Coval, J., Jurek, J. and E. Stafford, "The Economics of Structured Finance", *Journal of Economic Perspectives*, 2009, 23.

DeMarzo, P. and D. Duffie, "A Liquidity-based Model of Security Design", *Econometrica*, 1999, 67.

DeMarzo, P., "The Pooling and Trenching of Securities: A Model of Informed Intermediation", *Review of Financial Studies*, 2005, 18.

Disyatat, P., "The Bank Lending Channel Revisited", *Journal of Money, Credit and Banking*, 2011, 43 (4).

European Commission, *Study on Asset-backed Securities: Impact and Use of ABS* on *SME Finance*, GBRW Limited, Luxemburg, 2004.

European Commission, "Shadow Banking", Green Paper, 2012.

Fernald, J. G., Spiegel, M. M. and E. T. Swanson, "Monetary Policy Effectiveness in China: Evidence from a FAVAR Model", *Journal of International Money and Finance*, 2014, 49 (PA).

Ferri, G., Kalmi, P. and E. Kerola, "Does Bank Ownership Affect Lending Behavior? Evidence from the Euro Area", *Journal of Banking and Finance*, 2014, 48.

FSB, *Shadow Banking: Scoping the Issues*, A Background Note of the Financial Stability Board, 2011.

Gambacorta, L. and D. Marques, "The Bank Lending Channel: Lessons from the Crisis", *Economic Policy*, 2011, 26 (66).

Gennaioli, N., Andrei, S. and R. Vishny, "A Model of Shadow Banking", *NBER Working Paper Series*, 2013, 68 (4).

Gertler, M. and S. Gilchrist, "Monetary Policy, Business Cycles and the Behavior of Small Manufacturing Firms", *Quarterly Journal of Economics*, 1994, 109 (2).

Gorton, G. and G. Pennacchi, "Financial Intermediaries and Liquidity Creation", *Journal of Finance*, 1990 (45).

Gorton, G. and G. Ordonez, "Collateral Crisis", NBER Working Paper No. 17771, 2012.

Greenbaum, S. I. and A. V. Thakor, "Bank Funding Modes: Securitization versus Deposits", *Journal of Banking and Finance*, 1987, 11 (3).

Hanson, S. and A. Sunderam, "Are There Too Many Safe Securities? Securitization and the Incentives for Information Production", *Journal of Financial Economics*, 2013, 108.

Ibarra, R., "How Important is the Credit Channel in the Transmission of Monetary Policy in Mexico", *Applied Economics*, 2016, 48 (36).

Jiang, G. H., Lee, C. M. C. and H. Yue, "Tunneling through Intercorporate Loans: The China Experience", *Journal of Financial Economics*, 2010, 98 (1).

John, R. B. and J. Pedro, "Long-term Bank Balance Sheet Management: Estimation and Simulation of Risk-factors", *Journal of Banking and Finance*, 2013, 37.

Kashyap, A. K., Stein, J. C. and W. W. David, "Monetary Policy and Credit Conditions: Evidence from the Composition of External Finance", *The American Economic Review*, 1993, 83 (1).

Kashyap, A. K and J. C. Stein, "Monetary Policy and Bank Lending", *Social Science Electronic Publishing*, 1994, 83 (11).

Kashyap, A. K. and J. C. Stein, "What do a Million Observations on Banks Say about the Transmission of Monetary Policy", *The American Economic Review*, 2000, 90 (3).

Keynes, J. M., *The General Theory of Interest, Employment and Money*, London: Macmillan, 1936.

Kishan, R. P. and T. P. Opiela, "Bank Size, Bank Capital, and the Bank Lending Channel", *Journal of Money Credit and Banking*, 2000, 32 (1).

Leonardo, G., David, M. I., Luigi, S. and H. Michael, "The Bank Lending Channel: Lessons from the Crisis", *Economic Policy*, 2011, 26 (66).

Levin, A., Lin, C. F. and C. S. J. Chu, "Unit Root Tests in Panel Data: Asymptotic and Finite-sample Properties", *Journal of Econometrics*, 2002, 108 (1).

Loutskina, E. and P. Strahan, "Securitization and the Declining Impact of Bank Finance on Loan Supply: Evidence from Mortgage Originations", *Journal of Finance*, 2006, 64 (2).

Loutskina, E., "The Role of Securitization in Bank Liquidity and Funding Management", *Journal of Financial Economics*, 2011, 100.

Maddala, G. S. and S. Wu, "A Comparative Study of Unit Root Tests with Panel Data and a New Simple Test", *Oxford Bulletin of Economics and Statistics*, 1999, 61 (S1).

McCulley, P., *Teton Reflections*, *Global Central Bank Focus*, PIMCO, September, 2007.

Mertens, K. and M. Raven, *Credit Channel in a Liquidity Trap*, Meeting Papers of the Society for Economic Dynamics, 2011.

Micheal, B., "Rescue Packages and Bank Lending", *Journal of Banking and Finance*, 2013, 37.

Mishkin, F. S., "Symposium on the Monetary Transmission Mechanism", *Journal of Economic Perspectives*, 1995, 9 (4).

Miron, J. A., Romer, C., and D. N. Weil, *Historical Perspectives on the Mone-*

tary Transmission Mechanism, National Bureau of Economic Research, Inc, 1995.

Michalak, T. and A. Uhde, "Credit Risk Securitization and Bank Soundness in Europe", *Quarterly Review of Economics and Finance*, 2012, 52.

Morck, R., Yavuz, M. D. and B. Y. Yeung, "State-controlled Banks and the Effectiveness of Monetary Policy", *SSRN Electronic Journal*, 2013, 51 (3).

Nelson, B., Pinter, G. and K. Theodoridis, "Do Contractionary Monetary Policy Shocks Expand Shadow Banking", *Journal of Applied Econometrics*, 2018, 33 (2).

Oliner, S. D. and G. D. Rudebusch, "Is There a Bank Lending Channel for Monetary Policy", *Federal Reserve Bank of San Francisco Economic Review*, 1995, 2.

Olivero, M. P., Li, Y. and B. N. Jeon, "Competition in Banking and the Lending Channel: Evidence from Bank-level Data in Asia and Latin America", *Journal of Banking and Finance*, 2011, 35.

Paul Mccully, *Teton Refleetions*, PIMCO Global Central Bank Focus, 2007.

Pozsar, Z., Adrian, T., Ashcraft, A. and H. Boesky, "Shadow Banking", Federal Reserve Bank of New York Staff Report No. 458, 2010.

Romer, C. D., Romer, D. H., Goldfeld, S. M. and B. M. Friedman, "New Evidence on the Monetary Transmission Mechanism", *Brookings Papers on Economic Activity*, 1990, 41.

Salah, N. B. and H. Fedhila, "Effects of Securitization on Credit Risk and Banking Stability: Empirical Evidence from American Commercial Banks", *International Journal of Economics and Finance*, 2012, 4 (5).

Scopelliti, A. D., "Off-Balance Sheet Credit Exposure and Asset Securitization: What Impact on Bank Credit Supply", MPRA Working Paper No. 43890, 2013.

Shin, H. S., "Securitization and Financial Stability", *The Economic Journal*, 2009, 119.

Shleifer, A. and R. Vishny, "Unstable Banking", *Journal of Financial Economics*, 2010, 97.

Simonson, D. G., Stowe, J. D. and C. J. Watson, "A Canonical Correlation Analysis of Commercial Bank Asset/Liability Structures", *The Journal of Financial and Quantitative Analysis*, 1983, 18 (1).

Stein, J., "Securitization, Shadow Banking, and Financial Fragility", *Daedalus*, 2010, 139.

Van den Heuvel, S. J., "Does Bank Capital Matter for Monetary Transmission", *Economic Policy Review*, 2002, 8.

Van Hoose, D. D., "Bank Market Structure and Monetary Control", *Journal of Money, Credit and Banking*, 1985, 17.

后　　记

　　十年前，正当我在为自己的博士论文选题绞尽脑汁时，恰逢美国次贷危机爆发。当时，我的导师胡春田教授和郭誉森教授与我探讨后一致认为，这是一个很有意义的研究，于是我的博士论文研究方向自然聚焦到了这里，而之后的十年时间中，我的研究一直与此有关。

　　2007年美国次贷危机爆发前，在所有人的印象中，危机是和美国绝缘的，只可能发生在拉美、亚洲小国，或者由于汇率问题，或者由于外债问题。而当危机真正在美国爆发时，大家都不知道发生了什么，甚至连"次贷"是什么都需要查阅许多资料才能明白。但也正是其特殊性激发了我内心的好奇，后来在梳理文献的基础上，我系统研究了次贷危机爆发的根源，发现美国房地产泡沫是次贷危机爆发的导火索，而低利率是引发房地产泡沫的直接原因，联邦基金利率短期内大幅度上升导致房地产泡沫破裂，次级抵押贷款和相关衍生品在其中扮演了加速器的角色。在某些时期联邦基金利率变动是对外国资本流动变化的被动反应，而大量外资流入美国是美元作为主要储备货币存在的必然结果。因此，要避免类似危机的再次爆发，必须改革货币体系。当2009年年初，尚且年轻的我推导出这个结论时，连自己也被吓了一跳。因为在传统教科书中，美国和美元任何时候都是没有问题的。直到此后不久，周小川行长在2009年伦敦G20峰会前发表题为《关于改革国际货币体系的思考》署名文章，我才对自己的研究成果重新有了信心。

　　博士毕业后，我去了北京，并进入业界工作了两年，在经历了不同尝试后，我发现自己仍然喜欢有挑战的研究工作，尤其迷恋一个人时大脑天马行空的思考。于是凭借之前的研究成果，我进入中国社会科学院世界经济与政治研究所（以下简称世经政所）从事博士后研究工作。那时的中国由于受2008年次贷危机后"四万亿"财政刺激计划的影响，影子银行进入野蛮生长阶段，所有人都在享受着这场金融盛宴带来的虚幻美妙时光，根本没有意识到影子银行将对中国在未来很长一段时间内产生的制约。难得的是，在这种众人皆醉的时候，还有像高海红、张明、刘东民等一些研究者在清醒地探索中国影子银行体系，及其可能对经济发展带来的影响。而我也有幸加入了这一研究团队，开始对影子银行系统研究。于是有了之后我的博士后出站报告《影子银行与商业银行经营稳定性》，对比分析了中、美两国影子银行的异同，以及对商业银行经营稳定性影响的差异。非常荣幸的是，2016 年我的博士后出站报告和博士论文分别被收录于《中国社会科学博士后文库》系列丛书和《中国社会科学博士论文文库》系列丛书并出版发表，这也算是对自己多年研究工作的一个肯定。

北京几年的工作经历让我见识了很多优秀的人和事，眼界开阔了很多，思考问题的方式也与之前有所不同。尤其是受世经政所内政治与经济并重的研究氛围熏陶，我对政治问题的敏感度有了很大提高，懂得了很多经济问题本质上与政治密切相关。世经政所有很多大家，像余永定老师、张宇燕老师等，他们不但学问做得非常好，而且很是平易近人，对年轻人总是不吝赐教，让我受益匪浅。而这段时间的磨炼，也终将成为我人生旅途中最难忘的记忆。

博士后出站后，由于家庭原因，我再次回到了故乡西安，进入母校西安交通大学从事教学研究工作。但对于之后的研究方向，我曾有一段时间蹉跎彷徨，甚至不知道自己接下来应该做些什么。直到无意中有一次和孙杰老师聊天时，他提起一个人的研究应有一个根，正确的研究方向是深挖根，而非蜻蜓点水般的到处游荡。孙老师的一席话让我陷入了沉思，自己研究的根到底在哪里？翻看着之前的研究成果，我忽然若有所思，自己感兴趣的问题还是之前博士研究阶段的宏观货币政策，当时很多的研究灵感在毕业工作后都被搁置一边，而有些已经被别人研究并发表，有些却还无人涉猎。货币政策作为国家经济生活中重要的经济政策，在我国目前实际操作中碰到许多问题，其中最突出的就是包括影子银行在内的金融创新对货币政策传导的冲击，而这一研究恰好结合了我博士和博士后阶段的研究工作，对我而言是最合适不过的研究方向。于是在投入近两年时间的努力后，有了如今这本书的初稿。

回想过往十年，自己一路磕磕绊绊地走来，付出了很多，也收获了不少。今天，我把自己近期的研究成果拿出来，可能有问题、有不足，但我相信，只要还有劲头努力，那么问题和不足都有修正的机会。而这篇"后记"既是对自己十年研究努力的总结，也是对自己未来努力方向的提醒，提醒自己继续坚守研究的根，并不断深挖。

研究是辛苦的，研究也是甜蜜的，但无论如何，研究终是在路上。

最后，衷心感谢那些曾经提携帮助过我的老师、朋友们！